AF276386

COLEX

Disfrute gratuitamente **DURANTE UN AÑO** del eBook de esta obra

Inteligencia artificial y derechos fundamentales: hacia una convivencia en la era digital

- ⊘ Acceda a la página web de la editorial **www.colex.es**

- ⊘ Identifíquese con su usuario y contraseña. En caso de no disponer de una cuenta regístrese.

- ⊘ Acceda en el menú de usuario a la pestaña «Mis códigos» e introduzca el que aparece a continuación:

RASCAR PARA VISUALIZAR EL CÓDIGO

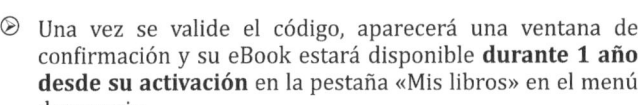

- ⊘ Una vez se valide el código, aparecerá una ventana de confirmación y su eBook estará disponible **durante 1 año desde su activación** en la pestaña «Mis libros» en el menú de usuario.

¡Gracias por confiar en Colex!

La obra que acaba de adquirir incluye de forma gratuita la versión electrónica.

Acceda a nuestra página web para aprovechar todas las funcionalidades de las que dispone en nuestro lector.

Funcionalidades eBook

**Acceso desde
cualquier dispositivo**

**Idéntica visualización
a la edición de papel**

Navegación intuitiva

Tamaño del texto adaptable

Puede descargar la APP "Editorial Colex" para acceder a sus libros y a todos los códigos básicos actualizados.

Síguenos en:

INTELIGENCIA ARTIFICIAL Y DERECHOS FUNDAMENTALES

HACIA UNA CONVIVENCIA EN LA ERA DIGITAL

El presente trabajo se ha realizado en el marco de un proyecto de investigación sobre el impacto de la inteligencia artificial en los derechos de las personas, organizado por la Fundación Alternativas (G81845083).

INTELIGENCIA ARTIFICIAL Y DERECHOS FUNDAMENTALES

HACIA UNA CONVIVENCIA EN LA ERA DIGITAL

Elisa Gutiérrez García

COLEX 2024

A mi madre y a mi hermana,
por ser el apoyo incondicional de mi vida.
A ellas. Siempre.

«Casi todos los males de pueblos e individuos dimanan de no haber sabido ser prudentes y enérgicos durante un momento histórico, que no volverá jamás»

Santiago Ramón y Cajal[1]
Premio Nobel de Fisiología y Medicina, en 1906,
por su trabajo sobre la estructura del sistema nervioso y sus neuronas,
que han inspirado las técnicas más avanzadas de inteligencia artificial.

1 RAMÓN Y CAJAL, R., *Charlas de café. Pensamientos, anécdotas y confidencias*, extraído del Centro Virtual Cervantes (cvc.cervantes.es), fecha última visita: abril 2024.

Sumario

III
LOS *DEEPFAKES* COMO MANIFESTACIÓN DE IMPACTO TRANSVERSAL
—Pág. 145—

IV
LAS NEUROTECNOLOGÍAS Y LOS DERECHOS AFECTADOS
—Pág. 195—

V

ALGUNAS SOLUCIONES DESDE LA PRÁCTICA

—Pág. 225—

VI

EXPERIENCIAS EN EL DERECHO COMPARADO: ESTADOS UNIDOS Y CHINA

—Pág. 243—

VII

CONCLUSIONES

—Pág. 257—

REFERENCIAS BIBLIOGRÁFICAS

—Pág. 269—

ÍNDICE DE ABREVIATURAS Y SIGLAS

Art.	Artículo
CDFUE	Carta de los Derechos Fundamentales de la Unión Europea, 2000/C 364/01
CEDH	Convenio Europeo de Derechos Humanos
Código Penal	Ley Orgánica 10/1995, de 23 de noviembre, del Código Penal
DUDH	Declaración Universal de Derechos Humanos
FJ	Fundamento jurídico
LO 1/1982	Ley Orgánica 1/1982, de 5 de mayo, de protección civil del derecho al honor, a la intimidad personal y familiar y a la propia imagen
Libro Blanco sobre la IA	Libro Blanco sobre la inteligencia artificial. Un enfoque europeo orientado a la excelencia y la confianza, de la Comisión Europea, COM(2020) 65 final
PIDCP	Pacto Internacional de Derechos Civiles y Políticos
PIDESC	Pacto Internacional de Derechos Económicos, Sociales y Civiles
Propuesta de Reglamento de IA	Propuesta de Reglamento del Parlamento Europeo y del Consejo por el que se establecen normas armonizadoras en materia de inteligencia artificial (Ley de inteligencia artificial) y se modifican determinados actos legislativos de la Unión, del 21 de abril de 2021, COM(2021) 206 final. 2021/0106 (COD)
Real Decreto 817/2023	Real Decreto 817/2023, de 8 de noviembre, que establece un entorno controlado de pruebas para el ensayo del cumplimiento de la propuesta de Reglamento del Parlamento Europeo y del Consejo por el que se establecen normas armonizadas en materia de inteligencia artificial

Reglamento de Gobernanza de Datos	Reglamento (UE) 2022/868 del Parlamento Europeo y del Consejo de 30 de mayo de 2022 relativo a la gobernanza europea de datos y por el que se modifica el Reglamento (UE) 2018/1724
Reglamento de IA	Resolución legislativa del Parlamento Europeo, de 13 de marzo de 2024, sobre la propuesta de Reglamento del Parlamento Europeo y del Consejo por el que se establecen normas armonizadas en materia de inteligencia artificial (Ley de Inteligencia Artificial) y se modifican determinados actos legislativos de la Unión, COM(2021)0206 —C9-0146/2021— 2021/0106(COD), P9_TA(2024)0138
Reglamento de Servicios Digitales	Reglamento (UE) 2022/2065 del Parlamento Europeo y del Consejo de 19 de octubre de 2022 relativo a un mercado único de servicios digitales y por el que se modifica la Directiva 2000/31/CE
Reglamento General de Protección de Datos	Reglamento UE, 2016/679 del Parlamento Europeo y del Consejo, de 27 de abril de 2016, relativo a la protección de las personas físicas en lo que respecta al tratamiento de datos personales y a la libre circulación de estos datos y por el que se deroga la Directiva 95/46/CE
STC	Sentencia del Tribunal Constitucional
STJUE	Sentencia del Tribunal de Justicia de la Unión Europea
STS	Sentencia del Tribunal Supremo
UE	Unión Europea
UNESCO	Organización de las Naciones Unidas para la Educación, la Ciencia y la Cultura

PRÓLOGO

Escribir un prólogo es siempre una responsabilidad, pues quien lo ojea quiere contar con una carta de presentación y una invitación a la lectura del libro que tiene entre manos. Prologar un libro de la profesora Elisa Gutiérrez García es doble responsabilidad, pues se trata de una profesional muy concienzuda, rigurosa y creativa, no en vano cuenta con formación relacionada con el mundo de la comunicación audiovisual, además de su formación jurídica.

El impacto de la Inteligencia Artificial (IA) en los derechos fundamentales constituye uno de los asuntos que más reflexión requiere en este momento en el que la Cuarta Revolución industrial avanza con ritmo acelerado. Aunque proliferan documentos de reflexión desde el punto de vista ético, muy necesarios, siguen faltando análisis profundos sobre el impacto de la IA en la dignidad y los derechos fundamentales de las personas. Y estos análisis deberían complementarse con herramientas de la Sociología, los estudios de impacto social, combinados con perspectivas transdisciplinares desde los más variados puntos de vista. La complejidad del reto es enorme, y este libro es una contribución relevante. El momento que vivimos es decisivo, puesto que asistimos a una transición ecológica sin precedentes, una transición digital imparable y una transición económica y social que deben convivir en el tiempo.

En este texto, la autora aporta una reflexión original y necesaria centrada en los siguientes derechos: el derecho a la igualdad y a la no discriminación, el derecho a la identidad digital, el derecho a la privacidad, el derecho a la libertad de expresión y de información, el derecho a la educación, el derecho al trabajo, el derecho a la tutela judicial efectiva, el derecho a la protección de la salud, y un cajón de sastre que deja enunciados otros derechos afectados por la IA.

La orientación de este libro es predominantemente jurídica, aunque comienza con una necesaria introducción de aclaraciones técnicas muy sencillas para facilitarnos la comprensión a las personas que nos acercamos a su lectura. Y se completa con un apartado relativo a la desinformación y otro sobre las neurotecnologías, dos temas claves y con poco estudio aún.

Aprovecho este prólogo para aportar una reflexión muy personal, por si ayuda a alguien. En mi trayectoria profesional mi interés ha sido, ya desde mi época de estudiante en la Universidad Pontificia Comillas, y posteriormente como docente en la Universidad José Simeón Cañas de El Salvador, la contribución a los derechos humanos. Observar, durante varios años de trabajo en la Cooperación Internacional, que la dignidad de la persona está seriamente menoscabada me llevó a interesarme por las perspectivas constitucionales y filosóficas de la protección de los derechos humanos. Y aunque transité por algunos derechos como la alimentación o el agua, en los últimos años me centro exclusivamente en cómo la revolución digital afecta, tanto positiva, como negativamente, a los derechos fundamentales de la persona.

En este contexto estamos obligados a reexaminar la validez de la teoría de los derechos humanos y los instrumentos que hemos diseñado para garantizarlos. Es conveniente consensuar, internacionalmente a ser posible, la necesidad de reconocimiento de nuevos derechos digitales. Y *esa reflexión no debe olvidar que los derechos surgen como respuesta a situaciones de vulnerabilidad, puesto que el discurso de los derechos es el discurso contra la discriminación*. Suscribo esta afirmación de Rafael de Asís muy recientemente, pues es precisamente el principio de no discriminación uno de los que sustentan el enfoque de derechos humanos, el marco conceptual y metodológico que tanto ha cambiado las formas de hacer en el trabajo solidario, y que tanto puede aportar hoy en la orientación y fundamentación de los proyectos tecnológicos de IA o cualesquiera otros.

El marco de protección de los derechos humanos puede aportar un fundamento a la implantación de la tecnología, pero también un objetivo claro sobre cómo y en qué condiciones puede llevarse ésta a cabo. Orientar el desarrollo de la IA desde un enfoque de derechos humanos supondría pivotar en torno a varios principios: el de participación, el de universalidad e interdependencia de los derechos, el de transparencia, el de no discriminación. De esta forma, siempre deberíamos tener en cuenta a las personas que no reciben las ventajas del desarrollo de la IA y se encuentran lejos de tener condiciones de vida digna; las que no encuentran accesible la tecnología por sus condiciones físicas o intelectuales —poco se habla de la accesibilidad electrónica de la IA—; los y las menores, fascinados con facilidad por organizaciones y particulares que explotan su vulnerabilidad con pasmoso descaro ofreciendo contenidos inapropiados, inmorales, ilegales; los trabajadores y trabajadoras que hacen el trabajo sucio en esta revolución; los inmigrantes, sobre los que se despliegan sistemas de control y supervisión que muchas veces son abusivos; las mujeres y las niñas, puesto que sigue existiendo una brecha digital de género, también en lo relacionado con la IA.

El enfoque de derechos humanos está explícitamente recogido entre los fundamentos de las «Directrices éticas para una IA fiable» de la Comisión Europea: *creemos en un enfoque de la ética en la IA basado en los derechos fundamentales ... El respeto de los derechos fundamentales, dentro de un marco de democracia y estado de Derecho, proporciona la base más prometedora para identificar los principios y valores éticos abstractos que se pueden poner en práctica en el contexto de la IA.*

Está en nuestras manos contribuir a que todo esto sea realidad, en un momento en que debemos prepararnos para dar cumplimiento al Reglamento de Inteligencia Artificial aprobado en la Unión Europea. En este sentido, algunas de las recomendaciones que ofrece este libro, como el estudio de impacto en los derechos fundamentales o los *sandboxes regulatorios,* van a ser herramientas jurídicas habituales en los próximos años.

Celia Fernández Aller
Universidad Politécnica de Madrid

I
INTRODUCCIÓN

1. El origen de la IA

A pesar de la aparente novedad que supone hablar de inteligencia artificial (IA), su origen se remonta a mediados del siglo pasado. Alan TURING, considerado como el padre de la IA por la comunidad científica, publicó en 1950 un artículo cuyo literal comenzaba del siguiente modo: «*Propose to consider the question, 'Can machine think?*» («Propongo examinar la cuestión, '¿las máquinas pueden pensar?»). Su contribución contenía el archiconocido Test de Turing —originariamente denominado «Juego de imitación»[1]—, en el que el científico planteaba un gran reto: ¿un ordenador sería capaz de engañar a una persona, respondiendo a las preguntas formuladas por ésta, de tal modo que el sujeto no supiera si está interactuando con una máquina o con otro ser humano?[2] Hasta la fecha, dicha prueba no ha sido adecuadamente superada por ningún ordenador. No obstante, no sería él quien se refirió por primera vez a este tipo de tecnología con la expresión IA.

La locución IA se introduciría en nuestro acervo cultural años después, en 1956, gracias al norteamericano John

---

1   SALAZAR GARCÍA, I., «Retos actuales de la ética en la Inteligencia Artificial», en *Derechos y garantías ante la inteligencia artificial y las decisiones automatizadas*, Thomson Reuters Aranzadi, Cizur Menor (Navarra), 2022, p. 56.

2   TURING, A. M., «Computing Machinery and Intelligence», en *Mind a quarterly review of psychology and philosophy*, vol. LIX, n.º 236, 1950, p. 433.

MCCARTHY[3]. Un conjunto de científicos, encabezados por éste, se reunió para debatir acerca de los aspectos de la inteligencia humana que podrían simularse a través de algoritmos[4]. En dicha reunión, que supondría el nacimiento de la IA como campo de investigación, Allen NEWELL y Hebert SIMON presentaron el primer sistema de IA: un programa de ordenador llamado «Logic Theorist», que procuraba imitar las características propias del cerebro humano, demostrando determinados teoremas matemáticos. La IA sería definida por MCCARTHY como «la ciencia e ingenio de hacer máquinas inteligentes, especialmente programas de cómputo inteligentes», la cual, simulando razonamientos y conductas, desarrolla modelos capaces de llevar a cabo tareas propias de los seres humanos[5].

La definición aportada por MCCARTHY se distanciaría de la de su compañero Marvin MINSKY, ambos fundadores del Laboratorio de Inteligencia Artificial del Instituto Tecnológico de Massachusetts (MIT). Éste último delimitaría la IA como «la ciencia de hacer que las máquinas hagan cosas que requieren inteligencia cuando las hacen los humanos»[6].

Aún a día de hoy, resulta difícil establecer una definición unitaria del concepto de IA, a la vista de los numerosos subcampos y técnicas que la integran, de los continuos progre-

---

3   En 1955 John MCCARTHY recogería esa expresión, no obstante, en un documento escrito a propósito de la reunión científica que tendría lugar al año después en Hannover, New Hampshire, en Estados Unidos. MCCARTHY, J.; MINSKY, M. L.; ROCHESTER, N.; SHANNON, C. E., *A Proposal for the Dartmouth Summer Research Project on Artificial Intelligence*, Standford, Estados Unidos, 1955. HERRERA, F.; CORDÓN, O.; DEL JESÚS, M. J., «Una visión actual de la inteligencia artificial: recorrido histórico, datos y aprendizaje, y responsabilidad en el diseño y uso», en *El derecho y la Inteligencia Artificial*, Universidad de Granada (EUG), Granda, 2022, p. 52.

4   BERLANGA DE JESÚS, A., «El camino desde la Inteligencia Artificial al Big Data», en *Índice: Revista de Estadística y Sociedad*, n.º 68, Universidad Autónoma de Madrid e Instituto Nacional de Estadística, 2016, p. 9.

5   PÉREZ ESTRADA, M. J., *Fundamentos jurídicos para el uso de la inteligencia artificial en los órganos judiciales*, Tirant lo Blanch, Valencia, 2022, p. 29.

6   DELGADO CALVO-FLORES, M. *La Inteligencia Artificial. Realidad de un mito moderno,* Servicio de Publicaciones de la Universidad de Granada, Granada, 1996, pp. 17-18.

sos técnicos que presenta, y de los cuantiosos y crecientes componentes basados en la misma que proliferan[7].

2. ¿Qué es la IA?

Según se apunta desde Europa[8], la expresión IA «se aplica a los sistemas que manifiestan un comportamiento inteligente, pues son capaces de analizar su entorno y pasar a la acción —con cierto grado de autonomía— con el fin de alcanzar objetivos específicos».

Así, en una primera aproximación, podemos definir esta tecnología como un conjunto de métodos, teorías y técnicas científicas que tratan de reproducir, mediante una máquina, las capacidades cognitivas de los seres humanos [9] a partir de una información incorporada por su creador, por el usuario o adquirida por la misma máquina de fuentes digitales o del mundo real a través de sensores[10]. Una técnica básica de la IA es la toma de decisiones basada en la lógica («si A, entonces B»). Por su parte, las técnicas más avanzadas incluyen el aprendizaje automático —o *machine learning*— y el aprendizaje profundo —o *deep learning*[11]—. A pesar de lo que pudiera parecer, conviene llamar la atención desde un

---

7 PALMA ORTIGOSA, A., «El ciclo de vida de los sistemas de inteligencia artificial. Aproximación técnica de las fases presentes durante el diseño y despliegue de los sistemas algorítmicos», en *Derechos y garantías ante la inteligencia artificial y las decisiones automatizadas*, Thomson Reuters Aranzadi, Cizur Menor (Navarra), 2022, pp. 30-31.

8 COMISIÓN EUROPEA, *Comunicación de la Comisión: Inteligencia artificial para Europa*, COM(2018) 237 final, Bruselas, 25.4.2018, p. 1.

9 COMISIÓN EUROPEA PARA LA EFICIENCIA DE LA JUSTICIA (EUROPEAN COMMISSION FOR THE EFFICIENCY OF JUSTICE) (CEPEJ), *European ethical Charter on the use of Artificial Intelligence in judicial systems and their environment*, Consejo de Europa, Estrasburgo, 2018, p. 69.

10 AMONI REVERÓN, G. A., «Libertad, presunción de inocencia y defensa ante la irrupción de la inteligencia artificial en el ámbito policial y judicial penal», en *Derechos y garantías ante la inteligencia artificial y las decisiones automatizadas*, Thomson Reuters Aranzadi, Cizur Menor (Navarra), 2022, p. 224.

11 VV.AA. (Panel for the Future of Science and Technology), *Tackling Deepfakes in European Policy*. PE 690.039, European Parliamentary Research Service [Scientific Foresight Unit (STOA)], Parlamento Europeo, 2021, p. XIII.

comienzo sobre el hecho de que los sistemas de IA carecen de la inteligencia predicable del ser humano, por lo que se encuentran sujetos a muchas limitaciones.

La IA se despliega a través de algoritmos, que se implementan en sistemas o soluciones tecnológicas mediante códigos de programación. Dada la amplitud del concepto, estos sistemas muchas veces no tienen otra característica en común que la de estar guiados por unos objetivos determinados por las personas, con diferentes grados de autonomía en sus acciones, y estar destinados a realizar predicciones, recomendaciones o tomar decisiones a partir de unos datos disponibles[12]. Los sistemas o soluciones en las que la IA se incorpora pueden ser únicamente *software* —como un sistema de recomendación de música o un asistente de voz— o *software* y *hardware* —como un aspirador automático o un coche autónomo[13]—. Comprender el funcionamiento de esta tecnología deviene esencial para valorar y mitigar los riesgos y retos que presenta para la sociedad, desde múltiples perspectivas.

Así, hablar de sistemas de IA es hablar de algo superior a un algoritmo, pues incluye muchos más elementos. Un algoritmo se implementará en un código de programación —siendo aquél sólo una parte de éste, pues también existirán librerías de entradas de datos, por ejemplo[14]—, y dicho código se adapta y ejecuta sobre un sistema o solución tecnológica, en forma de *software* o *software* y *hardware*, como puede ser un ordenador personal, un móvil o incluso un servidor en la nube.

3. Los algoritmos

Los algoritmos son un conjunto de instrucciones que fundamentalmente describen la forma de resolver problemas concretos, a través de una secuencia finita o limitada

---

12 Comisión Especial sobre Inteligencia Artificial en la Era Digital (ponente: Axel Boss), *Informe sobre la inteligencia artificial en la era digital*, 2020/2266(INI), 5.4.2022, Parlamento Europeo, 2022, p. 13.

13 Comisión Europea, *Comunicación de la Comisión: Inteligencia artificial para Europa*, COM(2018) 237 final, Bruselas, 25.4.2018, p. 1.

14 De Salvador Carrasco, L., «Aprendizaje automático y protección de datos», en *Inteligencia artificial: los derechos humanos en el centro*, Dykinson, Madrid, 2023, p. 148.

de pasos[15]. Así, un algoritmo —al que podremos calificar de «inteligente» si hace uso de determinados métodos, teorías y técnicas, en aras a emular las capacidades cognitivas humanas— es una «secuencia finita de reglas formales (operaciones e instrucciones lógicas) que permiten obtener un resultado a partir de la entrada inicial de información»[16] en el mismo; un conjunto de reglas que logrará transformar unos datos de entrada en otros de salida. Si dichas reglas están completamente definidas por el desarrollador se hablará de «algoritmos deterministas». Sus resultados serán fácilmente interpretables, pues las reglas que procesan la información de entrada han sido preestablecidas en su diseño. Comprender el proceso de toma de decisiones aportará gran seguridad a los destinatarios.

Por su parte, en los denominados «algoritmos no deterministas», las reglas de funcionamiento no han sido definidas en todos sus extremos, por lo que éstos disfrutarán de cierta autonomía para procesar información y producir resultados nuevos. La IA puede utilizar técnicas de desarrollo muy dispares y con diversas repercusiones[17]. Basándose en un aprendizaje automático —o *machine learning*—, los algoritmos no deterministas son capaces de aprender por sí mismos de los datos, tanto de entrada como de salida. Ello les permite adecuarse a entornos complejos, con realidades impredecibles, sin necesidad de que hayan sido desarrollados teniendo en cuenta cada una de las situaciones a las que se podría enfrentar el algoritmo[18]. Pueden ser muy útiles y ofrecer importantes ventajas, pero contarán con impor-

---

15 Louridas, P., *Algoritmos*, Melusina, Tenerife, 2023, pp. 12-17

16 Traducción propia. Comisión Europea para la Eficiencia de la Justicia (European Commission for the Efficiency of Justice) (CEPEJ), *European ethical Charter on the use of Artificial Intelligence in judicial systems and their environment*, Consejo de Europa, Estrasburgo, 2018, p. 69.

17 De Salvador Carrasco, L., «Aprendizaje automático y protección de datos», en *Inteligencia artificial: los derechos humanos en el centro*, Dykinson, Madrid, 2023, p. 132.

18 Palma Ortigosa, A., «El ciclo de vida de los sistemas de inteligencia artificial. Aproximación técnica de las fases presentes durante el diseño y despliegue de los sistemas algorítmicos», en *Derechos y garantías ante la inteligencia artificial y las decisiones automatizadas*, Thomson Reuters Aranzadi, Cizur Menor (Navarra), 2022, p. 34.

tante inconveniente: sus resultados no serán tan fácilmente advertibles, predecibles o explicables como en el caso de los algoritmos deterministas, dado ese aprendizaje autónomo. La técnica de aprendizaje automático es predominante en la IA desde el comienzo del presente siglo[19].

En aprendizaje automático o *machine learning* se va a partir de un algoritmo lo suficientemente genérico, de propósito general, como para que se pueda adaptar a cualquier función a desempeñar. Las tareas que posteriormente desarrollará dependerán del ajuste que se haga de sus parámetros. A este algoritmo se va a añadir un proceso para que se autoajuste, en el marco de un proceso iterativo de aprendizaje, a cargo del desarrollador. Al terminar ese proceso de entrenamiento, el algoritmo idealmente habrá quedado ajustado a las necesidades para las que fue programado[20], para que pueda cumplir su función.

Los algoritmos basados en *machine learning* aprenden del conjunto de datos del que parten, mediante la extracción de patrones y generación de correlaciones de los mismos. Los diferentes métodos de aprendizaje automático son elegidos por los desarrolladores en su diseño, en función de la naturaleza de las tareas a realizar por el sistema de IA. Estos métodos suelen clasificarse en tres categorías principales, en función del proceso o técnica de aprendizaje que sigan: aprendizaje supervisado, aprendizaje no supervisado

---

19 Comisión Especial sobre Inteligencia Artificial en la Era Digital (ponente: Axel Boss), *Informe sobre la inteligencia artificial en la era digital*, 2020/2266(INI), 5.4.2022, Parlamento Europeo, 2022, p. 13.

20 De Salvador Carrasco, L., «Aprendizaje automático y protección de datos», en *Inteligencia artificial: los derechos humanos en el centro*, Dykinson, Madrid, 2023, p. 135.

y aprendizaje por refuerzo[21]. Estas tres categorías agrupan diferentes métodos, como las redes neuronales[22].

- En el aprendizaje supervisado, el algoritmo es entrenado con datos de entrada y de salida que han sido previamente etiquetados por el desarrollador, de tal modo que el algoritmo extraerá patrones de dicho conjunto de datos «preetiquetados» y ante nuevas entradas sabrá reconocerlos e interpretarlos. Los sistemas que implementan algoritmos basados en aprendizaje supervisado son comúnmente definidos como predictivos, ya que tratan de predecir correctamente los nuevos datos introducidos en el algoritmo.

- En el extremo opuesto, en el aprendizaje no supervisado, los datos de entrenamiento no son previamente etiquetados por el desarrollador. El algoritmo se encargará de extraer patrones y correlaciones entre el conjunto, agrupando los datos que presenten características similares. Los sistemas que implementan estos algoritmos se dice que son descriptivos, puesto que procuran des-

---

21   También podemos encontrar el aprendizaje semi-supervisado, en el que el algoritmo se entrena con una cantidad de datos etiquetados relativamente modesta y cuantiosos datos no etiquetados; o el aprendizaje federado, en el que el entrenamiento tiene lugar de forma centralizada, a través de distintos centros de datos que generarán modelos que serán compartidos entre las organizaciones que han participado en los entrenamientos con sus propios datos, si bien dichos datos conservarán su confidencialidad, no siendo compartidos entre las organizaciones. PALMA ORTIGOSA, A., «El ciclo de vida de los sistemas de inteligencia artificial. Aproximación técnica de las fases presentes durante el diseño y despliegue de los sistemas algorítmicos», en *Derechos y garantías ante la inteligencia artificial y las decisiones automatizadas*, Thomson Reuters Aranzadi, Cizur Menor (Navarra), 2022, p. 34. El aprendizaje federado o colaborativo puede ser de sumo interés para salvaguardar la privacidad de los titulares de los datos personales que pudieran estar siendo usados por cada centro de datos; máxime, cuando dichos datos son especialmente sensibles, como los tratados en el ámbito sanitario. DE SALVADOR CARRASCO, L., «Aprendizaje automático y protección de datos», en *Inteligencia artificial: los derechos humanos en el centro*, Dykinson, Madrid, 2023, pp. 152-153.

22   COMISIÓN EUROPEA PARA LA EFICIENCIA DE LA JUSTICIA (EUROPEAN COMMISSION FOR THE EFFICIENCY OF JUSTICE) (CEPEJ), *European ethical Charter on the use of Artificial Intelligence in judicial systems and their environment*, Consejo de Europa, Estrasburgo, 2018, p. 72.

cubrir los principales rasgos característicos internos de un conjunto de datos.

– En el aprendizaje por refuerzo, el diseñador establece un objetivo para el algoritmo, pero éste no es entrenado, sino que aprende a través del entorno en el que se inserta por medio de la retroalimentación que le proporciona, construyendo un modelo basado en la fórmula de prueba-error. El entorno castiga el error y premia el acierto[23]. En el despliegue, el algoritmo utilizará ese modelo para resolver el problema[24].

Recientemente, ha ganado protagonismo un nuevo método dentro del *machine learning* denominado aprendizaje profundo o *deep learning*. Se trata de una forma específica de aprendizaje automático basada en redes neuronales. Está inspirada en los descubrimientos del españolа Santiago RAMÓN Y CAJAL, en la biología del cerebro humano y en su funcionamiento, combinando diferentes capas de información[25], de manera progresiva. Con un procesamiento mucho más complejo, desde la denominada capa de entrada, el modelo va obteniendo información de los datos inicialmente introducidos en cada una de las capas que integra la técnica de entrenamiento y en las que puede haber varias neuronas o nodos para procesar dicha información. Tras el paso por cada capa, se va obteniendo una suerte de «producto intermedio», como resultado del procesamiento de la capa anterior, que pasa a la siguiente[26]. Finalmente, el modelo devuelve uno o varios resultados a la última capa, la capa de

---

23 VV.AA., *Hola, mundo: la inteligencia artificial y su uso en el sector público. Documentos de trabajo de la OCDE sobre gobernanza pública, n.º 36*, OCDE, 2020, p. 203.

24 PALMA ORTIGOSA, A., «El ciclo de vida de los sistemas de inteligencia artificial. Aproximación técnica de las fases presentes durante el diseño y despliegue de los sistemas algorítmicos», en *Derechos y garantías ante la inteligencia artificial y las decisiones automatizadas*, Thomson Reuters Aranzadi, Cizur Menor (Navarra), 2022, pp. 33-34.

25 VV.AA. (Panel for the Future of Science and Technology), *Tackling Deepfakes in European Policy*. PE 690.039, European Parliamentary Research Service [Scientific Foresight Unit (STOA)], Parlamento Europeo, 2021, p. XIII.

26 SAINZ DE AJA TIRAPU, B., «Inteligencia artificial y propiedad intelectual», en *Derecho e inteligencia artificial. El jurista ante los retos de la era digital*, Aranzadi, Cizur Menor (Navarra), 2023, p. 252.

salida. La complejidad del procesamiento de datos basado en redes neuronales hace que estos sistemas presenten especial capacidad de adaptación en entornos complejos, lo que está favoreciendo la expansión y desarrollo de la IA[27].

En realidad, la IA se divide en muchos subcampos y técnicas diferentes, siendo el aprendizaje profundo o *deep learning*, por ejemplo, un subcampo del aprendizaje automático o *machine learning*, que a su vez es otro subcampo de la IA[28], como pueden ser el procesamiento del lenguaje natural (NLP), la robótica, los sistemas de recomendación y la visión computacional, entre otros.

4. Los sistemas de IA: diseño y despliegue

Emplear un tipo de IA u otro dependerá de la finalidad buscada: ¿para qué se quiere diseñar este sistema?, ¿qué se pretende hacer con él? El contexto en el que se vaya a emplear la IA será determinante, pues el impacto será sustancialmente distinto si, por ejemplo, el sistema se diseña para hacer recomendaciones sobre artistas musicales semejantes a los que habitualmente escucha el usuario de una plataforma; o si, por el contrario, se emplea para decidir acerca de la concesión de un crédito a un sujeto con una situación económica delicada o para predecir la probabilidad de reincidencia de un criminal. El análisis de los riesgos potenciales que podrá presentar el uso de la tecnología será radicalmente diferente y habrá de valorarse durante toda la gestación del concreto sistema, desde que germina la idea hasta que despliega sus efectos —y aún después, durante toda su vida útil hasta el cese de su uso—.

El desarrollo e implementación de un sistema de IA comprenderá dos fases principales[29]: el diseño del sistema y el

27 Palma Ortigosa, A., «El ciclo de vida de los sistemas de inteligencia artificial. Aproximación técnica de las fases presentes durante el diseño y despliegue de los sistemas algorítmicos», en *Derechos y garantías ante la inteligencia artificial y las decisiones automatizadas*, Thomson Reuters Aranzadi, Cizur Menor (Navarra), 2022, p. 34.

28 Comisión Especial sobre Inteligencia Artificial en la Era Digital (ponente: Axel Boss), *Informe sobre la inteligencia artificial en la era digital*, 2020/2266(INI), 5.4.2022, Parlamento Europeo, 2022, p. 13.

29 Sobre ello, véase Palma Ortigosa, A., «El ciclo de vida de los sistemas de inteligencia artificial. Aproximación técnica de las fases presentes

despliegue del mismo. Ésta última incluirá la toma de decisiones y su consecuente impacto efectivo, aunque los peligros se vislumbrarán desde el comienzo.

El diseño abarcará todas las actividades previas a la puesta en funcionamiento de la tecnología: (i) la planificación del proyecto, en aras a determinar y describir el objetivo del sistema; (ii) el preprocesamiento y limpieza de datos que se utilizarán para alimentar el sistema, pues éstos deberán ser adecuados, sin que incluyan deficiencias y/o ruido que pueda afectar a su precisión o funcionamiento; (iii) la elección de los algoritmos y técnicas para el procesamiento de esos datos, en función del objetivo inicial buscado con el sistema; y (iv) la evaluación y elección del modelo que se utilizará en la fase del despliegue, que habrá sido generado tras el procesamiento de los datos por el algoritmo. En este sentido, es habitual usar varios modelos en el diseño para procesar los datos y así poder elegir el que mejor funciona, de cara a su despliegue.

Dado que los resultados o decisiones que arrojará el sistema dependerán de los datos, es fundamental la calidad y adecuación de éstos al objetivo previsto para el sistema y su contexto. De lo contrario, el sistema podrá ofrecer resultados sesgados, a partir de datos no representativos, que vulneren los derechos fundamentales de los sujetos afectados. Por ejemplo, si un sistema diseñado para seleccionar directivos de empresa es alimentado con los perfiles de los altos cargos de una mercantil principalmente liderada por hombres, la probabilidad de que el sistema recomiende a un hombre para cubrir un determinado puesto será superior a la de una mujer, vulnerando el derecho a la igualdad y a la no discriminación. Y tal consecuencia podría darse incluso en el caso de que el sexo del trabajador no se hubiera tenido originariamente en cuenta, entre los datos que alimentaban al sistema de IA. Esta tecnología genera correlaciones entre datos, no cadenas de causalidad, y es capaz de inferir y emplear datos que no fueron incluidos por el diseñador[30].

---

durante el diseño y despliegue de los sistemas algorítmicos», en *Derechos y garantías ante la inteligencia artificial y las decisiones automatizadas*, Thomson Reuters Aranzadi, Cizur Menor (Navarra), 2022, pp. 37-48.

30   PÉREZ ESTRADA, M. J., *Fundamentos jurídicos para el uso de la inteligencia artificial en los órganos judiciales*, Tirant lo Blanch, Valencia, 2022, pp. 34 y 35.

También es importante señalar que las soluciones adoptadas por los sistemas no siempre se pueden explicar. De hecho, cuando se automatiza el funcionamiento de estos sistemas, a través de los algoritmos no deterministas, éstos son capaces de reorganizar sus propias variables para adaptarse al entorno. Los algoritmos podrán ofrecer resultados adecuados, pero no necesariamente explicar cómo han llegado a ellos —tampoco el desarrollador—. Ello puede afectar a la legitimidad de esas soluciones «inexplicables»[31]: «¿Por qué los cinco candidatos propuestos por el sistema para ocupar el cargo directivo son hombres si los aspirantes eran mujeres en su mayoría?».

Tras el diseño del sistema, comenzará la fase de despliegue. Con carácter previo a hacer un uso generalizado e integral del sistema, se desarrollarán una serie de pruebas en entornos cerrados o con un número reducido de usuarios afectados por las decisiones del sistema que se está testeando. Esto permitirá identificar posibles errores de aplicación. En este sentido, conviene señalar que la persona física o jurídica encargada del diseño del sistema de IA no será necesariamente la misma que vaya a usarlo, pues éstas últimas frecuentemente carecen de medios para su desarrollo o no les resulta rentable[32]. Una empresa privada puede desarrollar un sistema de IA que posteriormente implemente la administración pública. Por ello, es especialmente importante la realización de pruebas piloto con los datos de la organización usuaria; aquéllos que efectivamente vayan a emplearse cuando se ponga en marcha el sistema para la finalidad prevista, en las condiciones para las que se diseñó o lo adquirió del proveedor.

Asimismo, conviene resaltar que estas tecnologías no siempre actuarán bajo una supervisión humana y sus decisiones serán capaces de impactar o producir efectos en la «rea-

---

31   Pérez Estrada, M. J., *Fundamentos jurídicos para el uso de la inteligencia artificial en los órganos judiciales*, Tirant lo Blanch, Valencia, 2022, pp. 34 y 35.

32   Éste es uno de los problemas que puede afectar la Administración pública y a su uso de la IA: la dependencia tecnológica que puede tener respecto de los entes privados que se dedican a su desarrollo. Cotino Hueso, L., «Big data e inteligencia artificial. Una aproximación a su tratamiento jurídico desde los derechos fundamentales», en *Dilemata*, n.º 24 (Ejemplar dedicado a: Ética de datos, sociedad y ciudadanía), 2017, p. 142.

lidad», sin un previo control por parte de una persona física. El grado de intervención humana vendrá determinado en primera instancia —y deseablemente, de forma generosa— por la regulación normativa que resulte aplicable. Así, en los sistemas de IA que se califiquen de alto riesgo —como muchos de identificación biométrica y de categorización de personas, los que se utilicen para regular el tráfico rodado o determinar el acceso de potenciales estudiantes a centros de educación, entre otros muchos[33]—, se exigirá vigilancia humana durante todo el tiempo que estén en uso. Así lo prevé el Reglamento de IA[34]. En segunda instancia, y a falta de previsión o margen de apreciación legal al respecto, la intervención humana será determinada por las organizaciones usuarias, con la tentación aparejada de ahorrar o no cargar con el coste de oportunidad que supone asignar semejantes labores a trabajadores asalariados o externos.

Así, habrá sistemas plenamente automatizados cuyo resultado «inteligente» se transforme en una decisión que afecte al sujeto destinatario, sin mediación humana de ningún tipo. En segunda instancia, habrá sistemas que, a pesar de formar

---

33 Véase, en este sentido, el artículo 6 y el Anexo III del Reglamento de IA.

34 Las alusiones realizadas en este trabajo al Reglamento de IA hacen referencia al texto aprobado por el Parlamento Europeo el 13 de marzo de 2024, P9_TA (2024)0138-Reglamento de Inteligencia Artificial. Se trata de la Resolución legislativa del Parlamento Europeo, de 13 de marzo de 2024, sobre la propuesta de Reglamento del Parlamento Europeo y del Consejo por el que se establecen normas armonizadas en materia de inteligencia artificial (Ley de Inteligencia Artificial) y se modifican determinados actos legislativos de la Unión (COM(2021)0206 —C9—0146/2021 – 2021/0106(COD)), cuyas distintas versiones idiomáticas pueden encontrarse aquí: https://eur-lex.europa.eu/legal-content/EN/TXT/?uri=EP%3AP9_TA%282024%290138, fecha última consulta: abril 2024. Tal y como señala la nota de prensa del Parlamento Europeo, «el Reglamento aún está sujeto a una última comprobación jurídica-lingüística. Su aprobación definitiva (mediante el llamado procedimiento de corrección de errores) está prevista para antes del final de la legislatura. La ley también debe ser adoptada formalmente por el Consejo». Puede verse la nota de prensa aquí: https://www.europarl.europa.eu/news/es/press-room/20240308IPR19015/la-eurocamara-aprueba-una-ley-historica-para-regular-la-inteligencia-artificial, fecha última consulta: abril 2024. En virtud de lo anterior, y a salvo de cambios menores, el contenido recogido en el presente trabajo es de forma muy probable el que recogerá la norma que entre en vigor a los veinte días de su publicación en el Diario Oficial.

decisiones automatizadas, pongan a disposición de las personas físicas varios resultados a adoptar. Los sujetos que deban tomar una decisión no tendrán margen para tener en cuenta otras variables que no hayan sido determinadas por el sistema, pero podrán elegir entre las distintas opciones. También habrá sistemas que tomen decisiones semi-automatizadas: sistemas en los que el resultado arrojado será valorado junto a otros elementos por un sujeto físico, que es el que adopta la decisión final con mucho más margen de libertad. En última instancia, la solución dada por el sistema es meramente residual en todo el proceso de toma de decisiones[35].

Cabe señalar los peligros inherentes a la toma de decisiones que excluya o restrinja la intervención humana, estando el ser humano —y no la máquina— dotado de «inteligencia intuitiva o emocional», imprescindible en la adopción de cualquier decisión, tal y como demuestra la neurociencia[36], y siendo capaz a su vez de identificar los fallos en el sistema.

5. La convergencia de tecnologías y su interacción

La IA no ha tenido hasta un pasado muy reciente la presencia y protagonismo de la que goza en la actualidad en nuestra sociedad, a pesar de su nada desdeñable trayectoria desde mediados del siglo pasado. Y ello, con motivo de la conjunción de tres factores determinantes. En primera instancia, la disposición masiva de datos a disposición de las empresas públicas y privadas. La *dataficación* de la sociedad ha supuesto la transformación en datos del día a día de los seres humanos, que viven interconectados a través de numerosos dispositivos digitales y generan constantemente información o datos «útiles». Esta gran cantidad de datos

---

35 PALMA ORTIGOSA, A., «El ciclo de vida de los sistemas de inteligencia artificial. Aproximación técnica de las fases presentes durante el diseño y despliegue de los sistemas algorítmicos», en *Derechos y garantías ante la inteligencia artificial y las decisiones automatizadas*, Thomson Reuters Aranzadi, Cizur Menor (Navarra), 2022, pp. 45-46.

36 MARTÍNEZ MARTÍNEZ, R., «Cuestiones de ética jurídica al abordar proyectos de Big Data. El contexto del Reglamento general de protección de datos», en *Dilemata*, n.º 24 (Ejemplar dedicado a: Ética de datos, sociedad y ciudadanía), 2017, p. 154.

pueden ser almacenados y tratados por las empresas para posteriormente alimentar y entrenar los algoritmos de los sistemas de IA.

En segundo lugar, se disponen de herramientas tecnológicas para procesar de forma rápida y eficiente esa cuantiosa información, como el denominado Big Data, que resulta fundamental para la IA, potenciando sus efectos[37], pues gran parte del éxito de esta tecnología se basa en el uso de una gran cantidad de datos. Hay muchas definiciones de Big Data, que difieren según la disciplina específica. La mayoría de ellas se centran en identificarla por la creciente capacidad tecnológica para recopilar, procesar y extraer conocimientos nuevos y predictivos a partir de un gran volumen y variedad de datos, a una velocidad pasmosa[38], proporcionando un conocimiento superior que sería difícilmente alcanzable mediante otra técnica de análisis de datos[39].

En última instancia, como tercer factor determinante, la actual capacidad computacional de los ordenadores ha hecho posible que ese procesamiento de datos y las técnicas de aprendizaje automático hayan mejorado exponencialmente[40].

Así, tras la invención de la máquina de vapor, la electricidad y los ordenadores, la abundancia de datos, en convergencia con potentes algoritmos y gran capacidad informática, permite afirmar que el mundo está al borde de la cuarta revolución industrial, a escala mundial[41.]

---

37 PÉREZ ESTRADA, M. J., *Fundamentos jurídicos para el uso de la inteligencia artificial en los órganos judiciales*, Tirant lo Blanch, Valencia, 2022, p. 27.

38 CONSULTATIVE COMMITTEE OF THE CONVENTION FOR THE PROTECTION OF INDIVIDUALS WITH REGARD TO AUTOMATIC PROCESSING OF PERSONAL DATA (CONSEJO DE EUROPA), *Guidelines on the protection of individuals with regard to the processing of personal data in a world of Big Data*, T-PD(2017)01, Consejo de Europa, 23.7.2017, Estrasburgo, 2017, p. 2.

39 PÉREZ ESTRADA, M. J., *Fundamentos jurídicos para el uso de la inteligencia artificial en los órganos judiciales*, Tirant lo Blanch, Valencia, 2022, p. 37.

40 PALMA ORTIGOSA, A., «El ciclo de vida de los sistemas de inteligencia artificial. Aproximación técnica de las fases presentes durante el diseño y despliegue de los sistemas algorítmicos», en *Derechos y garantías ante la inteligencia artificial y las decisiones automatizadas*, Thomson Reuters Aranzadi, Cizur Menor (Navarra), 2022, pp. 34-36.

41 COMISIÓN ESPECIAL SOBRE INTELIGENCIA ARTIFICIAL EN LA ERA DIGITAL (ponente: Axel Boss), *Informe sobre la inteligencia artificial en la era digital*, 2020/2266(INI), 5.4.2022, Parlamento Europeo, 2022, p. 11.

La presencia de estas tecnologías en nuestro día a día es incontrovertible. Se despliega en ámbitos cuya repercusión en nuestras vidas puede ser relativamente modesta, como un sistema de recomendación musical o audiovisual; o francamente determinante, como un sistema de selección de personal o que decida acerca de la concesión de un crédito, un subsidio o una ayuda económica de un ente público, según diferenciábamos líneas atrás.

Dado el impacto y los considerables riesgos que dicha tecnología puede suponer para los derechos y libertades de los ciudadanos, así como para otros bienes jurídicos o intereses dignos de protección, la regulación de la materia y la aplicación de otras herramientas complementarias deviene esencial para la sociedad. Ello, desde un sólido enfoque ético que tome como punto de partida la dignidad del ser humano y de los derechos que le son inherentes.

6. La IA desde la dignidad de la persona

La IA puede suponer un riesgo para la dignidad de la persona y los derechos fundamentales que de ella dimanan. Así, los sistemas implementados con esta tecnología deben ser diseñados, desplegados y utilizados con la dignidad como centro gravitatorio, con el objeto de que los derechos más básicos de los hombres sean respetados en todas sus manifestaciones. En este sentido, resulta tan incuestionable como necesario señalar que la tecnología debe estar al servicio de las personas y no a la inversa.

La dignidad del ser humano se desarrolló conceptual y jurídicamente tras las devastadoras consecuencias de la II Guerra Mundial y en paralelo al proceso descolonizador, impulsado por la Organización de Naciones Unidas sobre territorios africanos y asiáticos. Se considera la base de todos los derechos fundamentales y está consagrada en la mayoría de las constituciones posteriores al conflicto bélico, así como en los textos internacionales o regionales promulgados en materia de derechos desde la fecha. Y es que, conforme apunta JIMÉNEZ CAMPO[42], «"dignidad" es palabra tan excesiva

---

42   JIMÉNEZ CAMPO, J., «Artículo 10.1», en *Comentarios a la Constitución Española*, tomo 1, Boletín Oficial del Estado (BOE), Tribunal Constitucional, Wolters Kluwer, 2018, p. 217.

que sólo el silencio estaría a su altura». Como bien es sabido, la Declaración Universal de los Derechos Humanos (DUDH) (1948) —redactada en el seno de la ONU, tras la creación del organismo por la Carta de San Francisco (1945)— se erige como el primer texto supranacional en materia de derechos fundamentales. Ésta reconoce la dignidad como la base de la libertad, la justicia y la paz en el mundo, comenzando su articulado bajo la premisa de que «todos los seres humanos nacen libres e iguales en dignidad y derechos» (art. 1)[43].

Siguiendo la senda abierta por este importante texto, la Unión Europea (UE) se funda sobre la dignidad humana, como valor indivisible y fundamental, tal y como señala el preámbulo de la Carta de los Derechos Fundamentales de la Unión Europea (CDFUE), protegiendo este bien jurídico en primer lugar en su articulado, de forma categórica: «La dignidad humana es inviolable. Será respetada y protegida» (art. 1).

En nuestro país, por su parte, la dignidad se considera fundamento del orden político y la paz social en la Constitución Española (CE)[44], siendo la base última de la convivencia democrática. Así, la dignidad de la persona se erige como criterio de orientación permanente para la democracia constitucional. Este reconocimiento supone anteponer la persona al mismo Estado, por lo que los poderes públicos —al igual que la tecnología—, son un medio al servicio de los seres humanos, y no al revés. Las personas no pueden ser tratadas

---

43   El Convenio Europeo de Derechos Humanos reconoce que la dignidad es «inherente a todo ser humano» en el preámbulo de su Protocolo n.º 13 relativo a la abolición de la pena de muerte en cualquier circunstancia. El Pacto Internacional de Derechos Civiles y Políticos reconoce la dignidad «inherente a todos los miembros de la familia humana» e «inherente a la persona humana» en el preámbulo y ya en su articulado, que «toda persona privada de libertad será tratada humanamente y con el respeto debido a la dignidad inherente al ser humano» (art. 10.1). Por su parte, el Pacto Internacional de Derechos Económicos, Sociales y Culturales, reconoce la dignidad como alusiones semejantes a las del Pacto Internacional de Derechos Civiles y Políticos igualmente en su preámbulo y, posteriormente, a propósito del derecho a la educación señala que «la educación debe orientarse hacia el pleno desarrollo [...] del sentido de su dignidad», la de toda persona (art. 13.1).

44   Art. 10.1 CE.

instrumentalmente[45], ni desde la perspectiva político-legislativa ni desde la tecnológica.

A la luz de lo anterior, el respeto máximo a la dignidad de los hombres debe ser el punto de partida para los distintos agentes, públicos o privados, que vayan a intervenir en la definición de la realidad jurídica que envuelva a la IA y su concreto diseño y despliegue, tanto a nivel nacional como supranacional.

Regionalmente, la UE se quiere aproximar a la IA desde una perspectiva ética y antropocéntrica, que gire en torno a la dignidad de la persona y sus derechos fundamentales, como señalan las *Directrices éticas para una IA fiable*[46,] aunque no sin cierta polémica. La IA y la tecnología relacionada evoluciona a gran velocidad, pero resulta necesario aplicar límites y principios éticos en el proceso de desarrollo algorítmico y su despliegue para salvaguardar intereses superiores. El deseo de aplicar estos límites regulatorios y principios éticos en la UE ha sido frecuentemente criticado, ya que, según ciertos sectores, puede suponer un freno al avance de la IA y a la innovación. Sobre todo, si comparamos la estrategia de la región con la desarrollada en otros territorios líderes en el ámbito —como Estados Unidos o China, en los que más adelante nos detendremos—, donde los estándares éticos y límites jurídicos son más bajos o incluso inexistentes, en muchos casos. Sin embargo, las ansias de innovación no pueden dejar de lado a los valores humanistas y principios basados precisamente en la dignidad y los derechos fundamentales, que caracterizan a la UE y sus Estados miembros[47].

Así, la Comisión de la UE afronta la regulación en la materia centrándose en el ser humano[48], de tal manera que las implicaciones éticas y humanas sean uno de los pilares desde los

---

45 Díez-Picazo, L. M., *Sistema de derechos fundamentales*, Tirant lo Blanch, Valencia, 2021, p. 62.

46 Grupo de Expertos de Alto Nivel sobre Inteligencia Artificial, *Directrices éticas para una IA fiable*, Comisión Europea, Bruselas, 2019, p. 48.

47 Cotino Hueso, L., «Ética en el diseño para el desarrollo de una inteligencia artificial, robótica y big data confiables y su utilidad desde el Derecho», en *Revista catalana de dret públic*, n.º 58, 2019, p. 35.

48 Comisión Europea, *Generar confianza en la inteligencia artificial centrada en el ser humano,* COM(2019) 168 final, Bruselas, 8.4.2019.

que orientar las políticas relacionadas con la IA —junto con la necesidad de mejorar la utilización de los macrodatos en la innovación— y permitir abordar exitosamente los riesgos vinculados al uso de ésta[49].

De hecho, la Propuesta de Reglamento de IA[50] incluía al ser humano en su definición de «sistema de inteligencia artificial» o «sistema IA», remarcando la supeditación de éste a aquél. Así, lo entendía como

> «el software que se desarrolla empleando una o varias de las técnicas y estrategias que figuran en el anexo I[51] y que puede, para un conjunto determinado de objetivos definidos por seres humanos, generar información de salida como contenidos, predicciones, recomendaciones o decisiones que influyan en los entornos con los que interactúa» (art. 3.1)[52].

---

49   COMISIÓN EUROPEA, *Libro Blanco sobre la inteligencia artificial. Un enfoque europeo orientado a la excelencia y la confianza*, COM(2020) 65 final, Bruselas, 19.2.2020, p. 1.

50   Propuesta de Reglamento del Parlamento Europeo y del Consejo por el que se establecen normas armonizadoras en materia de inteligencia artificial (Ley de inteligencia artificial) y se modifican determinados actos legislativos de la Unión, del 21 de abril de 2021. COM(2021) 206 final. 2021/0106 (COD).

51   A saber, (i) estrategias de aprendizaje automático, incluidos el aprendizaje supervisado, el no supervisado y el realizado por refuerzo, que emplean una amplia variedad de métodos, entre ellos el aprendizaje profundo; (ii) estrategias basadas en la lógica y el conocimiento, especialmente la representación del conocimiento, la programación (lógica) inductiva, las bases de conocimiento, los motores de inferencia y deducción, los sistemas expertos y de razonamiento (simbólico); y (iii) estrategias estadísticas, estimación bayesiana, métodos de búsqueda y optimización.

52   Una definición más completa y de gran interés la estableció el Grupo de Expertos de Alto Nivel sobre IA (High-Level Expert Group on Artificial Intelligence), en las *Directrices éticas para una IA fiable*, según los cuales, «[l]os sistemas de inteligencia artificial (IA) son sistemas de *software* (y en algunos casos también de *hardware*) diseñados por seres humanos que, dado un objetivo complejo, actúan en la dimensión física o digital mediante la percepción de su entorno a través de la obtención de datos, la interpretación de los datos estructurados o no estructurados que recopilan, el razonamiento sobre el conocimiento o el procesamiento de la información derivados de esos datos, y decidiendo la acción o acciones óptimas que deben llevar a cabo

La definición finalmente contenida en el Reglamento de IA delimita «sistema de IA» como

> «un sistema basado en una máquina diseñado para funcionar con distintos niveles de autonomía, que puede mostrar capacidad de adaptación tras el despliegue y que, para objetivos explícitos o implícitos, infiere de la información de entrada que recibe la manera de generar información de salida, como predicciones, contenidos, recomendaciones o decisiones, que puede influir en entornos físicos o virtuales»[53].

La Propuesta de Reglamento de IA partía de una visión antropocéntrica en la propia descripción de sistema de IA que se diluyó en la tramitación del texto. En cualquier caso, la dignidad y demás derechos o bienes jurídicos dignos de protección deben guiar y fundamentar cualquier aproximación normativa y ética acerca del uso de aplicaciones, soluciones y demás sistemas que se sirvan de la IA; una tecnología que, en cualquier caso, debe presentar una naturaleza instrumental. Tal y como remarcó el Grupo de Expertos de Alto Nivel sobre IA[54] de la Comisión Europea, la IA no es un fin en sí misma, sino un medio para mejorar el bienestar y la libertad del ser humano. Todas las recomendaciones y políticas desarrolladas por el grupo tienen tal objetivo, de forma directa o indirecta. El enfoque centrado en el ser humano no sólo supone prestar atención a los individuos, sino también al bienestar de la sociedad en general y al entorno en el que

---

para lograr el objetivo establecido. Los sistemas de IA pueden utilizar normas simbólicas o aprender un modelo numérico; también pueden adaptar su conducta mediante el análisis del modo en que el entorno se ve afectado por sus acciones anteriores». Grupo de Expertos de Alto Nivel sobre Inteligencia Artificial, Directrices éticas para una IA fiable, Comisión Europea, Bruselas, 2019, p. 48.

53   El Reglamento de IA también define también varios tipos de sistemas como «de reconocimiento de emociones», «de categorización biométrica», «de identificación biométrica remota», «de identificación biométrica remota en tiempo real» y de «identificación biométrica remota en tiempo diferido» [art. 3.39)-43)], además de los sistemas «de IA de uso general» [art. 3.66)].

54   Grupo de Expertos de Alto Nivel sobre Inteligencia Artificial, *Policy and Investment Recommendations for Trustworthy AI*, Comisión Europea, Bruselas, 2019, p. 9.

viven. Así, defienden el uso de la IA en favor del desarrollo sostenible en consonancia con la Agenda 2030 en Europa.

En España, la Estrategia Nacional de Inteligencia Artificial sigue una senda parecida a la europea, poniendo el foco de atención en las personas y el bienestar de la sociedad, permitiendo paralelamente la innovación con esa tecnología mediante un uso adecuado de la misma[55].

A las puertas de la cuarta revolución industrial, la transformación digital debe configurarse desde el respeto integral a los derechos fundamentales y de manera que las tecnologías digitales sirvan a la humanidad[56].

7. Retos de la IA

La revolución digital actual y los avances tecnológicos aparejados afectan y afectarán a los países, las economías, las sociedades, las relaciones internacionales y el medio ambiente. Las consecuencias que estos factores tendrán en la sociedad en su conjunto no serán uniformes, pues dependerán de los objetivos tecnológicos, la ubicación geográfica y el contexto socioeconómico, entre otros extremos[57]. Estos aspectos deberán tenerse en cuenta a la hora de desarrollar y desplegar los sistemas de IA, adecuándose apropiadamente al entorno, para mitigar el impacto.

Hasta la fecha, Europa se ha caracterizado por su potencial tecnológico e industrial, pero no por la disponibilidad de datos, que en su mayoría provienen de las empresas digitales y las plataformas de consumidores sitas en terceros países, como Estados Unidos. De hecho, sólo ocho de las doscientas principales mercantiles del ámbito están domiciliadas en la UE. Aunque la competitividad digital y la autonomía estratégica hayan pasado a encabezar las agendas

---

55   Villas Olmeda, M., Camacho Ibáñez, J., *Manual de ética aplicada en Inteligencia Artificial*, Anaya, Madrid, 2022, p. 85.

56   Comisión Especial sobre Inteligencia Artificial en la Era Digital (ponente: Axel Boss), *Informe sobre la inteligencia artificial en la era digital*, 2020/2266(INI), 5.4.2022, Parlamento Europeo, 2022, p. 11.

57   Comisión Especial sobre Inteligencia Artificial en la Era Digital (ponente: Axel Boss), *Informe sobre la inteligencia artificial en la era digital*, 2020/2266(INI), 5.4.2022, Parlamento Europeo, 2022, p. 11.

políticas de muchos países y de la Unión, el impacto de la IA no se limita a un mejor o peor puesto en la carrera mundial por el liderazgo tecnológico e industrial ni a una determinada autosuficiencia en el ámbito, desde una visión supra estatal esencialmente económica. Las nuevas tecnologías se erigen como instrumentos capaces de poner en riesgo derechos fundamentales aparentemente consolidados en ciertos territorios, además de una fuerte herramienta de manipulación y abuso en manos de determinados agentes empresariales y gobiernos autocráticos cuyo único propósito es socavar los sistemas políticos democráticos[58]. La Comisión Especial sobre Inteligencia Artificial en la Era Digital[59], en tal sentido, advierte que

«si la Unión no actúa con rapidez y valentía, acabará teniendo que seguir las reglas y normas fijadas por otros y corre el riesgo de sufrir efectos perjudiciales para la estabilidad política, la seguridad social, los derechos fundamentales, las libertades individuales y la competitividad económica».

En la actualidad nos encontramos en lo que los expertos han venido a denominar «IA débil»; una fase en la que los sistemas de IA realizan sus predicciones, recomendaciones o toma de decisiones con gran capacidad de procesamiento de cuantiosos datos, pero muy lejos de las capacidades cognitivas reales del ser humano. Es la «IA general» o «IA fuerte» la que se identifica con un progreso mayor o «completo» de esta tecnología, para muchos expertos. En ese contexto augurado, los sistemas de IA podrían llevar a cabo todo tipo de actuaciones complejas[60], superando supuestamente la inteligencia humana y, en general, todos los aspectos que

---

58 COMISIÓN ESPECIAL SOBRE INTELIGENCIA ARTIFICIAL EN LA ERA DIGITAL (ponente: Axel Boss), *Informe sobre la inteligencia artificial en la era digital*, 2020/2266(INI), 5.4.2022, Parlamento Europeo, 2022, p. 11.

59 COMISIÓN ESPECIAL SOBRE INTELIGENCIA ARTIFICIAL EN LA ERA DIGITAL (ponente: Axel Boss), *Informe sobre la inteligencia artificial en la era digital*, 2020/2266(INI), 5.4.2022, Parlamento Europeo, 2022, p. 12.

60 PALMA ORTIGOSA, A., «El ciclo de vida de los sistemas de inteligencia artificial. Aproximación técnica de las fases presentes durante el diseño y despliegue de los sistemas algorítmicos», en *Derechos y garantías ante la inteligencia artificial y las decisiones automatizadas*, Thomson Reuters Aranzadi, Cizur Menor (Navarra), 2022, p. 36.

conforman al ser humano. Para el sector doctrinal más pesimista, los propios sistemas serían capaces de crear otros sistemas aún más inteligentes que ellos y de tomar sus propias decisiones, al margen de las indicaciones de las personas, que quedarían relegadas en la escala evolutiva. La IA fuerte se relaciona con el transhumanismo cibernético —aquel movimiento que propone la mejora del ser humano y superación de sus límites naturales a través de la tecnología[61]— y la aplicación extrema de neurotecnologías sobre el hombre, en las que nos adentraremos en el capítulo IV del presente trabajo. Por su parte, para el sector doctrinal más optimista, los sistemas de IA serán meros acompañamientos del ser humano, desplegados de forma ética y segura[62].

TEGMARK[63] explica este asunto con mucha claridad: hay un mito según el cual la IA fuerte será inevitable en 2100. Otro mito dice que eso será imposible. El hecho es que puede suceder en décadas, siglos o nunca. Los expertos en IA no están de acuerdo; y, sencillamente, no lo saben.

En cualquier caso, los retos que presenta la IA deben ser abordados no sólo desde el derecho nacional, sino también desde el derecho regional e internacional, pues son desafíos o amenazas de carácter transnacional[64]. La UE debe regular adecuadamente esta tecnología para no dejar a nadie atrás —como requiere Comisión Especial sobre Inteligencia Artificial en la Era Digital— y ser un referente mundial, pero es esencial la cooperación entre los distintos territorios y que todos ellos partan de unos mínimos garantistas para los seres humanos. Esta cooperación debe basarse en el respeto a los derechos fundamentales, con especial atención a la dignidad,

---

61 GANUZA FERNÁNDEZ, I., «El transhumanismo ciberéntico o de la singurlaridad: un reto para la ética», en *Inteligencia artificial: los derechos humanos en el centro*, Dykinson, Madrid, 2023, p. 61.

62 SALAZAR GARCÍA, I., «Retos actuales de la ética en la Inteligencia Artificial», en *Derechos y garantías ante la inteligencia artificial y las decisiones automatizadas*, Thomson Reuters Aranzadi, Cizur Menor (Navarra), 2022, p. 57.

63 TEGMARK, M., *Life 3.0. Being Human in the Age of Artificial Intelligence*, Knopf, Nueva York, Estados Unidos, 2017, p. 41.

64 COTINO HUESO, L., «Big data e inteligencia artificial. Una aproximación a su tratamiento jurídico desde los derechos fundamentales», en *Dilemata*, n.º 24 (Ejemplar dedicado a: Ética de datos, sociedad y ciudadanía), 2017, p. 36.

el pluralismo y la inclusión, la no discriminación y la protección de la privacidad en materia de derechos personales[65].

Los destinatarios de la IA pueden quedar afectados por decisiones individuales tomadas por un sistema cuya transparencia y explicabilidad dista mucho de la fundamentación básica exigible a cualquier acto que pueda tener repercusiones o consecuencias jurídicas y dañar bienes o valores fundamentales para las personas, como son sus derechos más básicos. Analizar el impacto de esta tecnología en los derechos de las personas es una tarea fundamental para advertir y combatir tempranamente las consecuencias negativas que puede conllevar el uso de la IA.

---

65 COMISIÓN EUROPEA, *Libro Blanco sobre la inteligencia artificial. Un enfoque europeo orientado a la excelencia y la confianza*, COM(2020) 65 final, Bruselas, 19.2.2020, pp. 11-12.

II

EL IMPACTO DE LA INTELIGENCIA ARTIFICIAL EN LOS DERECHOS DE LAS PERSONAS

Recientemente, los especialistas en derechos humanos han prestado especial atención a los derechos digitales y a las repercusiones que tienen los sistemas de IA sobre los derechos de las personas. La preocupación del derecho nacional e internacional en los derechos más básicos de los hombres para la gobernanza de esta tecnología resulta cada vez más relevante. Esta área de gobernanza es muy cambiante y evoluciona con rapidez a medida que avanza la tecnología. Una aproximación y análisis de los derechos humanos ofrece un atractivo conjunto de conceptos básicos bien establecidos, con los que se pueden juzgar las tecnologías emergentes[66] y permiten identificar o atisbar los problemas que ésta puede suponer a corto, medio y largo plazo.

Sin lugar a dudas, la IA presenta muchas ventajas para los ciudadanos, el desarrollo empresarial y la prestación de servicios de interés público[67]. Pero también puede suponer una amenaza para el ejercicio y garantía de los derechos de las personas, incluidos los derechos humanos y los derechos fundamentales[68]. Los derechos humanos, tal y como señala

---

66   VV.AA., «Principled Artificial Intelligence: Mapping Consensus in Ethical and Rights-based Approaches to Principles for AI», en *Berkman Klein Center for Internet & Society*, n.º 2020-1, 2020, p. 64.

67   COMISIÓN EUROPEA, *Libro Blanco sobre la inteligencia artificial. Un enfoque europeo orientado a la excelencia y la confianza*, COM(2020) 65 final, Bruselas, 19.2.2020, p. 2.

68   La diferencia entre derechos humanos y derechos fundamentales gira

Naciones Unidas[69] «son los derechos que tenemos básicamente por existir como seres humanos»; derechos universales que «son inherentes a todos nosotros, con independencia de la nacionalidad, género, origen étnico o nacional, color, religión, idioma o cualquier otra condición». Por su parte, según Luigi FERRAJOLI[70], los derechos fundamentales son aquellos derechos que, en un ordenamiento dado, se reconocen a todas las personas o ciudadanos por el mero hecho de serlo; derechos inherentes a tal condición, siendo el reconocimiento de la dignidad humana el fundamento de los mismos[71].

---

en torno al ordenamiento que los reconoce y protege. Los primeros son declarados por tratados internacionales; los segundos están protegidos por el ordenamiento interno de cada Estado. DÍEZ-PICAZO, L. M., *Sistema de derechos fundamentales*, Tirant lo Blanch, Valencia, 2021, p. 32. Se ha preferido titular el presente trabajo bajo la nomenclatura de derechos fundamentales por la aproximación que se realiza desde la óptica constitucional española, aunque partiendo de los regionales e internacionales en la materia, de mayúscula importancia, huelga señalar.

69 ONU, «¿Qué son los derechos humanos?», *Naciones Unidas*, extraído de https://www.ohchr.org/es/what-are-human-rights, fecha última visita: abril 2024.

70 FERRAJOLI, L., *Derechos y garantías. La ley del más débil*, Editorial Trotta, Madrid, 2019, p. 37. Citado en ATIENZA RODRÍGUEZ, M., *Sobre la dignidad humana*, Editorial Trotta, Madrid, 2022, p. 44. También en DÍEZ-PICAZO, L. M., *Sistema de derechos fundamentales*, Tirant lo Blanch, Valencia, 2021, p. 30.

71 En la CE los derechos fundamentales están recogidos en el Título I —De los derechos y deberes fundamentales—. El Título comienza precisamente con el derecho a la dignidad (art. 10) para posteriormente abordar en el Capítulo Primero —de los españoles y los extranjeros— temas tan básicos como la nacionalidad o la ciudadanía (arts. 10-13). El Capítulo Segundo —Derechos y Libertades— arranca con el derecho a la igualdad (art. 14) para comenzar a continuación con la Sección 1.ª —De los derechos fundamentales y de las libertades públicas—. Los derechos fundamentales propiamente dichos se extenderán hasta el artículo 29, inclusive. La Sección 2.ª —De los derechos y deberes de los ciudadanos— regula otra suerte de derechos de vital importancia ero no estrictamente fundamentales, así como los deberes constitucionales (arts. 31-38). Tras ellos, en el Capítulo Tercero, se regulan los principios rectores de la política social y económica (arts. 39-52). El título finaliza con el Capítulo Cuarto, sobre las garantías de las libertades y derechos fundamentales (y donde se reconoce el recurso de amparo y su ámbito de aplicación: los artículos 14-29 y

Los derechos fundamentales representan valores tan básicos, que su importancia para la sociedad y los poderes públicos está fuera de duda. La relación de estos bienes jurídicos y el Estado presenta una doble perspectiva. En primera instancia, los derechos fundamentales son instrumentos de protección del individuo frente al Estado, de cara a garantizar al sujeto un ámbito de libertad sustraído de la capacidad regulatoria de aquél. Se erigen como límites a la actividad de los poderes públicos[72]. Así, a título de ejemplo, según el artículo 18.2 de la CE, «el domicilio es inviolable. Ninguna entrada o registro podrá hacerse en él sin consentimiento del titular o resolución judicial, salvo en caso de flagrante delito». Este derecho garantiza al sujeto un espacio en el que desarrollar su vida privada, por lo que ni los poderes públicos ni terceros podrán acceder a su domicilio, salvo que medie consentimiento del titular, lo autorice un juez o existan evidencias de delito y urgencia de intervención policial[73].

En segunda instancia, los derechos fundamentales, además de servir de límites, deben ser promocionados por el Estado. De hecho, la protección de estos derechos es precisamente la *ultima ratio* que justifica la existencia del Estado como forma de organización política para el constitucionalismo[74]. Así, los poderes públicos deben ejercer una actividad de tutela de estos bienes jurídicos de cara a favorecer su plena efectividad[75]. Esta necesidad se agudiza como consecuencia del desarrollo tecnológico que caracteriza la incipiente cuarta revolución industrial.

Esta cuarta revolución industrial se superpone a la cuarta generación de derechos humanos, los cuales estarían esencialmente relacionados con el reconocimiento a los hombres

---

30.2), y el Capítulo Quinto, acerca de la suspensión de los derechos y libertades.

72   DÍEZ-PICAZO, L. M., *Sistema de derechos fundamentales*, Tirant lo Blanch, Valencia, 2021, p. 118.

73   DÍEZ-PICAZO, L. M., *Sistema de derechos fundamentales*, Tirant lo Blanch, Valencia, 2021, p. 307.

74   DÍEZ-PICAZO, L. M., *Sistema de derechos fundamentales*, Tirant lo Blanch, Valencia, 2021, p. 37.

75   DÍEZ-PICAZO, L. M., *Sistema de derechos fundamentales*, Tirant lo Blanch, Valencia, 2021, p. 118.

de facultades, derechos y libertades en el entorno digital; y guiados por la dignidad humana[76].

Tratando de trasladar los derechos tradicionalmente reconocidos al ámbito digital, así como de recoger nuevos derechos propios de dicho entorno, se redactó en España la Carta de Derechos Digitales por el Grupo Asesor de Expertas y Expertos del Ministerio de Asuntos Económicos y Transformación Digital. La carta fue adoptada por el Gobierno en julio de 2021. El texto carece de valor normativo, pero ha sido ya fuente de inspiración para normas promulgadas posteriormente, como la reguladora de la protección de datos personales y garantías de los derechos digitales[77]. En su literal extiende al contexto digital derechos y libertades como el (i) derecho a la igualdad y a la no discriminación; (ii) el derecho a la identidad digital; el (iii) derecho a la protección de datos personales; la (iv) libertad de información y de expresión; el (v) derecho a la educación digital; (vi) derechos en el ámbito laboral; y ciertas garantías para el cumplimiento de estos y otros derechos, como la (vii) tutela judicial efectiva. La Carta también reconoce derechos digitales de entornos específicos, propios del ámbito objeto de atención, como el (vii) derecho a la protección de la salud[78].

A continuación, se analizarán los riesgos e impactos determinados que los sistemas de IA suponen para algunos derechos fundamentales de especial importancia, entre los que se encuentran los desarrollados por la Carta de Derechos Digitales que se acaban de relacionar[79].

---

76 LLANO ALONSO, F. H., «Singularidad tecnológica, metaverso e identidad personal: del *homo faber* al *novo homo ludens»*, en *Inteligencia artificial y filosofía del Derecho*, Ediciones Laborum, Murcia, 2022, p. 208.

77 Ley Orgánica 3/2018, de 5 de diciembre, de Protección de Datos Personales y garantía de los derechos digitales.

78 Estos derechos están recogidos en los artículos VIII, II, III, XIV-XV, XVII, XIX-XX, XXVII-XXVIII y XXI, respectivamente.

79 Por motivos de sistematicidad y rigurosidad, el orden para abordar cada uno de estos derechos seguirá el dispuesto en la CE, a salvo el derecho a la identidad digital —una suerte de actualización del derecho a la identidad o a existir a efectos jurídicos—, que se ha antepuesto a los derechos personalísimos integrados en el más amplio derecho a la privacidad, como condición cuasi preexistente a éstos. No se ha antepuesto al epígrafe de la igualdad y no discriminación por la especial naturaleza híbrida que presenta el más representativo

Sin perjuicio de los impactos individuales, muchos de los derechos en los que nos detendremos —como libertad de expresión e información, la educación, la sanidad, el medioambiente o seguridad y defensa, entre otros— tienen una facción institucional o social. Eso significa que un daño puntual puede conllevar fácilmente repercusiones colectivas, meramente no individuales. Son facultades que sobrepasan la esfera de libertad del propio individuo (la facultad de exigir a los terceros que no interfieran en su ejercicio[80]), por lo que su importancia y la necesidad de garantía es aún más relevante para el conjunto de la sociedad.

Asimismo, algunos de estos derechos y su ámbito de aplicación son especialmente transversales en el campo de la IA, por lo que su inobservancia puede afectar paralelamente a otros derechos fundamentales. Siguiendo a la Agencia de los Derechos Fundamentales de la Unión Europea[81], éstos serán: (i) el derecho de igualdad y a la no discriminación; (ii) el derecho a la protección de datos; y (iii) el derecho a la tutela judicial efectiva o acceso a la justicia y a un juicio justo. Otros derechos, como el derecho a la identidad digital, la libertad de expresión y de información, la educación o el trabajo, que también serán examinados, se podrán ver afectados por los sistemas de IA, pero de manera mucho más focalizada, dentro del área específica de cada correspondiente derecho.

1. Derecho a la igualdad y a la no discriminación

Existe una tendencia generalizada a creer que los sistemas de IA son objetivos, lo que puede derivar en una «sobrecon-

---

artículo 14 —a medio camino entre ser, o no, un derecho fundamental propiamente dicho— por el lugar que ocupa en nuestro texto: en el Capítulo Segundo del Título Primero de nuestra CE, pero no en la Sección 1.ª de aquél. Su especial naturaleza vendrá dictada por el valor que le aporta el artículo 53.2, pero no alineado con el 81, que no le es aplicable.

80   Díez-Picazo, L. M., *Sistema de derechos fundamentales*, Tirant lo Blanch, Valencia, 2021, p. 319.

81   Agencia de los Derechos Fundamentales de la Unión Europea (European Union Agency for Fundamental Rights), *Getting the future right – Artificial intelligence and fundamental rights*, Oficina de Publicaciones de la Unión Europea, Luxemburgo, 2020, p. 7.

fianza» por parte del ser humano en las predicciones o suge-rencias que realice la máquina; e incluso a emplear este tipo de tecnología en entornos donde no sea recomendable[82]. Sin embargo, lejos de ello, la IA puede ser la vía idónea para perpetuar desigualdades y procurar un trato discriminatorio a determinados sujetos o colectivos.

Según recoge el Diccionario de la Real Academia en su tercera acepción, la igualdad es el «principio que reconoce la equiparación de todos los ciudadanos en derechos y obli-gaciones»[83]. Este concepto está fuertemente relacionado con la dignidad de la persona. Así, un trato desacorde con la dignidad sería, siguiendo a JIMÉNEZ CAMPO[84], «aquel que distinguiera entre los individuos no por su situación o por su conducta objetiva, sino por su identidad misma, personal o de grupo», admitiéndose que existe una diferencia previa de valoración de los seres humanos.

A día de hoy, el principio general de igualdad de trato se garantiza en todas las democracias y tratados internacio-nales de derechos humanos desde múltiples perspectivas, como la igualdad ante la ley, en la ley y en la aplicación de la ley, además la prohibición añadida de procurar un trato discriminatorio a las personas. La DUDH arranca su articu-lado señalando que «todos los seres humanos nacen libres e iguales en dignidad y derechos» (art. 1). También son «igua-les ante la ley» y tienen «derecho a la igual protección de la ley» y «a igual protección contra toda discriminación» (art. 7). El Convenio Europeo de Derechos Humanos (CEDH) pro-híbe también las prácticas discriminatorias[85], como lo hará el Pacto Internacional de Derechos Civiles y Políticos (PIDCP)[86]

---

82 SORIANO ARNANZ, A., «La aplicación del marco jurídico europeo en materia de igualdad y no discriminación al uso de aplicaciones de Inteligencia Artificial», en *Nuevas normatividades: inteligencia artificial, derecho y genero*, Thomson Reuters Aranzadi, Cizur Menor (Navarra), 2021, p. 69.

83 Definición extraída de dle.rae.es/, fecha última visita: abril 2024.

84 JIMÉNEZ CAMPO, J. «Artículo 10.1», en *Comentarios a la Constitución Española*, tomo 1, Boletín Oficial del Estado (BOE), Tribunal Constitu-cional, Wolters Kluwer, 2018, p. 218.

85 Art. 14 CEDH y art. 1 del Protocolo n.º 12 del CEDH.

86 Arts. 3, 14, 26, principalmente, PIDCP.

y el Pacto Internacional de Derechos Económicos, Sociales y Culturales (PIDESC)[87].

La igualdad —junto a respeto de la dignidad humana, libertad, democracia— será uno de los valores en los que se fundamente la UE, según el Tratado de la Unión Europea[88]. El preámbulo de la CDFUE señala asimismo que la región se funda sobre determinados valores indivisibles y universales, como la igualdad —además de la dignidad humana, la libertad y la solidaridad—. La CDFUE también reconoce en su articulado la igualdad ante la ley[89] y entre hombres y mujeres[90], prohibiéndose toda discriminación; en particular, aquella que se ejerza por razón de determinados factores que tradicionalmente han sido asociadas a colectivos vulnerables, como el sexo, raza, color u orígenes étnicos o sociales[91].

Por su parte, las referencias a este principio son recurrentes en la CE desde una triple concepción: igualdad general, igualdad jurídica e igualdad real[92]. Desde el punto de vista general, se erigirá como uno de los valores superiores del ordenamiento jurídico español —junto a a la libertad, la justicia y el pluralismo político—[93], que debe guiar toda la actividad del Estado. El texto fundamental atribuye además a los poderes públicos la obligación de promover la igualdad de los individuos y los grupos para que ésta sea real y efectiva. También la obligación de remover cualquier obstáculo que impida o dificulte su plenitud, facilitando la participación de todos los ciudadanos en la vida política, económica, cultural y social[94].

---

87   Arts. 2 y 3, principalmente, PIDESC.

88   Art. 2 Tratado de la Unión Europea.

89   Art. 20 CDFUE.

90   Art. 23 CDFUE.

91   Art. 21 CDFUE. Sobre ello, véase MORETÓN SANZ, F., «Apuntes sobre la Constitución Europea y el Derecho a la no discriminación de las personas con discapacidad», en *RDUNED. Revista de derecho UNED*, n.º 1, 2006, pp. 247-274.

92   Véanse los artículos 1, 9, 14, 23.2, 68.1, 69.1, 139.1 y 149.1.1.ª de la CE.

93   Art. 1 CE.

94   En concreto, según el artículo 9.2 de la CE, «corresponde a los poderes públicos promover las condiciones para que la libertad y la igualdad del individuo y de los grupos en que se integra sean reales y efectivas; remover los obstáculos que impidan o dificulten su plenitud y facilitar la participación de todos los ciudadanos en la vida política, económica, cultural y social».

En este último sentido también se habla de «igualdad promocional», que se complementa a renglón seguido[95] con la interdicción de la arbitrariedad de los poderes públicos[96].

La aproximación anterior a la igualdad real debe ser necesariamente complementada con la constitución de España como un Estado Social, según el artículo 1.1 del texto fundamental. Más allá de la igualdad formal ante la ley que veremos a renglón seguido, a través de esta configuración el Estado se desprende de la actitud pasiva que caracterizada el Estado liberal clásico, para convertirse en un estado activo, asistencial, que busca por erradicar las diferencias sociales entre sus administrados[97].

Entre la concepción de igualdad jurídica en la CE, destaca precisamente el reconocimiento del principio de igualdad ante la ley y la prohibición de discriminación en el artículo 14, según el cual «los españoles son iguales ante la ley, sin que pueda prevalecer discriminación alguna por razón de nacimiento, raza, sexo, religión, opinión o cualquier otra condición o circunstancia personal o social». En ocasiones se discute si se trata de un derecho fundamental, propiamente dicho. Desde el punto de vista formal, no hay reserva alguna en contra, pues el artículo 53 le dota de las máximas garantías, propias de los derechos fundamentales: la reserva de ley, con respeto a su contenido esencial, y la protección jurisdiccional reforzada, pudiendo gozar de un procedimiento preferente y sumario ante los tribunales ordinarios o ser recurrido en amparo ante el Tribunal Constitucional, llegado el caso. En sentido contrario, no le es aplicable al precepto la reserva de ley orgánica del artículo 81.1. por no encontrarse comprendido en la Sección 1.ª —De los derechos fundamentales y de

---

95   Art. 9.3 CE.

96   García Morillo, J., «La cláusula general de igualdad», en *Derecho Constitucional. Volumen I. El ordenamiento constitucional. Derechos y deberes de los ciudadanos*, Tirant lo Blanch, Valencia, 2010, p. 155.

97   Las manifestaciones del Estado social en la CE son recurrentes. Así, establecerá mecanismos de compensación de desigualdades (arts. 49 y 50), mecanismos de equidistribución (arts. 40.1, 131 y 138) y reconocimiento de derechos sociales (arts. 28, 35, 41, 43, 44, 47, entre otros), cumpliendo funciones asistenciales, de tutela económica y de remodelación social. Alonso de Antonio, A. L.; Alonso de Antonio, J. A., *Derecho Constitucional Español*, Editorial Universitas, Madrid, 2002, pp. 149-150.

las libertades públicas—, del Capítulo Segundo —Derechos y libertades—, del Título I —De los derechos y deberes—. De ahí las dudas sobre su verdadera naturaleza. La diferencia de ambas aproximaciones, como recoge Díez-Picazo[98], no parece tener unas consecuencias especialmente relevantes. Hay más preceptos que desarrollan la igualdad jurídica en el texto, como la relacionada con la discriminación por razón de sexo el ámbito laboral, del artículo 35, o la circunscrita a los menores en relación con la filiación del artículo 39.

El objetivo principal de este principio o derecho es garantizar a las personas el acceso y ejercicio de sus derechos individuales, en las mismas condiciones que el resto de los ciudadanos, sin que exista ningún tipo de discriminación basada en circunstancias personales o grupales características de colectivos tradicionalmente vulnerables, como aquellas relacionadas con el nacimiento, la raza, el sexo, la religión, la opinión, la discapacidad, la edad o la orientación sexual, a título de ejemplo[99].

En este sentido, uno de los principales problemas de la IA descansa en los datos con los que la tecnología se alimenta. A partir de éstos, se produce el aprendizaje, la búsqueda de patrones y correlaciones, y la toma de decisiones por el sistema. Por ello, es importante que el conjunto de datos que los sistemas utilicen para entrenarse, para validar qué tipo de algoritmo y técnica de procesamiento de datos sea la adecuada, y para probar la tecnología sean pertinentes y suficientemente representativos, completos y carezcan de errores[100].

De lo contrario, si las bases de datos utilizadas en el desarrollo y prueba de los sistemas contienen algún tipo de inexactitud, error o falta, los sistemas pueden integrar dicho defecto en su aprendizaje, magnificarlo y arrojar resultados sesgados que produzcan decisiones discriminatorias. Esto

---

98 Díez-Picazo, L. M., *Sistema de derechos fundamentales*, Tirant lo Blanch, Valencia, 2021, pp. 182-183.

99 Soriano Arnanz, A., «La aplicación del marco jurídico europeo en materia de igualdad y no discriminación al uso de aplicaciones de Inteligencia Artificial», en *Nuevas normatividades: inteligencia artificial, derecho y genero*, Thomson Reuters Aranzadi, Cizur Menor (Navarra), 2021, p. 71.

100 Art. 10.3 Reglamento de IA.

puede suceder incluso aunque los datos extraídos se ajusten a la realidad, pues puede perpetuar prejuicios en contra de la efectiva igualdad que deberían erradicarse. Como veíamos líneas atrás, si en una empresa todos los altos cargos directivos han sido ocupados por hombres, un sistema de recomendación para elegir a futuros candidatos que sea alimentado con datos extraídos de los currículums de dichos trabajadores y el resto de candidatos tenderá a privilegiar la selección de hombres frente a las mujeres, quebrando el necesario trato igualitario entre ambos sexos. Algo semejante sucedió en la contratación de personal técnico en Amazon, en la que el algoritmo empleado discriminó sistemáticamente a las mujeres, aun cuando el sexo no era una variable que la máquina debía tener en cuenta. Nunca se llegó a saber la concreta causa de tal discriminación: si el algoritmo procuró un trato en contra de las mujeres por la menor muestra de currículums de éstas, dada su menor presencia en el ámbito tecnológico; o si el sesgo derivaba de las decisiones de contratación tomadas hasta la fecha por personas físicas, mediadas por una serie de prejuicios que la IA tomó como relevantes o incluso determinantes[101]. También Apple introdujo una tarjeta de crédito en el mercado que ofrecía límites de crédito más bajos a las mujeres que a los hombres, con independencia de la puntuación crediticia. El trato era dispar aún en idéntica situación objetiva. Supuestamente, se debió a que cuando se desarrolló el sistema, el algoritmo se entrenó con un conjunto de datos en los que las mujeres suponían un riesgo financiero mayor que los hombres[102].

Los humanos estamos repletos de sesgos que podemos proyectar al exterior —incluidos a los sistemas de IA— sin

---

101 Soriano Arnanz, A., «La aplicación del marco jurídico europeo en materia de igualdad y no discriminación al uso de aplicaciones de Inteligencia Artificial», en *Nuevas normatividades: inteligencia artificial, derecho y genero*, Thomson Reuters Aranzadi, Cizur Menor (Navarra), 2021, pp. 65-66.

102 Anón (11 de noviembre de 2019). «Apple's 'sexist' credit card investigated by US regulator», BBC News, extraído de bbc.com/news/business-50365609, fecha última visita: abril 2024. Sobre la aplicación de la IA en los sistemas de evaluación de solvencia y la calificación crediticia, véase Carpí Marín, R., «Evaluación de solvencia y calificación crediticia en el Reglamento europeo sobre inteligencia artificial (Ley de Inteligencia Artificial)», en *Derecho e inteligencia artificial. El jurista ante los retos de la era digital*, Aranzadi, Cizur Menor (Navarra), 2023, pp. 71-111.

conocimiento de ello: el sesgo de atención —que limitan la atención generalizada ante estímulos emocionalmente relevantes—, el de confirmación —o tendencia de las personas a dar prevalencia a aquella información que confirme sus ideas, sin valorar su veracidad en profundidad—, el de congruencia —que limita la búsqueda de hipótesis alternativas ante hipótesis que se pueden comprobar por medio de pruebas directas— o el del *status quo* —aquél que hace que las personas tiendan siempre a actuar de la misma forma, incluso aunque existan buenas razones para que no sea así—. Éstos son unos sesgos entre una gran variedad. Muchos de esos sesgos estarán incorporados de forma nativa en los propios datos empleados en la IA[103].

Así, los sesgos en los algoritmos de la IA es uno de los principales retos éticos y jurídicos para esta tecnología, pues con frecuencia resultan muy difíciles de identificar. Bien es cierto que existen sesgos conscientes, producidos de manera intencional por el desarrollador, que serían sencillos de atajar si no tienen justificación alguna. Pero la mayoría de los sesgos serán de carácter inconsciente, sin que la persona responsable de seleccionar los datos y desarrollar el algoritmo tenga la intención de introducirlos. La causa de los sesgos puede ser la falta de rigurosidad en la toma de la muestra —que además puede estar «contaminada»— o el desconocimiento de cómo determinados datos introducidos en el sistema pueden repercutir en el resultado final. Así, una muestra no representativa del conjunto o desequilibrada puede dar lugar a resultados sesgados. Ello incluye el riesgo de que los sistemas de IA —tanto cuando son usados por los poderes públicos como cuando lo son por la industria privada— ignoren los gustos, preferencias y necesidades de aquella parte de la población que no genera datos o, al menos, no al nivel de la mayoría. Ignorarán a aquellos sujetos que permanecen en la periferia de los datos[104], pero tam-

---

103 Para una lista detallada sobre los propios sesgos humanos, que pueden quedar reflejados en los propios datos con carácter previo a su tratamiento, véase González De La Garza, L. M., «Derechos digitales en el empleo de las neurotecnologías: los neuroderechos (XXVI)», en *La Carta de Derecho Digitales,* Tirant lo Blanch, Valencia, 2022, pp. 348-355.

104 Lerman, J., «Big Data and Its Exclusions», en *Stanford Law Review Online, 66 Stanford Law Review Online* 55, SSRN, 2013.

bién los colectivos minoritarios quedan en desventaja frente al uso de sistemas de IA, dada la menor cantidad de información que de ellos se dispone. Esto hará que el algoritmo se sienta «más seguro» si toma una decisión con numerosos datos que la avalen —extraídos de las «mayorías»—, que otra decisión con datos no tan representativos —extraídos de las «minorías»—, pues su eficacia prediciendo las soluciones adecuadas será aparentemente superior[105]. Ello llevará de nuevo a prácticas discriminatorias. Los sesgos también pueden ser de exclusión si determinados valores anormales son ignorados por el desarrollador, mientras que habrían servido para representar a una minoría[106]; o descansar en el propio diseño de la IA.

Al grave problema de los sesgos de IA se le puede añadir la incapacidad de los seres humanos para «entender» la decisión del algoritmo en determinadas ocasiones, para constatar que se está ejerciendo una acción discriminatoria. Es lo que comúnmente se ha denominado el problema de la «explicabilidad». Los algoritmos de aprendizaje profundo —o *deep learning*— son los más potentes en IA, los que mejor rendimiento presentan. Pero también se les conoce como algoritmos de «caja negra» o «black box» porque desarrollan un proceso que es opaco para el desarrollador y el usuario. Ambos conocerán las predicciones o sugerencias finales que realice el sistema, pero no cómo ha llegado a ellas, de modo que podrá ser difícil o imposible realizar un juicio crítico acerca de la adecuación de su decisión al desconocer qué variables ha tenido en cuenta y con qué importancia[107]. Como veremos, cuando su aplicación conlleve consecuencias jurídicas para el destinatario de la decisión, podrá haber un problema para garantizar el derecho a la tutela judicial

---

105 Todolí Signes, A., «La reputación digital de los trabajadores: perfiles y decisiones automatizadas», en *Derechos y garantías ante la inteligencia artificial y las decisiones automatizadas*, Thomson Reuters Aranzadi, Cizur Menor (Navarra), 2022, p. 306.

106 Salazar García, I., «Retos actuales de la ética en la Inteligencia Artificial», en *Derechos y garantías ante la inteligencia artificial y las decisiones automatizadas*, Thomson Reuters Aranzadi, Cizur Menor (Navarra), 2022, p. 60.

107 Salazar García, I., «Retos actuales de la ética en la Inteligencia Artificial», en *Derechos y garantías ante la inteligencia artificial y las decisiones automatizadas*, Thomson Reuters Aranzadi, Cizur Menor (Navarra), 2022, p. 61.

efectiva, pues la resolución carecerá de la motivación requerida en todos sus extremos.

Los sesgos de la IA suponen un problema transversal a muchos derechos fundamentales de los individuos que se vean impactados por la decisión del sistema. Así, unos resultados sesgados no sólo afectarán al derecho a la igualdad y a la no discriminación, pues pueden suponer una vulneración paralela de otros bienes jurídicos, como el derecho al trabajo, a la educación o incluso a la vida, si determinado procesamiento de datos sesgados afecta a dichas esferas.

Los distintos agentes involucrados en el desarrollo y despliegue de los sistemas de IA deberán ser especialmente cautelosos con los sesgos que vulneren el principio general a la igualdad y a la no discriminación, y, en cualquier caso, deberán ser capaces de trazar y comprender la conclusión a la que el sistema de IA ha llegado en la generación de resultados; máxime, si tales conclusiones impactan de alguna forma en la esfera jurídica del afectado. Ello no obsta para que esos requisitos de transparencia se extiendan a las personas que están siendo afectadas por sistemas de IA sin conocimiento de ello.

La vulneración del principio de igualdad y no discriminación no tiene necesariamente su origen en los datos o el diseño de la aplicación. El sistema de IA puede ser utilizado como vía para realizar determinadas prácticas jurídicas y éticamente reprobables. Por ejemplo, Facebook es capaz de crear perfiles de sus usuarios a partir de los datos que éstos le proporcionan, de forma consciente e inconsciente. También es capaz de inferir datos que incluyan al usuario en uno de los grupos de especial vulnerabilidad —aunque no hayan sido expresamente aportados por el sujeto, sino concluidos por el sistema a partir del resto de información proporcionada— como su raza, religión u orientación sexual. Así, a título de ejemplo, el código postal o el barrio donde un sujeto vive puede tener una estrecha relación con su raza, religión e incluso orientación sexual. Del mismo modo, el leer unas noticias en Google o Facebook —y no otras— puede revelar afiliaciones políticas o sindicales[108]. Entre otras posibilidades,

---

108 TODOLÍ SIGNES, A., «La reputación digital de los trabajadores: perfiles y decisiones automatizadas», en *Derechos y garantías ante la inteligencia artificial y las decisiones automatizadas*, Thomson Reuters Aranzadi, Cizur Menor (Navarra), 2022, p. 305.

ese perfilado permitió a Facebook ofrecer a sus anunciantes inmobiliarios la posibilidad de excluir a determinados colectivos por motivos de «afinidad étnica», según lo denominaron, de manera que no se les mostraran los anuncios de venta o alquiler de viviendas[109].

En otras ocasiones, los algoritmos pueden ser diseñados para identificar a sujetos o colectivos en riesgo de exclusión, dada su precaria situación económica, y venderles productos financieros o servicios de escasa calidad, explotando su vulnerabilidad[110].

Prácticas como las referidas atentan gravemente contra el derecho a la igualdad y a la no discriminación, replicando o generando comportamientos dignos de reproche en cualquier sociedad democrática.

2. Derecho a la identidad digital

El derecho a la identidad —no necesariamente digital— se puede definir como el derecho de las personas a existir desde el punto de vista jurídico, a partir de unos atributos de identificación. Estos atributos, que sirven a la identificación de cada sujeto y que pueden ser comprobados a través de diversos sistemas, suelen ser de carácter biográfico, como el nombre propio, el de los progenitores, la edad o la dirección postal; y de carácter biométrico, como la imagen fotográfica facial o las huellas dactilares[111]. El derecho a la identidad será el presupuesto para el reconocimiento y ejercicio de derechos y obligaciones[112]. Asimismo, el derecho a la identidad es esencial para tener acceso a servicios básicos de salud,

---

109 Anwing, J.; Perris Jr., T. (28 de octubre de 2016), «Facebook Lets Advertisers Exclude Users by Race», *ProPublica*, extraído de https://www.propublica.org/article/facebook-lets-advertisers-exclu-de-users-by-race, fecha última visita: abril 2024.

110 Soriano Arnanz, A., «La aplicación del marco jurídico europeo en materia de igualdad y no discriminación al uso de aplicaciones de Inteligencia Artificial», en *Nuevas normatividades: inteligencia artificial, derecho y genero*, Thomson Reuters Aranzadi, Cizur Menor (Navarra), 2021, pp. 68-69.

111 Llaneza González, P., *Identidad digital*, Wolters Kluwer, 2021, p. 48.

112 Llaneza González, P., *Identidad digital*, Wolters Kluwer, 2021, pp. 33-34.

educación y de protección social, así como, no menos importante, para la protección infantil, entre otros extremos. Los sistemas de identificación inclusivos y confiables mejoran el acceso a determinados derechos, que requieren de una identificación previa para su ejercicio[113].

La identidad se relaciona necesariamente con el concepto de personalidad jurídica. Éste último se define por el Diccionario Panhispánico del Español Jurídico[114] como la «cualidad de la que deriva la aptitud para ser titular de derechos y obligaciones y el reconocimiento de capacidad jurídica y de obrar. Corresponde a toda persona, sea física o jurídica». La DUDH reconoce que «todo ser humano tiene derecho, en todas partes, al reconocimiento de su personalidad jurídica» (art. 6), al igual que se manifiesta el PIDCP en su artículo 16. En nuestro país la regulación básica sobre ello se recoge en el Código Civil[115].

En las sociedades más avanzadas damos por sentado este derecho desde el registro civil de nuestro nacimiento y hasta la emisión del certificado de defunción, preocupándonos, por nuestra intimidad durante nuestra existencia. Sin embargo, la historia evidencia que la identidad ha sido tradicionalmente un factor generador de desigualdades —entre quienes tenían identidad propia y aquellos que tenían identidad de segundo grado o derivada de otros sujetos de quienes dependían[116]—; un factor discriminatorio que aún pervive en los países menos desarrollados. De hecho, uno de los Objetivos de Desarrollo Sostenible es que en el año 2030 todas las personas tengan acceso a una identidad jurídica, en particular mediante el registro de nacimientos[117]. Y es que se estima la cuarta parte de los niños menores de cinco años en el mundo no están

---

113   Llaneza González, P., *Identidad digital*, Wolters Kluwer, 2021, pp. 38-40.

114   Definición extraída de https://dpej.rae.es/lema/personalidad-jurídica, fecha última visita: abril 2024.

115   Tanto para personas físicas, como jurídicas. Véanse los artículos 19-34 y los artículos 35-39, respectivamente.

116   Llaneza González, P., *Identidad digital*, Wolters Kluwer, 2021, p. 36.

117   Meta 16.9, dentro del Objetivo 16 – Paz, justicia e instituciones sólidas: «Promover sociedades pacíficas e inclusivas para el desarrollo sostenible, facilitar el acceso a la justicia para todos y construir a todos los niveles instituciones eficaces e inclusivas que rindan cuentas». *ONU*, «16. Paz, justicia e instituciones sólidas», extraído de https://www.un.org/sustainabledevelopment/es/peace-justice/, fecha última visita: abril 2024.

registrados[118], viéndose principalmente afectados aquéllos que viven en situación de pobreza, conflicto u otras emergencias, así como los niños pertenecientes a grupos minoritarios, con discapacidad, indígenas y los hijos de migrantes, solicitantes de asilo, refugiados o apátridas[119].

El concepto de identidad solemos asociarlo al perfil administrativo que controla el Estado, que ejerce un monopolio sobre su concesión, siendo un prerrequisito para el ejercicio de numerosos derechos. Ésta sería la identidad legal. Pero también hay otro tipo de identidades que manejan las organizaciones privadas, especialmente las grandes tecnológicas. Éstas prestan determinados servicios a las personas —como el acceso a plataformas y redes sociales— sin coste alguno aparejado, aparentemente. Sin embargo, los prestadores de estos servicios se benefician y sacan rédito de las identidades generadas a partir del comportamiento de cada uno de los usuarios de sus servicios, ejerciendo un gran control sobre sus vidas[120].

La digitalización ha posibilitado el ejercicio de derechos y obligaciones legales, así como el acceso a determinados servicios y prestaciones a través de medios electrónicos. La identidad en el entorno digital no es una mera traslación de la identidad tradicional —legal o de organizaciones privadas— al mundo *online*, pues la identidad digital tiene una naturaleza propia y más compleja que aquélla. Como señala

---

118 Selim, L. (18 de diciembre de 2019), «¿Qué es el registro del nacimiento y por qué es importante? Sin una prueba legal de su identidad, los niños no cuentan y son invisibles», *UNICEF*, extraído de unicef.org/es/historias/registro-nacimiento-importante, fecha última visita: abril 2024. Las cifras de registro, no obstante, han aumentado en los últimos años. En el año 2013, uno de cada tres niños no estaba registrado, según el estudio *Every Child's Birth Right: Inequities and trends in birth registration*. Collantes, S. (s.f.), «El Registro Civil: mucho más que un derecho», *UNICEF*, extraído de https://www.unicef.es/blog/infancia/el-registro-civil-mucho-mas-que-un-derecho, fecha última visita: abril 2024.

119 Oficina del Alto Comisionado para los Derechos Humanos de las Naciones Unidas (United Nations High Commissioner for Human Rights). *Best practices and specific measures to ensure access to birth registration, particularly for those children most at risk*, A/HRC/39/30, Asamblea General de Naciones Unidas, Nueva York, Estados Unidos, 2018, p. 3.

120 Llaneza González, P., *Identidad digital*, Wolters Kluwer, 2021, p. 44.

LLANEZA GONZÁLEZ[121], «es perfectamente posible identificar a un usuario por sus patrones de conducta deducidos de sus datos, sin tan si quiera conocer su nombre o su número de DNI». La identidad digital «puede ser tan útil a los efectos de recibir servicios y recabar protección como aquella que se basa en los identificadores facilitados por el estado o nuestros padres al nacer». En este contexto se enmarca el impacto que la IA puede suponer para el derecho a la identidad.

La comprobación de la identidad de quien uno dice ser se realiza a través de los sistemas de identificación[122]. Estos sistemas deberían idealmente respetar unos principios basados en la inclusión, el diseño y la gobernanza. Entre los citados principios, destaca (i) la necesidad de «establecer una identidad confiable: única, segura y precisa», en lo que respecta al diseño de los sistemas de identificación. Ello se relaciona con otro principio: el de (ii) «proteger los datos personales, mantener la ciberseguridad y salvaguardar los derechos de las personas por medio de un marco legal y reglamentario amplio», a propósito de la gobernanza como tercer pilar básico[123].

La seguridad es un requisito fundamental, tanto para el titular de la identidad como para el agente frente a quien trata de identificarse; ya sea el Estado, ya sea una entidad privada. Los sistemas de identificación, en este sentido, deben contar con garantías suficientes que permitan evitar: el (i) acceso no autorizado por un sujeto diferente de quien dice ser; la (ii) manipulación de los datos o las credenciales; el (iii) robo de identidad; el (iv) uso indebido de datos; la (v) ciberdelincuencia; y (vi) otras amenazas que pudieran producirse durante el ciclo de identificación[124]. En este sentido, la IA puede comprometer la seguridad de los sistemas de identificación, principalmente, a través de la suplantación o robo de identidad, que además puede dar lugar a actos de ciberdelincuencia.

---

121 LLANEZA GONZÁLEZ, P., *Identidad digital*, Wolters Kluwer, 2021, p. 68.

122 LLANEZA GONZÁLEZ, P., *Identidad digital*, Wolters Kluwer, 2021, p. 50.

123 BANCO MUNDIAL, *Principios sobre la identificación para el desarrollo sostenible: hacia la era digital* (actualizados a febrero de 2021), Banco Mundial, Washington, Estados Unidos, 2021.

124 BANCO MUNDIAL, *Principios sobre la identificación para el desarrollo sostenible: hacia la era digital* (actualizados a febrero de 2021), Banco Mundial, Washington, Estados Unidos, 2021, p. 14.

Entre otros extremos, la Carta de Derechos Digitales remarca la necesidad de garantizar, siguiendo el ordenamiento jurídico, «el derecho a la gestión de la propia identidad, sus atributos y acreditaciones». Por ello, «la identidad no podrá ser controlada, manipulada o suplantada por terceros contra la voluntad de la persona» (art. II. 2). Esta última prohibición se relaciona con cuestiones fundamentales: la aplicación de las neurotecnologías —en relación con el control y la manipulación de la identidad, principalmente— y la generación de *deepfakes* —en relación con la citada suplantación de la identidad—. Ambas cuestiones serán que serán abordadas en el presente trabajo en dos capítulos independientes, dada la especial enjundia y relevancia que presentan en la actualidad [125].

Sin perjuicio de ello —y dejando para entonces las aplicaciones tecnológicas focalizadas en sistema nervioso, en general, y en el cerebro humano, en particular—, resulta obligado detenerse en el presente epígrafe —aunque sea de forma sucinta, remitiéndonos a su ampliación a páginas posteriores— en los peligros que vendrán de la mano de los sistemas de IA que utilizan las técnicas más avanzadas de esta tecnología para crear cierto contenido: los conocidos *deepfakes* («falsificaciones profundas» o «ultrafalsificaciones»).

A grandes rasgos, los *deepfakes* son imágenes, vídeos y audios falsos o manipulados, aparentemente reales y absolutamente verosímiles[126], producidos mediante técnicas de aprendizaje automático —o machine *learning*— y, sobre todo, aprendizaje profundo —o *deep learning*—. En las imágenes, vídeos o audios aparecen personas que parecen decir o hacer algo que nunca han dicho o hecho[127]. El origen de esta práctica se remonta a la generación de una serie de vídeos falsos pornográficos, en los que los rostros de las actrices originales fueron sustituidos por famosas intérpre-

---

125   Serán abordados en los capítulos IV y III del presente trabajo, respectivamente, a los cuales me remito.

126   MUÑOZ VELA, J. M., *Retos, riesgos, responsabilidad y regulación de la inteligencia artificial. Un enfoque de seguridad física, lógica, moral y jurídica*, Thomson Reuters Aranzadi, Cizur Menor (Navarra), 2022, p. 74.

127   VV.AA. (Panel for the Future of Science and Technology), *Tackling Deepfakes in European Policy*. PE 690.039, European Parliamentary Research Service [Scientific Foresight Unit (STOA)], Parlamento Europeo, 2021, p. 1.

tes de Hollywood, como Gal GALDOT o Scarlett JOHANSSON. Fueron creados y publicados por un usuario de la red social Reddit, cuyo alias era «Deepfakes»[128], con motivo de la tecnología empleada: *deep learning*[129].

La gran mayoría de los *deepfakes* alojados en la red son de naturaleza pornográfica, con la lesión que ello supone para el derecho al honor[130] —y otros bienes jurídicos— de los sujetos cuya imagen es incrustada en el vídeo. La presencia de este tipo concreto de ultrafalsificaciones ha mostrado un crecimiento exponencial en Internet desde su aparición en 2017[131]. Progresivamente está tomando protagonismo su uso en otros ámbitos, como el político o la industria audiovisual y cinematográfica, pero no en términos absolutos. Hasta el año 2019, se observó que la cantidad de *deepfakes* disponibles en la web se duplicaba cada 6 meses. El 96 por ciento era de naturaleza pornográfica[132]. En el año 2023, el número de *deepfakes* que circulaban por la red aumentó un 550 por ciento respecto del 2019. Actualmente, el 98 por ciento son pornográficos. De ellos, el 99 por ciento están protagonizados por mujeres[133]. Este tipo de ultrafalsificaciones ha cre-

---

128 HAO, K. (31 de diciembre de 2020), «El año que los 'deepfakes' salieron del lado oscuro y se masificaron», *MIT* Technology Review, extraído de https://www.technologyreview.es//s/13049/el-ano-que-los-deep-fakes-salieron-del-lado-oscuro-y-se-masificaron, fecha última visita: abril 2024.

129 Para una aproximación a la técnica con la que este tipo de contenido, de gran verosimilitud, es artificialmente generado me remito a líneas posteriores, en el concreto epígrafe dedicado a esta tecnología.

130 Como se comentará más adelante, en la Ley Orgánica 10/1995, de 23 de noviembre, del Código Penal (Código Penal) de España, los delitos del 197 y siguientes no resultan aplicables en estos casos por no quedar inicialmente afectada la intimidad del sujeto, precisamente por la falsedad del contenido. Parece más viable el delito de injurias del 208 en cuanto delito contra el honor, pues puede lesionar la dignidad de la persona que aparece en el vídeo, menoscabando su fama o atentando contra su propia estima.

131 GONZALO, M. (10 de marzo de 2021), «Deepfakes, mentiras y vídeo», *Newrtral*, extraído de https://www.newtral.es/que-son-deepfakes-in-teligencia-artificial/20210310/, fecha última consulta: abril 2024.

132 VV.AA., *The State of Deepfakes 2019. Landscape, Threats, and Impact*, Deeptrace, Boston, Estados Unidos, 2019, pp. 5-8.

133 En los *deepfakes* de carácter no pornográfico, el 77 por ciento sigue estando protagonizado por mujeres. Anón. *State of deepfakes 2023*,

cido de una forma francamente preocupante: la producción de vídeos pornográficos del 2022 al 2023 aumentó un 464 por ciento: pasó de haber unos de 3.725 vídeos de pornografía *deepfake* en 2022 a 21.019 en tan solo un año. Este drástico aumento indica el alcance de la expansión desenfrenada de este tipo de contenido[134], que en práctica totalidad son inconsentidos. Los riesgos psicológicos aparejados para las víctimas son preocupantes. Estas cifras responden, entre otros extremos, a los avances relacionados con el desarrollo de la propia IA, así como al fácil acceso y uso de esta tecnología, que queda al alcance de la generalidad de las personas, sin que sean precisos unos amplios conocimientos técnicos para su uso y obtención de resultados. Sin duda, las cifras deben despertar gran preocupación entre los distintos agentes involucrados, resultando palmaria la necesidad de desarrollar políticas públicas y tomar medidas desde el Derecho para frenar semejante práctica.

En cualquier caso, los *deepfakes* pueden tomar cualquier forma imaginable: documentos privados, declaraciones personales, institucionales, comunicaciones, etc., afectando al derecho a la identidad, en primera instancia, y a muchos otros derechos e intereses, individuales y colectivos, consecuentemente.

Así, la suplantación de la identidad de una persona por estos medios puede lesionar derechos e intereses particulares del titular de la identidad, de manera aislada, por ejemplo, haciéndose pasar por el titular de una cuenta bancaria ante el empleado de un banco por vía telemática con la intención de retirar dinero. Algo parecido le sucedió al director de una entidad de Hong Kong, que transfirió 35 millones de dólares con motivo de una supuesta llamada del director de una empresa con el que tenía una relación estrecha, cuya voz había sido emulada por técnicas de IA[135]. Pero por

---

de Home Security Heroes, disponible en www.homesecurityheroes.com/state-of-deepfakes/, fecha última visita: abril 2024.

134　Anón. *State of deepfakes 2023*, Home Security Heroes, extraído www.homesecurityheroes.com/state-of-deepfakes/, fecha última visita: abril 2024.

135　Brewster, T. (14 de octubre, 2014), «Fraudsters Cloned Company Director's Voice In $35 Million Bank Heist, Police Find», *Forbes*, extraído de forbes.com/sites/thomasbrewster/2021/10/14/huge-bank-fraud-uses-deep-fake-voice-tech-to-steal-millions/, fecha última visita: abril 2024.

encima de intereses individuales o corporativos, la suplantación también puede suponer un riesgo para la colectividad, a gran escala, y ser sumamente dañina. Piénsese en una falsa declaración institucional, de naturaleza controvertida o incluso belicista, supuestamente protagonizada por un alto cargo político y dirigida hacia un tercer Estado. Como advierte Muñoz Vela[136], estos contenidos generados por IA,

> «pueden impactar en la opinión pública, desestabilizar gobiernos y sociedades democráticas, influenciar procesos electorales, determinar la toma de decisiones, afectar a la cotización de valores, comportar riesgos financieros, dañar la imagen corporativa, así como la reputación de personas y organizaciones».

En tal contexto, el derecho a la información, que abordaremos desde otras perspectivas en una parte posterior del trabajo, se ve fuertemente afectado por el uso de esta tecnología. La desinformación generada a través de los *deepfakes* impactará en la forma en que la gente percibe la autoridad y a los medios de comunicación, imprescindibles para la formación de una opinión pública libre. El creciente volumen de este tipo de contenidos socava la confianza en las autoridades y en los hechos oficiales. Esto puede llevar a una situación en la que los ciudadanos ya no tengan una «realidad» compartida. El uso de *deepfakes* también puede crear confusión acerca de la fiabilidad de las fuentes de información, dando lugar a una situación que se ha llegado a catalogar como el «apocalipsis de la información»[137] o «apatía por la realidad»[138]. El derecho a la información junto a la libertad de expresión son presupuestos necesarios para la existencia de

---

136 Muñoz Vela, J. M., *Retos, riesgos, responsabilidad y regulación de la inteligencia artificial. Un enfoque de seguridad física, lógica, moral y jurídica*, Thomson Reuters Aranzadi, Cizur Menor (Navarra), 2022, p. 74.

137 Shariatmadari, D. (16 de febrero de 2018), «An information apocalypse is coming. How can we protect ourselves?», *The Guardian*, extraído de theguardian.com/commentisfree/2018/mar/16/an-information-apocalypse-is-coming-how-can-we-protect-ourselves, fecha última visita: abril 2024.

138 Europol, *Facing Reality? Law Enforcement and the Challenge of Deepfakes*, European Union Agency for Law Enforcement Cooperation, Oficina de Publicaciones de la Unión Europea, Luxemburgo, 2022, p. 10.

una verdadera democracia por lo que su ataque mediante IA resulta especialmente grave.

El Reglamento de IA impone a los responsables del despliegue de un sistema de IA que sea capaz de generar *deepfakes* la obligación de anunciar o «hacer público» que el contenido o las imágenes concretas han sido generadas de forma artificial o manipuladas, de cara a evitar cualquier engaño en el destinatario[139], pues el poder llevar a error es un rasgo definitorio del propio contenido[140].

El uso malicioso de los *deepfakes*, por tanto, no es en absoluto desdeñable. De hecho, según un estudio desarrollado por la University College of London, *AI-enabled future crime*[141] («La delincuencia del futuro basada en la inteligencia artificial»), entre los delitos más preocupantes que se pueden cometer a través de la IA, están aquellos que versan sobre la manipulación o falsificación de vídeos y audios. Los expertos prevén una amplia gama de aplicaciones delictivas de esta tecnología *deepfake,* utilizada para explotar la confianza implícita de la gente en estos medios visuales y/o acústicos[142].

Desde el derecho penal no resulta sencillo luchar contra ellos, puesto que los preceptos dispuestos para garantizar la intimidad de las personas y el derecho a su propia imagen pivotan en torno al descubrimiento y revelación de secretos[143]. Parten, por tanto, que aquella información que sale a la luz es veraz, mientras que los *deepfakes* se basan en el engaño. Cabría, entendemos, redirigir principalmente las acciones a través del delito de injurias[144] o incluso de la figura de las calumnias[145], si lo que se imputa por medio del *deepfake* es la comisión de un delito.

---

139 Art. 50.4 Reglamento de IA.

140 Véase Considerando 134 y art. 3.60) Reglamento de IA.

141 VV.AA., «AI-enabled future crime», en *Crime Science*, n.º 9, art. 14, Springer Nature, 2020.

142 VV.AA., «AI-enabled future crime», en *Crime Science*, n.º 9, art. 14, Springer Nature, 2020, p. 6.

143 Arts. 197-201 Código Penal.

144 Arts. 208-216 Código Penal.

145 Arts. 205-207, 2011-216 Código Penal.

También la suplantación de identidad selectiva (o *spear phising*)[146] supone una gran preocupación en materia de IA. El *phising* es una técnica de ingeniería social para la obtención ilegítima y mediante engaño de los datos confidenciales de una persona. Se pueden usar sistemas de IA para rastrear redes y recopilar datos útiles sobre la persona a suplantar; entre ellas, su timbre de voz, lenguaje y estilo de comunicación[147]. Las repercusiones penales variarán en función de la finalidad, principalmente[148].

La IA hace posible una identificación cada vez más eficiente de las personas físicas[149], superando los riesgos más comunes de los sistemas de identificación tradicionales[150] y garantizando el derecho a la identidad digital. Pero esta tecnología tiene como contrapartida riesgos como los citados para el derecho a la identidad y otros bienes jurídicos dignos de protección. También peligros asociados a prácticas de vigilancia selectiva o masiva a través de los sistemas de identificación automática biométrica. Estos sistemas fueron calificados de alto riesgo por el legislador europeo en la Propuesta del Reglamento de IA, sin excepción[151], y con una estricta regulación respecto a los mismos. Durante la tramitación de la norma se ha dado un paso atrás, en detrimento

---

146 Muñoz Vela, J. M., *Retos, riesgos, responsabilidad y regulación de la inteligencia artificial. Un enfoque de seguridad física, lógica, moral y jurídica*, Thomson Reuters Aranzadi, Cizur Menor (Navarra), 2022, pp. 160-161.

147 Muñoz Vela, J. M., *Retos, riesgos, responsabilidad y regulación de la inteligencia artificial. Un enfoque de seguridad física, lógica, moral y jurídica*, Thomson Reuters Aranzadi, Cizur Menor (Navarra), 2022, pp. 152-153.

148 Se puede tratar de un delito de estafa (art. 249 Código Penal) o incluso llegar a la usurpación del estado civil de otro en la realización de un acto jurídico (art. 401 Código Penal).

149 Grupo de Expertos de Alto Nivel sobre Inteligencia Artificial, *Directrices éticas para una IA fiable*, Comisión Europea, Bruselas, 2019, p. 44.

150 Banco Mundial, *ID4D (Identification for Development) - Practitioner's guide*, Banco Mundial, Washington, Estados Unidos, 2018, p. 22.

151 Eran considerados sistemas de alto riesgo los sistemas de identificación biométrica y categorización de personas físicas: «sistemas de IA destinados a utilizarse en la identificación biométrica remota "en tiempo real" o "en diferido" de personas físicas». Apartado 1. a), Anexo III, Propuesta de Reglamento de IA.

de ciertos derechos fundamentales como la intimidad o la privacidad, a favor la seguridad y defensa: bajo determinadas circunstancias y previa autorización judicial o administrativa, los sistemas de identificación biométrica utilizados por las autoridades públicas o las fuerzas del orden quedan exentos del cumplimiento de la normativa vigente. En cualquier caso, estos sistemas pueden estar al margen de la ley y del respeto a los derechos fundamentales cuando se usen de manera ilícita o desproporcionada.

Garantizar tanto el acceso a la identidad digital como el uso adecuado de esa identidad es indispensable para el ejercicio de derechos y obligaciones de los ciudadanos. También para aportar la seguridad jurídica a las relaciones telemáticas con la Administración o empresas privadas en un mundo cada vez más digitalizado e interconectado, sin que puedan tener lugar prácticas discriminatorias o atentatorias contra cualquier otro derecho fundamental de los hombres.

3. Derecho a la privacidad

El derecho a la privacidad es, a grandes rasgos y como se enunció hace más de un siglo por el jurista norteamericano Louis BRANDEIS, el derecho «a ser dejado en paz» *(to be let alone)*. Este derecho protege la existencia de una esfera privada a la que terceros —particulares y poderes públicos— no pueden acceder sin el consentimiento de la persona afectada; un espacio de intimidad, un ámbito propio y reservado del conocimiento de los demás necesario para el libre desarrollo de la personalidad. De nuevo, el último fundamento de este genérico derecho y los derechos autónomos que lo integran —honor, intimidad, propia imagen, protección de datos personales[152]— es la dignidad de la persona[153]. Su

---

152 Sobre ello, véase SERRANO MAILLO, I., «Derecho al honor, intimidad, propia imagen y otros derechos colindantes» en *Derechos y libertades*, Universitas, 2021, pp. 301-342.

153 DE ESTEBAN ALONSO, J., GONZÁLEZ-TREVIJANO, P. J., *Tratado de derecho constitucional* (edición puesta al día por Ángel J. SÁNCHEZ NAVARRO), Servicio de Publicaciones, Universidad Complutense Madrid, Madrid, 2004, p. 110. La importancia que está adquiriendo la protección de datos hace que en algunos ámbitos, privacidad y protección de datos estén equiparándose.

reconocimiento es paralelamente una garantía de libertad: la autodeterminación individual no sería posible si toda la actividad de los hombres fuera pública[154], pudiendo ser objeto de escrutinio por la colectividad.

El derecho a la privacidad queda contemplado así, bajo diferentes formas de expresión y amplitud de contenido, en textos internacionales y regionales. Según señala la DUDH, «nadie será objeto de injerencias arbitrarias en su vida privada, su familia, su domicilio o su correspondencia, ni de ataques a su honra o a su reputación» (art. 12). Siguiendo el CEDH, «toda persona tiene derecho al respeto de su vida privada y familiar, de su domicilio y de su correspondencia» (art. 7). El PIDCP determina que «Nadie será objeto de injerencias arbitrarias o ilegales en su vida privada, su familia, su domicilio o su correspondencia, ni de ataques ilegales a su honra y reputación» (art. 17). Por su parte, la CDFUE establece que «toda persona tiene derecho al respeto de su vida privada y familiar, de su domicilio y de sus comunicaciones» (art. 7), reconociendo a continuación a toda persona «el derecho a la protección de los datos de carácter personal que la conciernan» (art. 8).

En nuestro país, la CE reconoce el «derecho al honor, a la intimidad personal y familiar y a la propia imagen» (art. 18.1), así como, de manera ciertamente visionaria, la limitación del «uso de la informática para garantizar el honor y la intimidad personal y familiar de los ciudadanos y el pleno ejercicio de sus derechos» (art. 18.4)[155].

A pesar de su vasto significado, en el ámbito de la IA, el término de privacidad suele hacer referencia principalmente a la protección de datos personales[156]; máxime, desde la generalización del uso de la expresión «privacidad desde el

---

154 Díez-Picazo, L. M., *Sistema de derechos fundamentales*, Tirant lo Blanch, Valencia, 2021, p. 283.

155 Sobre la necesidad de revisión del artículo 18.4 de la CE, véase, Farriols Solá, A.; Fernández-Aller, C, «El derecho a la protección de los datos de carácter personal. Disposición adicional quinta de la Constitución Española», en *Los nuevos derechos sociales fundamentales: una propuesta de reforma constitucional* (coord. Diego López Garrido), Centro de Estudios Políticos y Constitucionales, Madrid, 2023, pp. 147-173.

156 Villas Olmeda, M., Camacho Ibáñez, J., *Manual de ética aplicada en Inteligencia Artificial*, Anaya, Madrid, 2022, p. 132.

diseño» *(privacy by design)*, propuesta por Ann CAVOUKIAN, para identificar a la necesidad de poner en valor la privacidad en los sistemas de información, durante todo su ciclo de vida, para procurar un marco de tutela integral en materia de protección de datos personales[157].

Gran parte de los datos con los que los sistemas de IA se alimentan son generados por los seres humanos, de manera directa o indirecta, consciente e inconsciente. Cuando navegamos por la web, utilizamos las redes sociales u otras aplicaciones, usamos nuestros dispositivos electrónicos o simplemente los llevamos con nosotros, entre otras muchas actividades que son monitorizadas en nuestro día a día, aportamos información de gran valor para las empresas. De hecho, se ha afirmado que los datos personales son el petróleo del siglo XXI. Todo ello hace que el derecho a la privacidad, en general, y a la protección de datos personales, en particular, deba ser vigilado de forma especialmente cautelosa en este contexto. Así, el *Libro Blanco sobre la inteligencia artificial de la Unión Europea. Un enfoque europeo orientado a la excelencia y la confianza* (Libro Blanco sobre la IA)[158] destaca los especiales riesgos que la IA puede suponer para la protección de los datos personales y la privacidad, dentro del conjunto de derechos fundamentales.

El derecho a la protección de datos confiere a su titular un «poder de control sobre sus datos personales, sobre su uso y destino, con el propósito de impedir su tráfico ilícito y lesivo para la dignidad y derecho del afectado», según el Tribunal Constitucional español[159]. Ésta es una materia estrictamente regulada en la UE por el Reglamento UE, 2016/679 del Parla-

---

157 AGENCIA ESPAÑOLA DE PROTECCIÓN DE DATOS, *Guía de privacidad desde el diseño*, Agencia Española de Protección de Datos, Madrid, 2019, p. 5.

158 COMISIÓN EUROPEA, *Libro Blanco sobre la inteligencia artificial. Un enfoque europeo orientado a la excelencia y la confianza*, COM(2020) 65 final, Bruselas, 19.2.2020, p. 13.

159 STC 160/2021, de 4 de octubre, FJ 3; STC 29/2013, de 11 de febrero, FJ 6; STC 17/2013, de 31 de enero, FJ 4; STC 292/2000, de 30 de noviembre, FJ 6, entre otras. Sobre el control de los datos personales y las redes sociales, tras el fallecimiento del titular de derechos, véase MORETÓN SANZ, F., «Redes sociales y voluntades digitales. "Historia digital" y clausulado de las disposiciones testamentarias: privacidad, protección al honor y datos personales», en *Revista Crítica de Derecho Inmobiliario* , año n.º 95, n.º 772, 2019, pp. 955-977.

mento Europeo y del Consejo, de 27 de abril de 2016, relativo a la protección de las personas físicas en lo que respecta al tratamiento de datos personales y a la libre circulación de estos datos y por el que se deroga la Directiva 95/46/CE (Reglamento General de Protección de Datos), que será aplicable siempre que exista un tratamiento de datos personales y una circulación de los mismos[160]. Se entiende por «dato personal» toda información sobre una persona física identificada o identificable. Será identificable cuando su identidad pueda determinarse, directa o indirectamente, a través de otra información aparentemente no personal[161].

Como norma general, para que las organizaciones puedan recabar y usar datos personales necesitan el consentimiento expreso de la persona afectada[162]. Para ello, deben informar al titular de los datos, entre otras cosas, de los fines del tratamiento y de las comunicaciones de datos que van a hacer a terceros[163]. Este consentimiento se puede prestar de forma «plenamente» consciente, tanto en el mundo analógico como en el digital, cuando se contrata un servicio y «se leen y aceptan» sus términos y condiciones; o de forma no tan consciente cuando, por ejemplo, se acepta la política de *cookies* en una página web. El problema que radica en ambos casos es que la persona desconoce habitualmente lo que acepta; en concreto, no conoce el alcance exacto del consentimiento que está prestando ni las consecuencias aparejadas. Ello deja en una situación de vulnerabilidad al usuario, que se vuelve absolutamente transparente para las empresas que recaban y analizan sus datos, ante la aplicación de técnicas de Big Data y sistemas de IA. La previsibilidad de su comportamiento o toma de decisiones será altísima; y con ello, la vulnerabilidad del titular de los datos.

La ley prohíbe, salvo contadas excepciones, el tratamiento de datos sobre el origen étnico o racial de los afectados, las opiniones políticas, las convicciones religiosas o filosóficas, o la afiliación sindical. También el tratamiento de datos genéticos, datos biométricos con fines identificativos, datos relativos a la salud o datos relativos a la vida u orientación sexual

---

160   Art. 1 Reglamento General de Protección de Datos.

161   Art. 4.1) Reglamento General de Protección de Datos.

162   Art. 6.1.a) Reglamento General de Protección de Datos.

163   Art. 13 Reglamento General de Protección de Datos.

de la persona. Se trata de «categorías especiales de datos personales». Algunas excepciones se contemplan con respecto al tratamiento[164].

En general, estos datos se excluyen del normal tratamiento por resultar especialmente sensibles y afectados a la intimidad de su titular[165]. En este sentido, precisamente uno

---

164 Esta prohibición de tratamiento generalizada sobre las citadas categorías especiales de datos personales se contempla en el artículo 9.1 del Reglamento General de Protección de Datos. En el segundo punto del texto determina que dicha prohibición no será de aplicación cuando «el tratamiento es necesario para la formulación, el ejercicio o la defensa de reclamaciones o cuando los tribunales actúen en ejercicio de su función judicial» [letra f)]; «el tratamiento es necesario por razones de un interés público esencial, sobre la base del Derecho de la Unión o de los Estados miembros, que debe ser proporcional al objetivo perseguido, respetar en lo esencial el derecho a la protección de datos y establecer medidas adecuadas y específicas para proteger los intereses y derechos fundamentales del interesado» [letra g)]; o, en el ámbito sanitario, «el tratamiento es necesario por razones de interés público en el ámbito de la salud pública, como la protección frente a amenazas transfronterizas graves para la salud, o para garantizar elevados niveles de calidad y de seguridad de la asistencia sanitaria y de los medicamentos o productos sanitarios, sobre la base del Derecho de la Unión o de los Estados miembros que establezca medidas adecuadas y específicas para proteger los derechos y libertades del interesado, en particular el secreto profesional» [letra i)], lo que parece alinearse con la regulación contenida en el Reglamento de IA a propósito de los sistemas de IA biométricos.

165 Piénsese en las rápidas y radicales medidas tomadas en diferentes países ante el escaneo masivo del iris por parte de la empresa Worldcoin; un dato biométrico de carácter único, como la huella dactilar. La Agencia Española de Protección de Datos ordenó una medida cautelar para que la empresa cesase «en la recogida y tratamiento de categorías especiales de datos personales así como el bloqueo de los ya recopilados». La Agencia ya había recibido reclamaciones por varios motivos; entre otros, una información insuficiente sobre la práctica, la captación de datos de menores o a la imposibilidad de retirar el consentimiento. Anón. (6 de marzo de 2024), «La Agencia ordena una medida cautelar que impide a Worldcoin seguir tratando datos personales en España», Agencia Española de Protección de Datos, extraído de https://www.aepd.es/prensa-y-comunicacion/notas-de-prensa/la-agencia-ordena-medida-cautelar-que-impide-a-worldcoin-seguir-tratando-datos-personales-en-espana, fecha última visita: abril 2024. La Audiencia Nacional confirmó la medida, ante un recurso presentado por la matriz de Worldcoin, Tools for Humanity Corporation

de los riesgos que supone la aplicación de sistemas de IA es la capacidad que esta tecnología tiene para inferir dichos datos no aportados ni consentidos por su titular. A pesar de la prohibición de incurrir en prácticas discriminatorias a partir de esos datos, puede suceder que el sistema de IA, en su proceso de aprendizaje, incorpore ese dato entre las variables a tener en cuenta en su toma de decisiones. Son los denominados «datos inferidos» [166], sobre los que ya advirtió el Parlamento Europeo[167], señalando que «puede inferirse información delicada sobre las personas de datos que no sean de carácter sensible, lo que desdibuja la línea entre la información delicada y la que no es de carácter sensible» (Consideraciones Generales 3). En el ejemplo visto líneas atrás, Amazon no incluyó la variable del sexo como determinante en su proceso de selección, si bien el sistema identificó qué candidatas eran mujeres, a partir de otros datos aparentemente inocuos de su currículum, y estimó que dicha característica era determinante, excluyéndolas del proceso de selección.

En la privacidad conviene tener en cuenta otra diferencia práctica: aquellas empresas que usan los datos personales para mejorar su propio negocio y la prestación de servicios —como Apple, Amazon o Netflix—, y aquellas otras que (además) comercializan los datos, los comparten con terceros —como Meta, Google y los *data brokers*[168]—.

GMBH. Anón. (11 de marzo de 2024), «La Audiencia Nacional confirma el bloqueo a la empresa que cambia datos del iris por criptomonedas», El Diario, extraído de https://www.eldiario.es/tecnologia/audiencia-nacional-confirma-bloqueo-empresa-compra-datos-iris-criptomonedas_1_10998320.html, fecha última visita: abril 2024. La intimidad es una cuestión especialmente sensible a propósito de la protección de los datos personales. Para una visión sobre ello, en el ámbito digital, véase MORENO BOBADILLA, Á., *Equilibrio entre información y vida privada en el entorno virtual*, Editorial Colex, Madrid, 2022.

166 PÉREZ ESTRADA, M. J., *Fundamentos jurídicos para el uso de la inteligencia artificial en los órganos judiciales*, Tirant lo Blanch, Valencia, 2022, p. 35.

167 Resolución del Parlamento Europeo, de 14 de marzo de 2017, sobre las implicaciones de los macrodatos en los derechos fundamentales: privacidad, protección de datos, no discriminación, seguridad y aplicación de la ley (2016/2225(INI)), Considerando J, Consideración General 3.

168 SALAZAR GARCÍA, I., «Retos actuales de la ética en la Inteligencia Artificial», en *Derechos y garantías ante la inteligencia artificial y las deci-*

Los *data brokers* (corredores de datos o comerciantes de datos) son empresas dedicadas a recabar datos personales de todo tipo, de la vida real y virtual de las personas, a través de múltiples fuentes, analizarlos con técnicas de Big Data y sistemas de IA, crear perfiles y venderlos a terceras empresas para que éstas los usen con sus propias finalidades. El marco regulatorio de la UE en materia de protección de datos no deja tanto margen legal a dicha práctica como en otros territorios, pero el 16 de mayo de 2022, la UE aprobó el Reglamento (UE) 2022/868 del Parlamento Europeo y del Consejo de 30 de mayo de 2022 relativo a la gobernanza europea de datos y por el que se modifica el Reglamento (UE) 2018/1724 (Reglamento de Gobernanza de Datos), con la intención de fomentar la competitividad de las empresas de la región y el desarrollo de la IA. Comenzó su aplicación el 24 de septiembre de 2023. Esta norma regula un nuevo modelo empresarial para la prestación de servicios de intermediación de datos. Procura mantener la aplicación garantista del Reglamento General de Protección de Datos, pero promueve una práctica que deberá ser vigilada al detalle.

Las empresas tienen un afán desmedido por recabar datos, analizarlos y generar nueva información y predicciones. Cuando sus prácticas afectan a la privacidad de las personas, aplican mecanismos de anonimización de datos. Esta práctica consiste en eliminar la identidad de los sujetos titulares de los datos para que no puedan ser identificados. Así, la información resultante no podrá ser asociada con ningún sujeto. Ello hará que no resulte aplicable el Reglamento General de Protección de Datos y sus correspondientes limitaciones y exigencias legales[169].

Tras la anonimización de los datos, no debe existir capacidad material para que puedan ser asociados de nuevo a una persona física identificada o identificable. Y ello, ya sea acudiendo a otros datos o información adicional, ya sea empleando determinadas medidas técnicas o materiales que permitan volver a identificar a las personas. Este proceso de anonimización debe ser, por tanto, irreversible.

---

siones automatizadas, Thomson Reuters Aranzadi, Cizur Menor (Navarra), 2022, p. 62.

169   Considerando 26 Reglamento de Gobernanza de Datos.

Esta técnica, sin embargo, no está exenta de problemas en su aplicación práctica y son numerosos los casos en los que se ha logrado revertir el proceso. De hecho, según un estudio de Nature, quince datos anonimizados, extraídos de casi cualquier conjunto de datos, son suficientes para identificar a una persona con un 99,98 por ciento de fiabilidad[170]. Sólo serían necesarios tres datos si éstos son la fecha de nacimiento, el género y el código postal[171]. Acudiendo a otras fuentes de información, dos investigadores de la Universidad de Texas reidentificaron parcialmente una base de datos supuestamente anónima de Netflix, que contenía más de 10 millones de valoraciones de películas, pertenecientes a 500.000 suscriptores. Cruzaron esa información con las clasificaciones y marcas de tiempo de usuarios identificados con sus propios nombres que habían puntuado la misma obra en IMDb[172], una base de datos de obras audiovisuales de ámbito mundial.

En cualquier caso, la realidad es que la información y los resultados que arroje la aplicación de técnicas de Big Data y su procesamiento por sistemas de IA, a partir del análisis de esos datos anonimizados —y no revertidos—, impactarán igualmente en nuestros derechos fundamentales, de manera estructural[173], como señalábamos al comienzo del trabajo. Estos sistemas podrán tomar decisiones o realizar predicciones o recomendaciones sobre nuestros comportamientos —con consecuencias jurídicas aparejadas, en muchas ocasiones— porque innumerables veces alguien como nosotros, en nuestra misma situación, se comportó de determinada

---

170 ROCHER, L.; HENDRICKX, J.M.; DE MONTJOYE, Y.A., «Estimating the success of reidentifications in incomplete datasets using generative models», en *Nat Commun* 10, 3069, 2019, pp. 1-9.

171 SWEENEY, L., «Simple Demographics Often Identify People Uniquely», en *Data Privacy Working Paper 3,* Carnegie Mellon University, Pittsburgh, Estados Unidos, 2000.

172 Acrónimo de Internet Movie Database.

173 Nos hemos preguntado ya en otro lugar si será posible una Inteligencia artificial respetuosa con la protección de datos…y la respuesta en 2024 es clara: es muy difícil. FERNÁNDEZ-ALLER, M.C, SERRANO PÉREZ, M., «¿Es posible una inteligencia artificial respetuosa con la protección de datos?», en *Doxa, Cuadernos de Filosofía del Derecho,* n.º 45, 2022, pp. 307-336.

manera antes. Y esta tecnología, huelga señalar, está al servicio de ciertos intereses.

Así, en este mundo interconectado, emergen una suerte de jerarquías políticas, económicas y sociales, en las que aquellos agentes que tienen medios para tener datos y analizarlos resultan privilegiados, pudiendo acceder a los algoritmos, los datos y el conocimiento generado[174]. De dicho privilegio quedan excluidos frecuentemente los poderes públicos, que aun utilizando Big Data e IA son únicamente consumidores de lo que el sector privado les ofrece[175].

Quizá uno de los mayores peligros manifiestos lo representan las empresas tecnológicas, dada su posición privilegiada y capacidad de influencia. Si éstas conocen al detalle a los distintos usuarios que disfrutan de sus servicios, teniendo capacidad para predecir sus comportamientos, tienen también capacidad para persuadirlos e inclinar sus pulsiones en la dirección (re)querida. Conviene destacar, en este sentido, que parte del modelo de negocio de plataformas y redes sociales se basa en ofrecer servicios de focalización a terceros. Estos servicios permiten que personas físicas o jurídicas comuniquen mensajes específicos a los usuarios de las plataformas con finalidades comerciales, políticas o de otro tipo. La adecuación entre el mensaje y el destinatario será francamente llamativa, pero invisible a los ojos de los usuarios, que desconocerán el tratamiento subyacente e inteligente de sus datos personales, que ha dado lugar al mensaje dirigido. La sofisticación de los mecanismos para practicar esta focalización ha mejorado muchísimo. Las plataformas disponen de una amplia gama de criterios, generados a partir de la información aportada por el propio usuario, pero también inferida y recabada —por la propia plataforma u otros agentes, como *data brokers*— para perfeccionar esta publicidad dirigida[176].

---

174 Cotino Hueso, L., «Big data e inteligencia artificial. Una aproximación a su tratamiento jurídico desde los derechos fundamentales», en *Dilemata*, n.º 24 (Ejemplar dedicado a: Ética de datos, sociedad y ciudadanía), 2017, p. 138.

175 Cotino Hueso, L., «Big data e inteligencia artificial. Una aproximación a su tratamiento jurídico desde los derechos fundamentales», en *Dilemata*, n.º 24 (Ejemplar dedicado a: Ética de datos, sociedad y ciudadanía), 2017, p. 142.

176 Comité Europeo de Protección de Datos, *Directrices 8/2020 sobre la focalización de los usuarios de medios sociales (Adoptadas el 13*

Buena muestra de la capacidad de persuasión que resulta de lo anterior, así como del impacto colectivo que estas prácticas pueden suponer para el conjunto de la sociedad es el archiconocido caso de Facebook-Cambridge Analytica, por el que Donald TRUMP llegó a ser presidente de los Estados Unidos, en contra de todas las previsiones, a partir del tratamiento de datos psicológicos pertenecientes a millones de usuarios[177] de Facebook. En concreto, más de 265.000 usuarios de la famosa red social completaron un test de personalidad creado por un profesor de la Universidad de Cambridge. El marco en el que lo hicieron, nada tenía que ver con el contexto electoral. Mediante el acceso al test, los usuarios de la plataforma autorizaban, sin ser conscientes de ello, que una aplicación de Facebook extrajera datos como nombres personales, fechas de nacimiento, geolocalización o lista de páginas marcadas con un «me gusta», entre otros. La extracción de datos que realizaba esa aplicación no se limitaba a los perfiles de los usuarios que habían cumplimentado la encuesta, sino también a todos los contactos de éstos. Esta valiosa información fue vendida a Cambridge Analytica y utilizada para moldear el contenido de los mensajes, asuntos y palabras que debía utilizar o tratar el aspirante a la Casa Blanca, Donald TRUMP, para influir en la intención de voto de los norteamericanos[178]. La mercantil llegó a disponer de entre 2.000 y 5.000 tipos de información sobre cada ciudadano del país norteamericano mayor de 18 años[179].

La misma empresa —especializada en campañas publicitarias y políticas, empleando técnicas de análisis de datos e IA—, meses antes de aquello fue la responsable de la victoria del Brexit en el referéndum[180]. Dados estos antecedentes,

---

de abril de 2021), Comité Europeo de Protección de Datos, Bruselas, 2021, pp. 4-5.

177 MARTÍNEZ DEVIA, A., «La inteligencia artificial, el Big Data y la era digital: ¿una amenaza para los datos personales?», en *Revista La Propiedad Inmaterial*, n.º 27, 2019, p. 13.

178 LLANERAS, K. (2 de diciembre de 2016), «¿Qué pasó con las encuestas y Trump?», *El País*, extraído de elpais.com/politica/2016/12/02/ratio/1480674682_178101.html, fecha última visita: abril 2024.

179 BRACERO OSUNA, F., *Bicicletas para la mente*, Península, Barcelona, 2023, p. 206.

180 MAZA, C. (22 de marzo de 2018), «Antes de Trump, el Brexit: cómo Cambridge Analytica logró sacar a Reino Unido de la UE», *El Confi-*

cabría reflexionar sobre la pregunta que muy acertadamente lanzaba Carole CADWALLADR, periodista de The Guardian, tras estos escándalos: «¿Podremos volver a celebrar en algún momento elecciones libres y justas?»[181].

El Reglamento de IA ha introducido una interesante categoría entre los sistemas de IA considerados de alto riesgo y sujetos, por tanto, a mayores exigencias. En relación con los procesos democráticos, incluye entre los sistemas de IA de alto riesgo aquellos «destinados a ser utilizados para influir en el resultado de una elección o referéndum o en el comportamiento electoral de personas físicas que ejerzan su derecho de voto en elecciones o referendos». No se entenderán incluidos aquellos sistemas de IA en los que la información de salida no se relacione directamente con personas físicas, «como las herramientas utilizadas para organizar, optimizar o estructurar campañas políticas desde un punto de vista administrativo o logístico»[182]. Parece lógico preguntarse por la idoneidad de delimitar como de «alto riesgo» estos sistemas de IA destinados a «influir en el resultado de un proceso democrático» y no como prácticas prohibidas del artículo 5. Es cierto que entre las prácticas prohibidas se recogen, en primer lugar, aquellas relacionadas con sistemas de IA que se sirvan de técnicas deliberadamente manipuladoras o engañosas que pretendan alterar el comportamiento de una persona o un colectivo, mermando su capacidad de tomar una decisión informada y haciendo que finalmente tome una decisión que de otro modo no habría tomado. Pero para que esta práctica esté prohibida, se requiere que se provoquen —o sea probable que se provoquen— perjuicios considerables para esa persona, otra o un colectivo. Sería sumamente complicado probar dichos perjuicios, con cierta inmediatez, en el contexto de un proceso democrático.

Un uso pernicioso de los datos y los sistemas de IA —sobre todo de naturaleza política—, puede atacar las bases de la democracia, menoscabando el ejercicio del derecho al voto de los ciudadanos, rompiendo el equilibrio de poder que a través

---

dencial, extraído de https://www.elconfidencial.com/mundo/2018-03-22/cambridge-analytica-brexit-trump-farage-bannon_1539452/, fecha última visita: abril 2024.

181   CADWALLADR, C. (abril de 2019), «Facebook's role in Brexit – and the threat to democracy», *Carole Cadwalladr's TED talk*, TED, recuperado de ted.com/talks/carole_cadwalladr_facebook_s_role_in_brexit_and_the_threat_to_democracy, fecha última visita: abril 2024.

182   Anexo III, apartado 8 Reglamento de IA.

del sufragio se establece entre la administración y los administrados en la sociedad, y haciendo desaparecer la legitimidad de cualquier decisión tomada que en semejantes condiciones debería tener.

Esa garantía de libertad, esa capacidad de autodeterminación individual de los hombres, característica del derecho a la privacidad, cede frecuentemente ante la aplicación de técnicas de Big Data e IA.

4. Derecho a la libertad de expresión y de información

La libertad de expresión y de información son derechos de vital importancia para el conjunto de la sociedad y pueden quedar fuertemente afectados por los sistemas de IA, como hemos analizado líneas atrás —y veremos a continuación—, a propósito de los *deepfakes*.

El derecho a la libertad de expresión y de información está proclamado en la mayoría de los tratados internacionales de derechos humanos. Según señala la DUDH en su artículo 19,

> «todo individuo tiene derecho a la libertad de opinión y de expresión; este derecho incluye el de no ser molestado a causa de sus opiniones, el de investigar y recibir informaciones y opiniones, y el de difundirlas, sin limitación de fronteras, por cualquier medio de expresión».

De forma semejante lo recogerá el CEDH[183] y el PIDCP[184]; sin embargo, a diferencia de la DUDH, estos dos textos establecerán límites a su ejercicio[185].

---

183   Según el artículo 10.1 del CEDH, «toda persona tiene derecho a la libertad de expresión. Este derecho comprende la libertad de opinión y la libertad de recibir o de comunicar informaciones o ideas sin que pueda haber injerencia de autoridades públicas y sin consideración de fronteras. El presente artículo no impide que los Estados sometan a las empresas de radiodifusión, de cinematografía o de televisión a un régimen de autorización previa».

184   Según el artículo 19.2 del PIDCP, «toda persona tiene derecho a la libertad de expresión; este derecho comprende la libertad de buscar, recibir y difundir informaciones e ideas de toda índole, sin consideración de fronteras, ya sea oralmente, por escrito o en forma impresa o artística, o por cualquier otro procedimiento de su elección».

185   Véase el artículo 10.2 del CEDH y el artículo 19.2 del PIDCP.

La CDFUE reconocerá el derecho de toda persona a la libertad de expresión, entendiéndose comprendida «la libertad de opinión y la libertad de recibir o de comunicar informaciones o ideas sin que pueda haber injerencia de autoridades públicas y sin consideración de fronteras» (art. 11).

También en los distintos textos constitucionales que se fueron sucediendo en España desde las Cortes de Cádiz, hasta la vigente CE, de 1978[186]. Ésta garantiza su artículo 20.1 el derecho de cualquier persona «a expresar y difundir libremente los pensamientos, ideas y opiniones mediante la palabra, el escrito o cualquier otro medio de reproducción» [art. 20.1.a)], así como el derecho «a comunicar o recibir libremente información veraz por cualquier medio de difusión» [art. 20.1.d)].

Ambos derechos —la libertad de expresión y el derecho a la información— garantizan una comunicación libre. Son instrumentos necesarios para el desarrollo de los ciudadanos en la vida pública y requeridos para el mantenimiento de un régimen democrático y pluralista. Su finalidad última es proteger la formación de una opinión pública libre. Sin el reconocimiento y tutela de estos derechos, no puede existir una sociedad libre ni, por tanto, una verdadera soberanía nacional, careciendo de legitimidad todas las instituciones representativas del Estado[187]. Son, por tanto, elementos imprescindibles para el funcionamiento de cualquier democracia.

La vertiente institucional de la libertad de expresión y de información hace que sendos derechos sean valiosos para el conjunto de la sociedad —no únicamente para quién los ejerce— y ocupen una «posición preferente»[188] frente a otros derechos fundamentales[189].

---

186 GONZÁLEZ-TREVIJANO SÁNCHEZ, P., *La libertad de expresión, una perspectiva de Derecho Comparado. España*, Parlamento Europeo, Bruselas, 2019, pp. 1-4.

187 DE ESTEBAN ALONSO, J., GONZÁLEZ-TREVIJANO, P. J., *Tratado de derecho constitucional* (edición puesta al día por Ángel J. SÁNCHEZ NAVARRO), Servicio de Publicaciones, Universidad Complutense Madrid, Madrid, 2004, pp. 159-160.

188 STC 172/1990, de 12 de noviembre, FJ 2; STC 171/1990, de 12 de noviembre, FJ 5; STC 159/1986, de 16 de diciembre, y STC 106/1986, de 24 de julio, entre otras.

189 DÍEZ-PICAZO, L. M., *Sistema de derechos fundamentales*, Tirant lo Blanch, Valencia, 2021, p. 319.

Aunque ambas facultades se reconocían a todos los ciudadanos, hasta un pasado muy reciente su ejercicio a gran escala quedaba restringido *de facto*, pues sólo las empresas de comunicación, públicas o privadas, tenían los medios económicos, técnicos y profesionales para ello[190]. Sin embargo, el panorama del proceso comunicativo cambiaría sustancialmente a partir de 1989, con la aparición de la *World Wide Web*, cuyos primeros protocolos se venían desarrollando ya desde los años sesenta[191]. Nuevos actores comenzaron a incorporarse al proceso comunicativo a gran escala si bien el progreso tecnológico seguía su curso. Años después, el desarrollo de la Web 2.0, que hacía técnicamente posible la interacción de los usuarios de Internet, y su producto paradigmático, las redes sociales, terminaron por alterar el ecosistema comunicativo social[192].

En un comienzo, Internet y las redes sociales se concibieron como una democratización del acceso a los medios, posibilitando el ejercicio de la libertad de expresión y de información, y, por tanto, la formación de una verdadera opinión pública libre. A día de hoy, esta idílica visión ha cambiado sustancialmente, sobre todo en el entorno de las redes sociales, donde expresiones injuriosas y calumniosas, delitos de odio, mentiras, *fake news* y otras detestables —y antidemocráticas— prácticas ganan progresivamente protagonismo, aprovechándose de las oportunidades ofrecidas por las nuevas tecnologías.

Así, la aplicación de IA en el entorno digital conlleva una serie de riesgos, en relación con el ejercicio del derecho a una comunicación pública libre, que pueden llegar a impactar en los cimientos de la democracia. De hecho, el Libro Blanco sobre la IA recoge de forma expresa el problema que puede suponer la IA en tal sentido[193]. Una importante apli-

---

190 DE ESTEBAN ALONSO, J., GONZÁLEZ-TREVIJANO, P. J., *Tratado de derecho constitucional* (edición puesta al día por Ángel J. SÁNCHEZ NAVARRO*)*, Servicio de Publicaciones, Universidad Complutense Madrid, Madrid, 2004, p. 174.

191 SÁNCHEZ-REBOLLO C.; PUENTE, C.; PALACIOS, R., «Detection of jihadism in social networks using big data techniques supported by graphs and fuzzy clustering», en *Complexity* (1), 2019, pp. 1-14.

192 AGUSTINOY GUILAYN, A., *Aspectos legales de las redes sociales*, Wolters Kluwer, 2021, p. 19-22.

193 COMISIÓN EUROPEA, *Libro Blanco sobre la inteligencia artificial. Un enfo-*

cación de esta tecnología se enfoca en la personalización de los servicios ofrecidos por las empresas, de forma especialmente llamativa en el acceso a los contenidos en la red[194] y, particularmente, en el contexto de las redes sociales.

La personificación de servicios en las redes sociales —y otras plataformas— resulta en apariencia inocua. Consiste, principalmente, en la sugerencia de conexiones entre usuarios que presenten algún tipo de afinidad y la clasificación de la información que se considera relevante para el perfil de cada usuario, en función de sus gustos o preferencias. Esta clasificación permitirá a las empresas filtrar los contenidos y ofrecer a los usuarios únicamente el tipo de información que resulte acorde a sus intereses particulares (manifiestos o inferidos por el propio sistema de IA) con el único propósito de que sigan navegando, generando más datos y rentabilizando su presencia. Ignorarán aquella otra información que no sea de su agrado o no se ajuste a su visión, opinión o creencias. Esta práctica se apoya en el «sesgo de confirmación», según el cual cada sujeto tiende a buscar, valorar y aceptar la información que se alinee con su forma de pensar; y a ignorar, infravalorar y rechazar aquella otra que la cuestione o contradiga, con independencia de que sea verdadera[195]. Así, la efectiva información que recibirá cada usuario en la red será «personalizada» y destinada a buscar su satisfacción y complacencia, reafirmando sus creencias. Ello tendrá consecuencias sobre la difusión de contenidos que decida hacer el usuario, pues será más proclive a compartir aquello con lo que simpatice. Se generarán así cascadas informativas entre colectivos afines, que reforzarán la exposición selectiva o el sesgo de confirmación en el resto de miembros mediante esa información privilegiada con la que todos se identificarán[196]. El filtrado selectivo de contenidos es conocido como

---

que europeo orientado a la excelencia y la confianza, COM(2020) 65 final, Bruselas, 19.2.2020, pp. 13-14.

194 COTINO HUESO, L., «Big data e inteligencia artificial. Una aproximación a su tratamiento jurídico desde los derechos fundamentales», en *Dilemata*, n.º 24 (Ejemplar dedicado a: Ética de datos, sociedad y ciudadanía), 2017, p. 140.

195 GONZÁLEZ DE LA GARZA, L. M., «Derechos digitales en el empleo de las neurotecnologías: los neuroderechos (XXVI)», en *La Carta de Derecho Digitales,* Tirant lo Blanch, Valencia, 2022, p. 352.

196 QUATTROCIOCCHI, W.; SCALA, A.,; SUNSTEIN, C. R., «Echo chambers on

«filtro burbuja», por influencia del activista y empresario norteamericano Eli Pariser[197], que advierte de la distorsión provocada por la personalización de todo lo que recibe cada destinatario de los servicios: «desde dentro de la burbuja es prácticamente imposible ver lo sesgada que es»[198]. Este filtro y sus consecuencias se alinean con el modelo de negocio de estas plataformas: maximizar la presencia y participación de sus usuarios[199].

Para algunos estudiosos, esta personalización de servicios hace que los usuarios se encuentren y relacionen en un contexto caracterizado por la diversidad de opiniones e informaciones; diversidad superior a la que habitualmente se da en la vida real. Para la mayoría, sin embargo, esta práctica supone un aislamiento informativo en el que quedan atrapados los usuarios como consecuencia de la aplicación de algoritmos personificados[200]. Esto hace que se generen «cámaras de eco» en las que el individuo refuerza su punto de vista ante una amplificación artificial de la información; hace que se refuercen las posiciones particulares, contribuyendo a extremar y polarizar al conjunto de la sociedad, cuyos individuos se vuelven menos proclives al entendimiento[201].

Desde la vertiente o dimensión institucional de los derechos comunicativos, lejos de garantizarse la utilitarista formación de una opinión pública libre en la red, se produce una deformación de la misma. La libertad de expresión y el

---

Facebook», en *Discussion Paper N.º 877,* John M. Olin Center For Law, Economics, and Business, Harvard Law School, 2016.

197 Pariser, E., *El filtro burbuja. Cómo la red decide lo que leemos y lo que pensamos*, Taurus, 2023.

198 Pariser, E., *El filtro burbuja. Cómo la red decide lo que leemos y lo que pensamos*, Taurus, 2023, p. 19.

199 Comisión Especial sobre Inteligencia Artificial en la Era Digital (ponente: Axel Boss), *Informe sobre la inteligencia artificial en la era digital*, 2020/2266(INI), 5.4.2022, Parlamento Europeo, 2022, p. 31

200 Rossi, A., «¿Burbujas de filtro? Hacia una fenomenología algorítmica», en *Inmediaciones de la Comunicación*, *13*(1), 2018, p. 265.

201 Cotino Hueso, L., «Big data e inteligencia artificial. Una aproximación a su tratamiento jurídico desde los derechos fundamentales», en *Dilemata*, n.º 24 (Ejemplar dedicado a: Ética de datos, sociedad y ciudadanía), 2017, p. 140.

derecho a la información pierden así cualquier tipo de valor para la sociedad en semejante contexto[202].

Asimismo, este filtro puede ser el resultado de algoritmos que promuevan y resuciten discriminaciones y estereotipos sociales, religiosos, étnicos y de otros tipos[203], afectando paralelamente al derecho a la igualdad.

Según se afirma desde la Comisión Europea[204], el uso de algoritmos por parte de este tipo de prestadores conecta bien con las emociones humanas al identificar preferencias y amplificarlas a través de «me gusta» y «clics», y sirve al modelo de negocio de las redes sociales. Este modelo de negocio a menudo alimenta la polarización y el conflicto, aunque los usuarios de estas plataformas rara vez cuestionan el proceso de funcionamiento de los algoritmos.

El recién estrenado Reglamento (UE) 2022/2065 del Parlamento Europeo y del Consejo de 19 de octubre de 2022 relativo a un mercado único de servicios digitales y por el que se modifica la Directiva 2000/31/CE (Reglamento de Servicios Digitales) de la UE reconoce un impacto significativo en este uso de la IA, que determina, en última instancia, la información que recibimos como usuarios de determinadas plataformas. En este sentido, el legislador reconoce que una parte fundamental del negocio de estos prestadores es la manera en la que priorizan y presentan la información, mediante, por ejemplo, la recomendación, clasificación y priorización algorítmica de la información, la distinción de texto y otras representaciones visuales, o la organización diferente de la información facilitada por los destinatarios. Estos sistemas de recomendación desempeñan un papel fundamental en la amplificación de determinados mensajes, la difusión viral

---

202 Recuérdese que esta personalización del servicio no es exclusiva de las redes sociales. Representando los intereses del internauta, está excediendo desde hace años los límites de estas plataformas. Portales, páginas web y aplicaciones de noticias adaptan con frecuencia la oferta informativa al perfil del usuario.

203 VV.AA., «Bias goggles: Exploring the Bias of Web Domains Through the Eyes of Users», en *Bias and Social Aspects in Search and Recommendation*, Springer, 2020, p. 66.

204 COMISIÓN EUROPEA, *Final report of the Commission expert group on tackling disinformation and promoting digital literacy through education and training*, Oficina de Publicaciones de la Unión Europea, Luxemburgo, 2022, p. 21.

de información y la promoción de determinados comportamientos en línea. Por ello, los destinatarios de los servicios deben estar informados de manera adecuada sobre cómo los citados sistemas afectan a la forma y manera en la que se muestra y presenta la información[205]. Para ello, el Reglamento impone a las plataformas obligaciones en materia de transparencia en relación con el uso de estos sistemas de recomendación[206]; obligaciones que tienen que ser necesariamente observadas por los prestadores desde el 17 de febrero del 2024, momento en el que la norma comenzó a ser de aplicación generalizada[207].

En el contexto generado por los algoritmos de moderación de contenido, proclive a las pulsiones y a la deformación informativa, surge paralelamente un campo de cultivo para llamada «posverdad». Ésta es definida por la Real Academia Española[208] como la «distorsión deliberada de una realidad, que manipula creencias y emociones con el fin de influir en la opinión pública y en actitudes sociales». Se integra por informaciones falsas y realidades construidas a la carta, con gran contenido emocional, para generar un impacto en la formación de la opinión pública, que deja de distinguir rumor e información, verdad y mentira. La posverdad diluye el derecho a la información en Internet, minusvalorando la verdad, que queda relativizada, y priorizando el discurso emotivo sobre el racional. Esto supone, a fin de cuentas, una degradación de la democracia[209].

Esos maestros de la posverdad encuentran en la red un instrumento eficaz para practicar la demagogia, que no es sino una degeneración de la democracia, haciendo circular a gran velocidad información falsa, realidades a la carta,

---

205   Considerando 70 Reglamento de Servicios Digitales.

206   Fundamentalmente, siguiendo el artículo 27.1, cuando las plataformas empleen sistemas de recomendación deberán incluir «en sus condiciones generales, utilizando un lenguaje claro y comprensible, los parámetros principales utilizados en sus sistemas de recomendación, así como cualquier opción a disposición de los destinatarios del servicio para modificar o influir en dichos parámetros principales».

207   Art. 93.2 Reglamento de Servicios Digitales.

208   Definición extraída de dle.rae.es/, fecha última visita: abril 2024.

209   SÁNCHEZ MARTÍNEZ, O., «La fragilidad de la verdad en la sociedad digital», en *Inteligencia artificial y filosofía del Derecho*, Laborum Ediciones, Madrid, 2022, p. 129.

cargadas de contenidos emocionales, que generan un gran impacto, con un efecto perturbador, en la formación de la opinión pública. A una ciudadanía abrumada por la enorme cantidad de material circulando en la red, le resultará realmente difícil distinguir entre opinión pública y publicada, el rumor de la información y la verdad de la mentira.

Todo ello se ve alimentado por la presencia de *bots* en la red; identidades automatizadas capaces de recopilar información y comunicarse con personas y sistemas, en la mayoría de los casos, haciéndose pasar por usuarios reales/humanos en una plataforma. Pueden estar presentes en la red social con finalidades legítimas, como la prestación de un servicio de atención al cliente por esa vía. Este tipo de *bots* se identificarán como tales, por lo que las personas físicas que se relacionen con ellos serán conscientes de que realmente están interactuando con un sistema de IA[210]. Pero los *bots* también pueden ser programados para desarrollar otras actividades no tan admisibles. Los *bots* son capaces de interactuar con los contenidos de otros usuarios, verter opiniones y aparentes informaciones, así como viralizar *fake news* de manera compulsiva y con un gran alcance. Estas prácticas tienen lugar al servicio de los intereses frecuentemente ilegítimos de sus responsables; en ocasiones, terceros Estados autocráticos. Cada vez son más usados en el ámbito de la política, con consecuencias inciertas[211]. También para inten-

---

210 Según el artículo 50.1 del Reglamento de IA, «los proveedores garantizarán que los sistemas de IA destinados a interactuar directamente con personas físicas se diseñen y desarrollen de forma que las personas físicas de que se trate estén informadas de que están interactuando con un sistema de IA, excepto cuando resulte evidente desde el punto de vista de una persona física razonablemente informada, atenta y perspicaz, teniendo en cuenta las circunstancias y el contexto de utilización». De forma semejante a como sucederá con las obligaciones de transparencia aplicables a los proveedores de sistemas de IA y responsables del despliegue de sistemas de IA capaces de generar contenido sintético o *deepfakes*, la obligación de transparencia prevista esta obligación no se aplicará a los sistemas de IA autorizados por ley para detectar, prevenir, investigar o enjuiciar infracciones penales, con sujeción a las garantías adecuadas para los derechos y libertades de terceros, salvo que estos sistemas estén a disposición del público para denunciar una infracción penal.

211 Piénsese en el *deepfake* del presidente ucraniano, Volodymyr Zelensky, generado en marzo del 2022, escasos días después de la invasión del

sificar propaganda en la red o promover campañas de odio[212]. Además de alimentar esas cámaras de eco y la posverdad, los *bots* generan otro fenómeno sobre el que conviene llamar la atención que se ha denominado «espiral del silencio»: si las personas perciben que su propia opinión es minoritaria, es menos probable que la compartan en un debate, especialmente cuando se discuten cuestiones con un alto componente moral, como la política, la salud pública, los derechos de las minorías, la inmigración o el aborto[213]. Este fenómeno distorsiona igualmente el debate social, haciendo parecer que un acontecimiento o asunto cuyo impacto real ha sido residual parezca importante. O que una opinión es la mayoritaria cuando únicamente es compartida por una pequeña parte de la sociedad. Ello también puede llevar al efecto del falso consenso, bajo el cual las personas pueden terminar por cambiar de opinión para tratar de parecer más alineados con la supuesta mayoría[214].

Las democracias en el mundo están en un grave retroceso desde hace años, mientras que los autoritarismos y populismos ganan progresivamente terreno. Según el informe *The Global State of Democracy 2023. The New Checks and Balances (El estado global de la democracia 2023. Los nuevos controles y equilibrios)*[215], del Instituto Internacional para la Democracia y Asistencia Electoral, el año 2022 ha sido el

---

país por parte de las tropas rusas, en las que éste anunciaba la rendición de su ejército ante el país soviético, solicitando deponer las armas a sus hombres. VELASCO, C., «*Deepfakes* como servicio. Un análisis desde la perspectiva del ciberdelito», en *Derecho, Ética e Inteligencia Artificial*, Tirant lo Blanch, Valencia, 2023, pp. 413-414.

212 CASTELLANOS CLARAMUNT, J., «Derechos y garantías concretas de los usos políticos y participativos de la Inteligencia Artificial», en *Derechos y garantías ante la inteligencia artificial y las decisiones automatizadas*, Thomson Reuters Aranzadi, Cizur Menor (Navarra), 2022, p. 324.

213 SHAREVSKI, F.; JACHIM, P.; FLOREK, K., «To tweet or not to tweet: Covertly manipulating a Twitter debate on vaccines using malware-induced misperceptions», en *Proceedings of the 15th International Conference on Availability, Reliability and Security*, 2020, p. 1.

214 GONZÁLEZ DE LA GARZA, L. M., «Derechos digitales en el empleo de las neurotecnologías: los neuroderechos (XXVI)», en *La Carta de Derecho Digitales,* Tirant lo Blanch, Valencia, 2022, pp. 354-355.

215 VV.AA., *The Global State of Democracy 2023*, Instituto Internacional para la Democracia y Asistencia Electoral (International Institute for Democracy and Electoral Assistance), International IDEA, 2023.

sexto año consecutivo en el que un mayor número de territorios ha experimentado más retrocesos democráticos que progresos. A finales del citado año, la calidad democrática estaba devaluándose en más de la mitad de los países que fueron evaluados (173 en total). Estos deterioros de identifican en Europa en democracias que parecían consolidadas, como Austria, Luxemburgo, los Países Bajos, Portugal y el Reino Unido. No obstante, y a pesar de los graves retrocesos habidos desde hace años en Hungría y Polonia —frente a los que la UE ha tomado medidas—, también conviene señalar que Moldavia y Ucrania obtuvieron el estatus de candidatos a ingresar en la UE. Otros territorios claramente no democráticos, como Azerbaiyán, Bielorrusia, Rusia y Turquía se ha alejado del resto de Europa[216]. El desgaste democrático frecuentemente viene de la mano de líderes electos, que utilizan su poder para debilitar las instituciones democráticas desde dentro del sistema; algo que no es nuevo[217]. Ha sucedido en Hungría, Polonia, Turquía, Eslovaquia, Israel e incluso en la supuesta consolidada democracia de Estados Unidos. Este desgaste no deja de ser el resultado de la acción deliberada de los líderes que dicen actuar en nombre del pueblo. Frecuentemente, erosionan los mecanismos de control y equilibrio democráticos aparándose en que las crisis como la actual exigen medidas excepcionales que requieren priorizar la seguridad y el orden por encima de las libertades. Cuando esto sucede, la versión mayoritaria de la «democracia», se impone sobre la versión «liberal», que busca proteger las libertades individuales mediante el control del poder[218]. Paralelamente, la celebración de «elecciones limpias» cada vez parece más complicada y la fe de los ciudadanos en la eficacia de las instituciones democráticas está disminuyendo de forma preocupante; instituciones que carecen de importan-

---

216 VV.AA., *The Global State of Democracy 2023*, Instituto Internacional para la Democracia y Asistencia Electoral (International Institute for Democracy and Electoral Assistance), International IDEA, 2023, p. 102.

217 VV.AA., *The Global State of Democracy 2022*, Instituto Internacional para la Democracia y Asistencia Electoral (International Institute for Democracy and Electoral Assistance), International IDEA, 2022, p. 7.

218 VV.AA., *The Global State of Democracy 2023*, Instituto Internacional para la Democracia y Asistencia Electoral (International Institute for Democracy and Electoral Assistance), International IDEA, 2023, p. 4.

cia, para gran parte de la población[219]. Estas consecuencias se originan y arraigan en las redes sociales con frecuencia, precisamente a raíz de la aplicación de algoritmos de moderación de contenido, que fomentan la desinformación, la posverdad y la polarización de la sociedad, cada vez menos predispuesta a entenderse.

La garantía del derecho a una comunicación libre es indispensable en una democracia y se debe procurar asimismo desde el derecho a la privacidad. Esto es especialmente importante cuando el debate público se desarrolla en materia política. Así, la aplicación de técnicas de IA para promover intereses políticos y focalizar la publicidad en determinados usuarios —aprovechando la vulnerabilidad que el tratamiento de sus datos supone— debe ser objeto de especial atención, pues puede poner en riesgo los propios procesos democráticos, como sucedió en el caso citado de Facebook-Cambridge Analytica. De hecho, la focalización con fines políticos durante la toma de decisiones democráticas y los procesos electorales ha despertado un interés creciente entre las distintas autoridades nacionales[220]. La disminución del espacio íntimo disponible para las personas, como resultado de la vigilancia inevitable por parte de empresas y gobiernos, tiene un efecto paralizador en la capacidad y la voluntad de las personas de expresarse y establecer relaciones libremente, incluso en la esfera cívica, tan esencial para la salud de la democracia[221].

El Comité Europeo de Protección de Datos[222] ponía de relieve recientemente el uso indebido de este tipo de meca-

---

219 VV.AA., *The Global State of Democracy 2022*, Instituto Internacional para la Democracia y Asistencia Electoral (International Institute for Democracy and Electoral Assistance), International IDEA, 2022, p. 39.

220 Comité Europeo de Protección de Datos, *Directrices 8/2020 sobre la focalización de los usuarios de medios sociales (Adoptadas el 13 de abril de 2021)*, Comité Europeo de Protección de Datos, 2021, p. 5.

221 Supervisor Europeo de Protección de Datos (European Data Protection Supervisor), *Opinion 3/2018 EDPS. Opinion on online manipulation and personal data*, Supervisor Europeo de Protección de Datos, Bruselas, 2018, p. 3.

222 Comité Europeo de Protección de Datos, *Directrices 8/2020 sobre la focalización de los usuarios de medios sociales (Adoptadas el 13 de abril de 2021)*, Comité Europeo de Protección de Datos, Bruselas, 2021, pp. 7-8.

nismos para condicionar a los usuarios de plataformas y redes sociales en el discurso político y los procesos electorales. El entorno digital ofrece para el Comité un marco mucho menos garantista y seguro para la democracia, abierto a la desinformación y manipulación de los votantes, como clarividentemente expone:

> «Mientras que las campañas políticas "tradicionales" fuera de línea pretenden influir en el comportamiento de los votantes a través de mensajes generalmente disponibles y accesibles (verificables), los mecanismos de *marketing* directo disponibles en línea permiten que los partidos políticos y las campañas se dirijan a cada votante con mensajes a medida, específicos para las necesidades, intereses y valores particulares de la audiencia destinataria. Este tipo de práctica puede incluso implicar actividades de desinformación o mensajes que las personas encuentran particularmente inquietantes y, por lo tanto, es (más) probable que estimulen una determinada emoción o reacción por su parte. Cuando los mensajes polarizantes o falsos (desinformación) se dirigen a personas concretas, sin contextualización o exposición a otros puntos de vista, o con una contextualización o exposición limitadas, el uso de mecanismos de focalización puede tener el efecto de socavar el proceso electoral democrático».

Lo más valioso para la democracia es una sociedad libre e informada, cuya opinión pública se forme a partir de una garantizada libertad comunicativa, fruto del derecho a la libertad de expresión y a la información. Su participación en el foro público y la actividad política es especialmente importante ante la celebración de elecciones o la puesta en marcha de otros instrumentos de democracia directa, como el referéndum. Sólo una verdadera opinión pública libre legitima el Estado y las estructuras de poder, cuya única finalidad para el constitucionalismo es precisamente garantizar los derechos fundamentales, preexistentes a la propia organización política[223].

En el entorno de las libertades comunicativas, la IA debería utilizarse no para perfilar y manipular a la sociedad o

---

223 Díez-Picazo, L. M., *Sistema de derechos fundamentales*, Tirant lo Blanch, Valencia, 2021pp. 26 y 27.

deformar el debate social, sino «para reducir las actividades antidemocráticas y poco éticas en las plataformas, y como medio para limitar la distribución de noticias falsas e incitación al odio», como acertadamente apunta la Comisión Especial sobre Inteligencia Artificial en la Era Digital[224.]

5. Derecho a la educación

En los últimos años, la educación en el ámbito de IA se ha abordado de forma recurrente por los poderes públicos —especialmente, los europeos— desde la necesidad de educar a los distintos agentes intervinientes en el desarrollo y despliegue de los sistemas de IA para promover el respeto de principios y valores básicos, tomando en consideración la perspectiva ética de esta tecnología, principalmente. También desde la necesidad de educar a los destinatarios o afectados por los sistemas de IA, promoviendo su confianza en la misma[225]; y como materia sobre la que alfabetizarse y adquirir competencias, para que los trabajadores estén preparados a fin de afrontar las transformaciones socioeconómicas[226] que a día de hoy ya están teniendo lugar[227]. De hecho, el Plan de

---

224 COMISIÓN ESPECIAL SOBRE INTELIGENCIA ARTIFICIAL EN LA ERA DIGITAL (ponente: Axel Boss), *Informe sobre la inteligencia artificial en la era digital*, 2020/2266(INI), 5.4.2022, Parlamento Europeo, 2022, p. 31. La IA puede emplearse también para combatir la desinformación presente en las redes sociales y medidas por todas las prácticas referidas, como la intervención de *bots*. En este sentido, se pueden desarrollar sistemas de IA que sean capaces de detectar y clasificar información como falsa y categorizar una fuente supuestamente informativa como confiable o no. GARRIDO-MERCHÁN, E. C. ; PUENTE ÁGUEDA C.; PALACIOS, R., «Fake news detection by means of uncertainty weighted causal graphs», en *International Conference on Hybrid Artificial Intelligence Systems*, Springer International Publishing, 2020, pp. 13-24.

225 Véase, en este sentido, GRUPO DE EXPERTOS DE ALTO NIVEL SOBRE INTELIGENCIA ARTIFICIAL, *Directrices éticas para una IA fiable*, Comisión Europea, Bruselas, 2019, pp. 17-30, principalmente.

226 COMISIÓN EUROPEA, *Comunicación de la Comisión: Inteligencia artificial para Europa*, COM (2018) 237 final, Bruselas, 25.4.2018, pp. 4-5.

227 PUENTE ÁGUEDA, C. (19 de febrero de 2024), «Cambios y oportunidades de la inteligencia artificial», *InfoLibre*, extraído de https://www.infolibre.es/opinion/plaza-publica/cambios-oportunidades-inteligencia-artificial_129_1717335.html, fecha última visita: abril 2024.

Acción de Educación Digital (2021-2027)[228] juega un papel importante en este sentido.

Si bien todo lo anteriormente referido es esencial, los poderes públicos no han prestado tanta atención al derecho fundamental a la educación en sí mismo, a los riesgos que la IA puede entrañar para este bien jurídico, a pesar de la trascendencia que tiene para los individuos y las democracias.

A grandes rasgos, el derecho a la educación consiste en la facultad de acceder al sistema educativo y a sus instituciones, y beneficiarse de la enseñanza en todos los niveles[229], sin perjuicio de que su detalle dependa de cada texto jurídico que lo recoja y desarrolle.

El derecho a la educación se encuadra tradicionalmente en la segunda generación de derechos humanos, los de carácter «social». Estos derechos son los que se fueron conquistando y proclamando, conforme se democratizaba el Estado liberal y la moderna democracia de masas emergía, dando lugar al Estado social intervencionista. Pero este derecho tendrá una verdadera vinculación con los surgidos en la primera generación; aquéllos de naturaleza «civil y política», tendentes a preservar ámbitos de autonomía individual frente al Estado y ciertas facultades de participación en los asuntos públicos[230].

Así, el derecho a la educación es de importancia vital para el libre desarrollo de la personalidad de los individuos, pero también será fundamental para la convivencia democrática de la sociedad, por lo que su protección tendrá una facción individual —relacionada con el libre desarrollo de la personalidad— y otra colectiva —alineada con la convivencia democrática—. De hecho, existe una arraigada e innegable conciencia de que la educación es un factor determinante para la libertad de los individuos y para el correcto funcionamiento de los sistemas democráticos. Desde ambas perspectivas, su vinculación directa con la dignidad humana será innegable[231].

---

228 COMISIÓN EUROPEA, *Comunicación de la Comisión, Plan de Acción de Educación Digital 2021-2027 – Adaptar la educación y la formación a la era digital*, COM(2020) 624 final, Bruselas, 30.9.2020.

229 DÍEZ-PICAZO, L. M., *Sistema de derechos fundamentales*, Tirant lo Blanch, Valencia, 2021, p. 491.

230 DÍEZ-PICAZO, L. M., *Sistema de derechos fundamentales*, Tirant lo Blanch, Valencia, 2021, p. 27.

231 DÍEZ-PICAZO, L. M., *Sistema de derechos fundamentales*, Tirant lo Blanch, Valencia, 2021, p. 487.

Está protegido extensamente en la DUDH[232], en el PIDESC[233], en el CEDH[234] y en la CDFUE[235].

Como no podría ser de otra manera, también se proclama de forma generosa en el artículo 27 de la CE, según la cual «todos tienen derecho a la educación» (art. 27.1). Este precepto se debe completar con el reconocimiento de que «la enseñanza básica es obligatoria y gratuita» (art. 27.1).

La aplicación de la IA a esta materia presenta grandes beneficios, pudiendo servir como guía y soporte en la enseñanza a través de la creación de itinerarios de aprendizaje personalizados y apoyo a la evaluación; o para trazar el progreso de los estudiantes, realizando un seguimiento del alumno. Esta tecnología también podrá utilizarse para identificar problemas de aprendizaje, predecir qué alumnos corren riesgo de abandono a partir de la información sobre su asistencia y progreso[236] o detectar los casos de *bullying* de forma temprana[237].

Pero la aplicación de la IA también presenta numerosos riesgos y desafíos. El primero y más patente, como recoge el Reglamento de IA[238], lo presentan los sistemas de IA que se utilizan en este ámbito para determinar el propio acceso a las instituciones educativas y la distribución de estudiantes. También aquellos sistemas que sirven para evaluar a los sujetos dentro del propio sistema educativo o para acceder a él y que, como en cualquier otro contexto, pueden errar en sus resultados y fomentar prácticas discriminatorias. A título de ejemplo, en el Reino Unido se utilizó durante la pandemia un sistema para determinar las notas de los estu-

---

232 Art. 26 DUDH.

233 Art. 13 PIDESC.

234 Art. 2. del Protocolo Adicional (París, 20.III.1952), del CEDH.

235 Art. 14 CDFUE.

236 ZAIDI A.; BEADLE, S.; HANNAH, A., *Review of the online learning and artificial intelligence education market. A report for the Department of Education*, Government Social Research, Londres, Reino Unido, 2018, p. 79.

237 BELLOSO MARTÍN, N., «La problemática de los sesgos algorítmicos (con especial referencia a los de género). ¿Hacia un derecho a la protección contra los sesgos?», en *Derechos y garantías ante la inteligencia artificial y las decisiones automatizadas*, Thomson Reuters Aranzadi, Cizur Menor (Navarra), 2022, p. 63.

238 Considerando 56 Reglamento de la IA, que partía del Considerando 35 Propuesta de Reglamento de IA.

diantes de sexto de primaria de todo el país. Casi el 40 por ciento obtuvo calificaciones más bajas que las que les habían puesto previamente sus profesores. Pero el algoritmo no sólo era inexacto, sino que además favorecía a los alumnos de colegios privados frente a los de los públicos[239].

En el marco regulatorio de la enseñanza preuniversitaria en España, se garantiza «el derecho a la educación, el acceso en condiciones de igualdad y la libertad de elección de centro por padres o tutores»[240], prohibiéndose cualquier tipo de «discriminación por razón de nacimiento, raza, sexo, religión, opinión o cualquier otra condición o circunstancia personal o social»[241]. Por su parte, el acceso a los centros universitarios debe respetar «los principios de igualdad, mérito y capacidad»[242]. A su vez, debe reconocerse en cualquier caso «la igualdad de oportunidades y no discriminación por razones de sexo, raza, religión o discapacidad o cualquier otra condición o circunstancia personal o social»[243]. Y ello, «en el acceso a la universidad, ingreso en los centros, permanencia en la universidad y ejercicio de sus derechos académicos»[244]. Así, no pueden existir otros límites o trabas al efectivo acceso y desempeño académico del estudiante en los centros educativos, que no deriven de sus propias capacidades y de la aplicación de la ley.

Además de aplicaciones destinadas expresamente a la enseñanza y aprendizaje, desde hace años China emplea sistemas de IA para automatizar algunas tareas de los docentes, como la corrección de pruebas y trabajos, o la generación de

---

239 ADAMS, R.; WEALE, S.; BARR, C. (13 de agosto de 2020), «A-level results: almost 40 % of teacher assessments in England downgraded», *The Guardian*, extraído de theguardian.com/education/2020/aug/13/almost-40-of-english-students-have-a-level-results-downgraded, fecha última visita: abril 2024.

240 Art. 84.1 Ley Orgánica 2/2006, de 3 de mayo, de Educación.

241 Art. 84.3 Ley Orgánica 2/2006, de 3 de mayo, de Educación. La calidad de la educación para todo el alumnado, sin que puedan darse prácticas discriminatorias, es uno los principios que informan el sistema educativo español [art. 1.a)bis].

242 Art. 42.3 La Ley Orgánica 6/2001, de 21 de diciembre, de Universidades.

243 Art. 46.b) La Ley Orgánica 6/2001, de 21 de diciembre, de Universidades.

244 Art. 46.b) La Ley Orgánica 6/2001, de 21 de diciembre, de Universidades.

preguntas para los exámenes[245]. También están extendiéndose los sistemas de admisión escolar en línea; aparentemente, más transparentes, equitativos y eficientes[246]. Ésta no es una realidad ajena al ámbito europeo, donde está aumentando el uso de sistemas de IA para apoyar prácticas de enseñanza, aprendizaje y evaluación[247], en paralelo a la protección de otros derechos, en muchas ocasiones. De hecho, con un loable propósito, Suecia planea utilizar sistemas de IA para evitar sesgos de género en los procesos de admisión en las Universidades, y en la evaluación de tareas y exámenes[248].

En línea con lo anteriormente indicado, el mayor peligro —o, al menos, uno de los principales— lo representa la falsa creencia de que un sistema de IA ofrecerá resultados más objetivos de lo que lo hará una persona. Y ello, aunque el sistema funcione bajo supervisión humana, pues esa tendencia a sobrevalorar la imparcialidad del sistema, a confiar por defecto o en exceso en la información de salida generada, puede derivar en una falta de análisis crítico de sus resultados[249]. De hecho, estudios demuestran que los humanos

---

245 CHEN, S. (27 de mayo de 2018), «China's schools are quietly using AI to mark students' essays... but do the robots make the grade?», *South China Morning Post*, recuperado de scmp.com/news/china/society/article/2147833/chinas-schools-are-quietly-using-ai-mark-students-essays-do, fecha última visita: abril 2024. JARA, I; OCHOA, J. M., «Usos y efectos de la inteligencia artificial en la educación», en *Sector Social división educación. Documento para discusión número IDB-DP-00-776*, Banco Interamericano de Desarrollo, 2020, p. 12.

246 JARA, I; OCHOA, J. M., «Usos y efectos de la inteligencia artificial en la educación», en *Sector Social división educación. Documento para discusión número IDB-DP-00-776*, Banco Interamericano de Desarrollo, 2020, p. 14.

247 COMISIÓN EUROPEA (DIRECCIÓN GENERAL DE EDUCACIÓN, JUVENTUD, DEPORTE Y CULTURA), *Directrices éticas sobre el uso de la inteligencia artificial (IA) y los datos en la educación y formación para los educadores*, Oficina de Publicaciones de la Unión Europea, Luxemburgo, 2022, p. 14.

248 BELLOSO MARTÍN, N., «La problemática de los sesgos algorítmicos (con especial referencia a los de género). ¿Hacia un derecho a la protección contra los sesgos?», en *Derechos y garantías ante la inteligencia artificial y las decisiones automatizadas*, Thomson Reuters Aranzadi, Cizur Menor (Navarra), 2022, p. 63.

249 SORIANO ARNANZ, A., «La aplicación del marco jurídico europeo en materia de igualdad y no discriminación al uso de aplicaciones de

aceptan los resultados devueltos por un sistema, incluso cuando están equivocados a todas luces[250]. Esto se conoce como «sesgo de automatización» y debe ser particularmente tomado en cuenta en los sistemas que generan información o recomendaciones para que el sujeto adopte la decisión.

La aplicación de sistemas de IA como los referidos puede resultar determinante en la trayectoria formativa y profesional de una persona, pudiendo afectar a su propia subsistencia en el futuro. Por todo ello, estos sistemas, según determina el legislador europeo, deben gozar de las máximas garantías y exigencias, y ser considerados de alto riesgo en diferentes manifestaciones[251]. Esta catalogación conlleva la necesaria supervisión humana[252], cuyo responsable debe ser plenamente consciente del citado sesgo de confirmación para garantizar los derechos afectados; así, dicha supervisión deberá descansar en «personas físicas que tengan la competencia, la formación y la autoridad necesarias»[253]. A grandes rasgos, cuando estos sistemas no son diseñados y utilizados correctamente, pueden violar el derecho a la educación, pero también el derecho a la igualdad y a no sufrir

---

Inteligencia Artificial», en *Nuevas normatividades: inteligencia artificial, derecho y genero*, Thomson Reuters Aranzadi, Cizur Menor (Navarra), 2021, p. 69.

250 GRANERO, H. R., «Derechos y garantías concretas frente al uso de la inteligencia artificial y decisiones automatizadas, especialmente en el ámbito judicial y de aplicación de la ley», en *Derechos y garantías ante la inteligencia artificial y las decisiones automatizadas*, Thomson Reuters Aranzadi, Cizur Menor (Navarra), 2022, p. 122.

251 Resulta reseñable la ampliación del Anexo III desde la Propuesta de Reglamento de IA al Reglamento de IA en relación con los sistemas de IA de educación y formación profesional. Se entenderán comprendidos entre esos sistemas de IA de alto riesgo los sistemas relacionados con el acceso o la admisión, los empleados para evaluar los resultados de aprendizaje, para utilizados para evaluar el nivel de educación adecuado que recibirá una persona o al que podrá acceder, y los destinados al seguimiento y a la detección de comportamientos prohibidos durante los exámenes (Anexo III, apartado 3 Reglamento de IA). En la Propuesta de Reglamento de IA únicamente se incluían los de acceso o asignación («admisión», siguiendo el literal actual) y los de evaluación (Anexo III, apartado 3 Propuesta de Reglamento de IA).

252 Art. 14 Reglamento de IA.

253 Art. 26.2 Reglamento de IA.

discriminación, además de perpetuar patrones históricos de trato desigual injustificado[254].

En España, los centros de enseñanza privados transitan entre el derecho a la educación, y una cierta libertad empresarial y autonomía universitaria[255], en el caso de la educación superior. Por ello, dentro del espectro educativo, quizá los peligros vinculados al uso de estos sistemas puedan presentarse antes o con mayor frecuencia o intensidad en los centros privados y de formación superior, que generalmente disfrutan de un margen superior de actuación y en la gestión de sus recursos.

En cualquier caso, a pesar de que la enseñanza sea una actividad libre, según lo determina la CE[256], la naturaleza privada de los centros no puede ser la vía por la que determinados postulados queden afectados, de manera directa o indirecta, mediante el empleo de sistemas de IA. Tampoco, por supuesto, puede suceder en los centros públicos. Estos principios básicos son el libre desarrollo de la personalidad, la convivencia democrática y el respeto a los derechos fundamentales[257]. Así, por ejemplo, un sistema de IA que, en función de las aptitudes de cada estudiante, fuera determinando su camino o especialidad académica, afectaría sin lugar a dudas al libre desarrollo de la personalidad y estaría vedado por la CE, según la cual «la educación tendrá por objeto el pleno desarrollo de la personalidad humana en el respeto a los principios democráticos de convivencia y a los derechos y libertades fundamentales» (art. 27.2).

También surgen riesgos relacionados con las aplicaciones destinadas estrictamente a la enseñanza y al aprendizaje. La realidad académica es francamente compleja y puede que el conjunto de datos con el que se ha entrenado el algoritmo del sistema no sea pertinente, representativo, completo o presente algún error. Esto podría conllevar que el algoritmo aprendiera criterios parciales o discriminatorios, propios de

---

254   Considerando 56 Reglamento de la IA, que partía del Considerando 35 Propuesta de Reglamento de IA.

255   STS 2681/2022, del 6 de junio.

256   «Todos tienen el derecho a la educación. *Se reconoce la libertad de enseñanza*» (art. 27.1 CE). El remarcado es propio.

257   Díez-Picazo, L. M., *Sistema de derechos fundamentales*, Tirant lo Blanch, Valencia, 2021, pp. 489-490.

los datos de entrenamiento, y que el despliegue del sistema reprodujera sesgos entre el alumnado, perpetuando o incrementando las brechas de género, raciales o de otro tipo, ya existentes en el ámbito educativo[258].

Asimismo, en materia del derecho a la educación, ciertos peligros giran en torno a la privacidad y a posibles quiebras de seguridad o usos malintencionados de la información personal de los destinatarios o afectados. Los sistemas de IA se alimentan de datos, que en este caso provendrán de estudiantes; menores de edad, en su mayoría. Como es lógico, los fines para los que estos datos son recabados deberían restringirse al diseño de aplicaciones beneficiosas para los mismos, como sistemas de enseñanza adaptativos, a título de ejemplo. Pero esos mismos datos pueden ser usados con otras finalidades. Como alertó la Organización de las Naciones Unidas para la Educación, la Ciencia y la Cultura (UNESCO)[259], esto supone un peligro para las instituciones y los estudiantes, sobre todo cuando éstos son niños, pues son más susceptibles a la manipulación comercial o de otro tipo derivada del aprendizaje automático y un uso indebido de sus datos.

Por último, a gran escala, si los sistemas de IA procuran tantos beneficios como se augura para la enseñanza, puede que aquellos países que dispongan de más recursos para la inversión tecnológica y la formación a los usuarios de estos sistemas progresen sustancialmente más rápido, agravándose (aún más) las diferencias educativas ya existentes entre los distintos territorios.

Tratar de poner el foco de atención en este derecho, de manera adecuada, así como paliar o eliminar los posibles efectos negativos que la aplicación de IA puede suponer sobre éste, resulta vital para el correcto desarrollo social y económico del conjunto de la población, la justicia y la igualdad de oportunidades.

---

258 JARA, I; OCHOA, J. M., «Usos y efectos de la inteligencia artificial en la educación», en *Sector Social división educación. Documento para discusión número IDB-DP-00-776*, Banco Interamericano de Desarrollo, 2020, p. 16.

259 UNESCO, *International Conference on Artificial Intelligence and Education Planning Education in the AI Era: Lead the Leap. Concept note*, 16-18 de mayo de 2019, UNESCO, Beijing, China, 2019.

6. Derecho al trabajo

A grandes rasgos, el derecho al trabajo comprende la libertad de trabajar, así como el derecho a acceder a un puesto de trabajo, siempre que se cumplan los requisitos necesarios de capacitación, y el derecho a no ser despedido, salvo causa justa. Ello supone que los empleadores, tanto públicos como privados, no deberán incurrir en discriminación arbitraria alguna en el proceso de selección o contratación, ni despedir sin causa legal a sus empleados. Asimismo, el derecho al trabajo se asocia frecuentemente con la libre elección de profesión u oficio[260]; una conquista básica de las revoluciones liberales en contraposición con el sistema gremial y estamental de siglos pasados[261].

El derecho al trabajo está regulado en la DUDH, en su artículo 23, según el cual «toda persona tiene derecho al trabajo, a la libre elección de su trabajo, a condiciones equitativas y satisfactorias de trabajo y a la protección contra el desempleo» (art. 23.1), sin que pueda mediar «discriminación alguna», teniendo todos derecho «a igual salario por trabajo igual» (art. 23.2), entre otros extremos. El derecho al trabajo se garantiza asimismo en el Pacto Internacional sobre Derechos Económicos, Sociales y Culturales[262], en el que los Estados Parte son expresamente llamados alcanzar la plena efectividad de este derecho a partir de una serie de medidas. Entre dichas medidas deberán estar «la orientación y formación tecnicoprofesional» precisa y «la preparación de programas, normas y técnicas encaminadas a conseguir un desarrollo económico, social y cultural constante y la ocupación plena y productiva» para poder garantizar «las libertades políticas y económicas fundamentales de la persona humana» (art. 6.2).

En el marco regional, este derecho también se reconoce en la CDFUE en diferentes preceptos[263] y, en el marco nacio-

---

260 STRÚSTEGUI, M., «Derechos de ámbito laboral», en *Derecho Constitucional, volumen I. El ordenamiento constitucional. Derechos y deberes de los ciudadanos*, Tirant lo Blanch, Valencia, 2010, pp. 366-368.

261 DÍEZ-PICAZO, L. M., *Sistema de derechos fundamentales*, Tirant lo Blanch, Valencia, 2021, p. 505.

262 Véanse los artículos 6 y 7 del PIDESC.

263 Arts. 15, 29, 31 y 32, entre otros, CDFUE.

nal, en el artículo 35 de la CE, según el cual, todos los españoles tienen «derecho al trabajo, a la libre elección de profesión u oficio, a la promoción a través del trabajo», entre otras cuestiones, «sin que en ningún caso pueda hacerse discriminación por razón de sexo» (art. 35.1).

Para la inmensa mayoría de las personas, el trabajo constituirá el medio de vida y subsistencia, pero también una vía de desarrollo de la propia personalidad[264], por lo que resulta crucial evaluar y mitigar los riesgos que suponen los sistemas de IA en esta área.

La irrupción de la IA en el ámbito laboral se debe analizar desde tres puntos de vista: los derechos fundamentales de los trabajadores que se pueden ver afectados, las necesidades formativas que emergen de la brecha digital[265] y, como no podía ser de otra manera, los efectos en la economía derivados de la automatización y digitalización de los puestos de trabajo.

Los derechos fundamentales de los trabajadores, sobre todo su intimidad[266], se pueden ver afectados por el uso de nuevas tecnologías generadoras de datos —como sistemas de geolocalización, *werables*, videovigilancia o grabación de sonido—, así como por la aplicación de técnicas analíticas sobre datos y demás información disponible del trabajador, incluida la que se puede extraer de sus perfiles en redes sociales. Toda esa información puede ser utilizada para alimentar sistemas de IA, provocando una especial injerencia en la vida privada del trabajador. Piénsese en un dispositivo de captación de sonido destinado a la medición del estado de ánimo del trabajador y la calidad de las interacciones que

---

264 Díez-Picazo, L. M., *Sistema de derechos fundamentales*, Tirant lo Blanch, Valencia, 2021, p. 503.

265 Aquélla distancia generada entre distintos grupos sociales como consecuencia de las diferencias de acceso, uso e impacto de las tecnologías de la información y de la comunicación (TICs), incluyendo Internet y otras variables como su disponibilidad o calidad.

266 La Ley Orgánica 3/2018, de 5 de diciembre, de Protección de Datos Personales y garantía de los derechos digitales hace especial hincapié en los derechos que deben ser específicamente garantizados, dentro del específico ámbito laboral (arts. 87-91). Destaca especialmente la intimidad de los trabajadores, que se puede ver vulnerada a través del uso de dispositivos digitales, de videovigilancia, de grabación de sonidos y de geolocalización.

éste realiza con sus compañeros, mediante técnicas de IA[267]. O que esto mismo sea medido a través de las expresiones faciales, la mirada o las ondas cerebrales del empleado, como ya es capaz de hacer la denominada «IA emocional»[268] y, de forma más amplia, las neurotecnologías que posteriormente se abordarán.

Una práctica muy frecuente en el ámbito laboral será la elaboración de perfiles de trabajadores o candidatos por parte del departamento de recursos humanos. De tales perfiles, que frecuentemente son gestionados a través de sistemas de IA, pueden depender los procesos de selección —especialmente para anunciar puestos vacantes, clasificar y filtrar solicitudes o evaluar a candidatos en el transcurso de entrevistas o pruebas—; las promociones internas; la asignación de tareas; el seguimiento y evaluación del rendimiento y la conducta de los empleados; o incluso la terminación de la relación laboral. Los sistemas de IA utilizados en tales circunstancias —en relación con el empleo, gestión de los trabajadores y acceso al autoempleo— son calificados de alto riesgo por el legislador europeo en el Reglamento de IA[269].

---

267 TODOLÍ SIGNES, A., «La reputación digital de los trabajadores: perfiles y decisiones automatizadas», en *Derechos y garantías ante la inteligencia artificial y las decisiones automatizadas*, Thomson Reuters Aranzadi, Cizur Menor (Navarra), 2022, p. 303.

268 WIGGERS, K. (17 de enero de 2022), «New startup shows how emotion-detecting AI is intrinsically problematic», *VentureBeat*, extraído de venturebeat.com/uncategorized/new-startup-shows-how-emotion-detecting-ai-is-intrinsically-problematic/, fecha última visita: abril 2024. A este respecto conviene señalar que el Reglamento de IA, no obstante, prohíbe el uso de «sistemas de IA para inferir las emociones de una persona física en los lugares de trabajo», salvo que responda a motivos médicos o de seguridad [art. 5.1.f) Reglamento de IA]. Un «sistema de reconocimiento de emociones» es «un sistema de IA destinado a distinguir o inferir las emociones o las intenciones de las personas físicas a partir de sus datos biométricos» [art. 3.39)].

269 Concretamente, los utilizados en la contratación o selección, y aquellos destinados a tomar decisiones que afecten a condiciones de las relaciones laborales, o a la promoción o rescisión de relaciones, además de los destinados a la asignación de tareas (a partir de comportamientos individuales o rasgos o características personales), o aquellos dirigidos a supervisar y evaluar el rendimiento y el comportamiento de las personas en el marco de estas relaciones laborales (Anexo III, Reglamento de IA).

Esa elaboración de perfiles automatizada y la correspondiente toma de decisiones a partir de los mismos conllevan una serie de riesgos para los derechos de los trabajadores relacionados principalmente con prácticas discriminatorias y falta de transparencia. En primera instancia, el uso de técnicas de Big Data e IA para la construcción de perfiles de los trabajadores con la intención de clasificarlos por parámetros y poder realizar predicciones sobre su adecuación al cargo, a título de ejemplo, es bastante habitual en los departamentos de recursos humanos de empresas de cierto tamaño. En tal contexto, es muy frecuente que se clasifiquen a los trabajadores por categorías discriminatorias (aunque ésta no sea la intención desde recursos humanos). Tal y como hemos advertido, la capacidad de los algoritmos de inferir datos es muy alta, corriéndose paralelamente el riesgo de que los algoritmos perpetúen conductas discriminatorias traídas de la realidad[270]. En la actualidad, de las 35 empresas que cotizan en el IBEX-35, 31 están presididas por hombres (88,6 por ciento), habiendo sólo 4 mujeres presidentas[271]. De manera semejante al ejemplo visto en la contratación de personal técnico para Amazon, si un sistema de IA tuviera que decidir qué candidato es el adecuado para ocupar semejante cargo, difícilmente elegiría a una mujer por creer que ser hombre es un rasgo cuasi determinante para encajar mejor en el puesto. Asimismo, las minorías también quedan en desventaja, dada una menor cantidad de datos disponibles para alimentar el algoritmo. Un candidato a un puesto de trabajo perteneciente a un colectivo minoritario deberá tener otras cualidades, en cantidad superior al resto de competidores pertenecientes al colectivo mayoritario, que hagan contrarrestar esa desventaja de la que parte el algoritmo, produciéndose prácticas discriminatorias. Y ello sucederá aunque el sistema no esté plenamente automatizado y la decisión sea supervisada o finalmente tomada por el responsable de recursos huma-

---

270 TODOLÍ SIGNES, A., «La reputación digital de los trabajadores: perfiles y decisiones automatizadas», en *Derechos y garantías ante la inteligencia artificial y las decisiones automatizadas*, Thomson Reuters Aranzadi, Cizur Menor (Navarra), 2022, p. 305.

271 SÁNCHEZ SILVA, C. (6 de marzo de 2024), «Las mujeres ocupan el 34,5 % de los puestos de los consejos de administración en las cotizadas», *El País*, extraído de https://elpais.com/sociedad/dia-de-la-mujer/2024-03-06/las-mujeres-ocupan-el-345-de-los-puestos-de-los-consejos-de-administracion-en-las-cotizadas.html, fecha última visita: abril 2024.

nos, que tenderá a confiar en la respuesta propuesta por el sistema IA[272].

Los poderes públicos también han de ser cautelosos en el desarrollo de políticas contra el desempleo, en segunda instancia, a riesgo de caer en prácticas igualmente discriminatorias por el uso de sistemas de IA. Así, hasta un pasado muy reciente, el sistema público de desempleo austríaco utilizó un sistema automatizado que clasificaba a las personas desempleadas en función de las probabilidades que tenían de encontrar trabajo: alta (>66 por ciento), media (66 por ciento-25 por ciento) o baja (<25 por ciento). El algoritmo restaba puntos, por ejemplo, a las mujeres, a las mujeres con obligaciones de cuidado a personas dependientes, a los discapacitados y a los residentes en un Estado no miembro de la UE porque tenían menos posibilidades de encontrar trabajo. A cuantos más grupos «desaventajados» perteneciera alguien, menor eran las posibilidades auguradas por el sistema. Así, el algoritmo tendía a basar la «empleabilidad» de los sujetos, en función de su pertenencia a un grupo estructuralmente discriminado. Estos resultados fueron tenidos en cuenta posteriormente para la asignación de medios, dando lugar a un trato discriminatorio. Parecía más eficiente destinar recursos a las personas con probabilidades medias de encontrar trabajo que aquéllas que tenían posibilidades altas, pues encontrarían trabajo pronto sin requerir más capacitación, y que aquellas que habían sido calificadas como bajas. Las inversiones en estos dos grupos no se consideraban rentables[273].

La falta de transparencia en los procesos de toma de decisiones, propios de muchos de los sistemas de IA, es otro de los problemas derivados de la construcción de perfiles automatizados de los trabajadores. Como norma general, la

---

272   TODOLÍ SIGNES, A., «La reputación digital de los trabajadores: perfiles y decisiones automatizadas», en *Derechos y garantías ante la inteligencia artificial y las decisiones automatizadas*, Thomson Reuters Aranzadi, Cizur Menor (Navarra), 2022, p. 306.

273   VV.AA., «Algorithmic Profiling of Job Seekers in Austria: How Austerity Politics Are Made Effective», en *Frontiers in Big Data*, vol. 3. 2020, pp. 2-15. SORIANO ARNANZ, A., «La aplicación del marco jurídico europeo en materia de igualdad y no discriminación al uso de aplicaciones de Inteligencia Artificial», en *Nuevas normatividades: inteligencia artificial, derecho y genero*, Thomson Reuters Aranzadi, Cizur Menor (Navarra), 2021, pp. 69-70.

toma de decisiones de una empresa no necesita estar justificada, a diferencia de lo que sí sucede en el ámbito judicial o administrativo, como veremos. Sin embargo, ello no es aplicable ante una decisión empresarial supuestamente discriminatoria o que vulnere otros derechos —fundamentales o no— de los trabajadores —aspirantes o en plantilla—, los cuales podrán acudir a los tribunales para hacer valer sus intereses. En tales casos y después de que el trabajador haya conseguido convencer al juez de esa supuesta vulneración, las empresas deberán acreditar que su actuación no fue fruto de una praxis discriminatoria ni, en general, violaba el derecho del trabajador por éste alegado. Si la causa de la violación fue una decisión tomada por un sistema de IA —o recomendada por éste y aplicada por el responsable de recursos humanos— se deberá estar al Reglamento General de Protección de Datos[274]. Éste prohíbe, como norma, tomar decisiones basadas únicamente en el tratamiento automatizado de datos, incluyendo la elaboración de perfiles, aunque se sujete a determinadas excepciones. En el caso de que ese tratamiento de datos se considerara legítimo, por encontrarse dentro de una de esas excepciones recogidas[275], el trabajador merecería una explicación sobre la lógica aplicada por el sistema de IA, sobre los factores que ha tenido en cuenta (y en qué medida) y cómo ha alcanzado su decisión[276]. Y ello, para que pudiera «expresar su punto de vista y a impugnar la decisión»[277]. Una explicación genérica produciría indefensión en el trabajador[278], vulnerándose paralelamente su derecho a la tutela judicial efectiva, como abordaremos.

Por su parte, la irrupción de la IA alterará fuertemente el mercado laboral y la economía, sobre todo en aquellos territorios cuya actividad económica se basa, en gran parte, en la

---

274 Art. 22 Reglamento General de Protección de Datos.

275 En concreto, sólo se podrá entender adecuada esa decisión automatizada cuando es «necesaria» para la celebración o ejecución de un contrato de trabajo, lo que no parece aplicable en lo que respecta a promociones o beneficios empresariales, ni mucho menos para despidos.

276 Arts. 13.2 f) y 14.2 g) Reglamento General de Protección de Datos.

277 Art. 22.3 Reglamento General de Protección de Datos.

278 Todolí Signes, A., «La reputación digital de los trabajadores: perfiles y decisiones automatizadas», en *Derechos y garantías ante la inteligencia artificial y las decisiones automatizadas*, Thomson Reuters Aranzadi, Cizur Menor (Navarra), 2022, pp. 307- 312.

mano de obra[279]. La automatización del empleo a través de la IA es, a primera vista, la principal amenaza para el derecho al trabajo. Puede impedir que algunas personas accedan al mercado laboral, así como que otras queden desempleadas, al suprimirse puestos de trabajo o profesiones hasta entonces desempeñadas por humanos. Es cierto que se crearán otros puestos de trabajo relacionados con la propia tecnología emergente[280], pero principalmente se verán beneficiados los trabajadores cualificados y desfavorecidos aquéllos otros poco formados.

Los despidos es uno de los grandes riesgos derivados de la automatización y digitalización del empleo[281]. Esto principalmente se acusa en la actualidad en el sector industrial, caracterizado por la presencia de tareas rutinarias que fácilmente puede desarrollar una máquina[282]. En Estados Unidos se estima que por cada robot que se incorpora a la industria, se suprimen entre tres y seis puestos de trabajo, a la par que se reducen los salarios. Cuando la intervención de la IA en el mundo laboral no es física, a través de un robot, sino ordenadores que se sirven de sistemas de IA generativa, las cifras no son menos alarmantes: se estima que entre un 10 y un 20 por ciento de los trabajos están en peligro[283]. Es sobradamente conocida la oleada de recortes de personal que ha caracterizado los últimos tiempos de grades tecnológicas, como Google, Apple, Amazon o Meta (antiguo Facebook)[284]. Los despi-

---

279 UNESCO, *Recomendación sobre la Ética de la Inteligencia Artificial*, SHS/BIO/REC-AIETHICS/2021 (23 de noviembre de 2021), UNESCO, París, Francia, 2021, p. 36.

280 ANDERSEN, L., *Human rights in the age of artificial intelligence*, Access Now, 2018, p. 26.

281 TODOLÍ SIGNES, A., «Derechos en el ámbito laboral y la empresa en el entorno digital (XIX y XX)», en *La Carta de Derechos Digitales*, Tirant lo Blanch, Cizur Menor (Navarra), 2022, p. 294.

282 DÍEZ CATALÁN, L., *La participación del trabajo en la renta nacional en una economía de servicios,* Observatorio España, BBVA Research, 2018, p. 2.

283 DE LA TORRE, I. (14 de marzo de 2024), «Sobre la ola de despidos provocada por la inteligencia artificial», *El Confidencial*, extraído de https://blogs.elconfidencial.com/economia/el-observatorio-del-ie/2024-03-14/ola-despidos-inteligencia-artificial_3848157/, fecha última visita: abril 2024.

284 MIKLE, T. (7 de febrero de 2024), «¿Por qué siguen los recortes en las

dos dependen, no obstante, de los niveles de sindicación del país en el ámbito afectado. Así, en Alemania se suprimieron dos puestos de trabajo por cada robot incorporado a la industria, a costa de una disminución generalizada en los salarios del resto de trabajadores. Además, las empresas industriales robotizadas crean menos oportunidades laborales para los jóvenes que las no robotizadas. También las empresas digitales requieren menos mano de obra. En este sentido, resulta llamativo el hecho de que las tres grandes empresas de la industria de Detroit en los años 90 —GM, Ford y Chrysler— tuvieran prácticamente los mismos ingresos que las tres grandes de Silicon Valley en 2014 —Google, Apple y Facebook—; éstas últimas, con nueve veces menos trabajadores en plantilla, valiendo treinta veces más en bolsa[285].

En cualquier caso, el poder de negociación tanto de los trabajadores como de sus representantes decae ante el avance de la tecnología. Ésta hace aumentar el valor del capital y reducir el valor de la mano de obra del trabajador en ciertos puestos de trabajo; consecuentemente, las rentas del capital ascienden mientras las rentas del trabajo disminuyen en las distintas economías tecnificadas. A falta de una regulación laboral que reequilibre (de nuevo) a las partes involucradas, los salarios tenderán a disminuir progresivamente[286].

Todo lo anterior entronca de manera necesaria con la libertad de sindicación. Ésta protege la defensa colectiva de los derechos e intereses de los trabajadores, resultando imprescindible para el ejercicio de otros derechos laborales, como la negociación colectiva, la adopción de medidas de conflicto colectivo o para la representación de los trabajadores en el seno de las empresas[287]. Se trata de un derecho fundamental de mayúscula importancia, garantizado a nivel internacional desde la DUDH, según la cual «toda persona tiene derecho a

---

grandes empresas tecnológicas?», *NYTimes*, extraído de https://www.nytimes.com/es/2024/02/07/espanol/recortes-personal-sector-tecnologico.html, fecha última visita: abril 2024.

285 TEGMARK, M., *Life 3.0. Being Human in the Age of Artificial Intelligence*, Knopf, Nueva York, Estados Unidos, 2017, p. 121.

286 TODOLÍ SIGNES, A., «Derechos en el ámbito laboral y la empresa en el entorno digital (XIX y XX)», en *La Carta de Derechos Digitales*, Tirant lo Blanch, Cizur Menor (Navarra), 2022, pp. 294-296.

287 DÍEZ-PICAZO, L. M., *Sistema de derechos fundamentales*, Tirant lo Blanch, Valencia, 2021, p. 511.

fundar sindicatos y a sindicarse para la defensa de sus intereses» (art. 23.4). De manera expresa o incluido dentro de la libertad de reunión y de asociación, la libertad sindicación está recogida asimismo en el CEDH[288], en el PIDCP[289], en el PIDESC[290] y en la CDFUE[291].

La CE establece igualmente en su artículo 28.1, como derecho fundamental, que «todos tienen derecho a sindicarse libremente», entendiéndose comprendido «el derecho a fundar sindicatos y a afiliarse al de su elección, así como el derecho de los sindicatos a formar confederaciones y a fundar organizaciones sindicales internacionales o a afiliarse a las mismas», entre otras cuestiones. Nuestro texto atribuye paralelamente a los sindicatos un papel de fundamental en el Título Preliminar del texto, de forma insólita y atípica en el constitucionalismo comparado y en nuestra historia constitucional: «los sindicatos de trabajadores [...] contribuyen a la defensa y promoción de los intereses económicos y sociales que les son propios. Su creación y el ejercicio de su actividad son libres dentro del respeto a la Constitución y a la Ley», debiendo tener una estructura interna y funcionamiento democráticos (art. 7). Dicho precepto parece alinearse con los fines propios del Estado social y democrático de Derecho consagrado en el artículo 1.1[292]. Respetar la libertad de sindicación y promocionarla desde los poderes públicos es imprescindible para la tutela indirecta del derecho al trabajo ante los riesgos que la IA supone para éste.

La automatización y digitalización también despierta necesidades formativas en el ámbito de la IA y como consecuencia de su despliegue en el mundo laboral. Las políticas públicas, que deben orientarse al pleno empleo[293], han de ofrecer

---

288   Art. 11.1 CEDH.

289   Art. 22.1 PIDCP.

290   Art. 8 PIDESC.

291   Art. 12 CDFUE.

292   García Murcia, J., «Artículo 7», en *Comentarios a la Constitución Española*, tomo 1, Boletín Oficial del Estado (BOE), Tribunal Constitucional, Wolters Kluwer, 2018, p. 119.

293   Nuestros constitucionalistas lo remarcan entre los principios rectores de la política social y económica, en el artículo 40.1, según el cual «los poderes públicos promoverán las condiciones favorables para el progreso social y económico y para una distribución de la renta regional y personal

la oportunidad de formar a los trabajadores para que adquieran las competencias necesarias para afrontar la transición hacia la digitalización y la IA, y no queden al margen de los avances tecnológicos, atrapados en trabajos precarios. Pero las políticas públicas también deben ir encaminadas a que los empresarios procuren esa transición en su propia plantilla a través de la formación. Ello puede llevar a la necesidad de limitar o desincentivar el despido por causas técnicas, que a día de hoy permite en España que un trabajador sea despedido, de manera «objetiva» (despido objetivo) por no adaptarse «a las modificaciones técnicas operadas en su puesto de trabajo, cuando dichos cambios sean razonables». Si bien el empresario «deberá ofrecer al trabajador un curso dirigido a facilitar la adaptación»[294], las necesidades que se imponen pueden ir más allá, siendo deseable una formación integral, a costa del empleador, que procure una adaptación efectiva de su personal a los cambios acaecidos o por acaecer. De lo contrario, se correrá el riesgo de que el empresario opte por externalizar la formación, despidiendo a su trabajador falto de competencia y contratando a otro que ya se haya instruido por su cuenta o a costa del Estado[295].

En este sentido, es preciso señalar que el derecho al trabajo estará fuertemente relacionado con el derecho a la educación. La alteración del mercado laboral que supondrá la irrupción de la IA tendrá que tenerse en cuenta en las fases previas a la incorporación a la vida laboral de los ciudadanos para garantizar de manera más eficiente el derecho al trabajo, reduciendo la brecha digital que ya se ha generado. En este concreto ámbito, ésta se identifica con el fenómeno que privilegia la situación laboral de los trabajadores cualificados y perjudica especialmente a los no formados, incrementando (aún más) la desigualdad entre ambos colectivos[296]. De

---

más equitativa, en el marco de una política de estabilidad económica. De manera especial realizarán una política orientada al pleno empleo».

294   Art. 52.b) Real Decreto Legislativo 2/2015, de 23 de octubre, por el que se aprueba el texto refundido de la Ley del Estatuto de los Trabajadores.

295   TODOLÍ SIGNES, A., «Derechos en el ámbito laboral y la empresa en el entorno digital (XIX y XX)», en *La Carta de Derechos Digitales*, Tirant lo Blanch, Cizur Menor (Navarra), 2022, pp. 294-297.

296   TODOLÍ SIGNES, A., «Derechos en el ámbito laboral y la empresa en el entorno digital (XIX y XX)», en *La Carta de Derechos Digitales*, Tirant lo Blanch, Cizur Menor (Navarra), 2022, p. 294.

hecho, tal y como destaca la *Recomendación sobre la inteligencia artificial de la UNESCO*, adoptada a finales del 2021, «puede ser preciso introducir una gama más amplia de competencias "básicas" e interdisciplinarias en todos los niveles educativos, a fin de dar a los trabajadores actuales y a las nuevas generaciones una oportunidad equitativa de encontrar empleo en un mercado en rápida evolución»[297]. Así, una educación insuficiente o no adaptada a la realidad provocada por la irrupción de la IA puede generar barreras para el efectivo acceso al trabajo —y para la libertad de elección de oficio o profesión, en cierta forma—; sobre todo, para aquellos colectivos que no se puedan costear la formación específica, amplificándose esa brecha digital antes referida.

Por ello, la UNESCO —a través de la Coalición Mundial para la Educación (GEC) y la junta en apoyo del Objetivo de Desarrollo Sostenible 4, centrado en la educación de calidad— está colaborando con otros agentes para afrontar los cambios en el ámbito educativo desde una perspectiva global y con una visión prospectiva, centrada en los retos futuros. Entre otras iniciativas, a través de la formación online ayudan a los profesores a adquirir las habilidades necesarias para desenvolverse en un mundo dominado por la IA y que aprendan sobre las posibilidades de esta tecnología, pero también sobre sus limitaciones y riesgos. Esta iniciativa pretende que dichos conocimientos sobre la IA se transmitan sus alumnos sobre la IA, de tal manera que adquieran muchas habilidades que les serán útiles en el futuro laboral[298]. También se desarrollan programas formativos dirigidos a niñas y mujeres jóvenes con el principal objetivo de que adquieran habilidades tecnológicas relacionadas con el pensamiento sistémico complejo, la ciencia de datos y el aprendizaje automático o *machine learning* para que sean capaces dar solución de problemas del mundo real. Pretenden que sean agentes de cambio desde sus primeros pasos formativos para el mundo que les aguarda[299].

---

297 UNESCO, *Recomendación sobre la Ética de la Inteligencia Artificial*, SHS/BIO/REC-AIETHICS/2021 (23 de noviembre de 2021), UNESCO, París, Francia, 2021, p. 36.

298 UNESCO, *United for SDG4: the Global Education Coalition in action*, UNESCO, París, Francia, 2024, p. 60.

299 UNESCO, *United for SDG4: the Global Education Coalition in action*, UNESCO, París, 2024, p. 55.

Los distintos actores involucrados —Gobiernos, empresas, sindicatos e instituciones educativas— deben tratar de que la transición tecnológica sea lo menos traumática posible para los ciudadanos, garantizando que todos tengan las formaciones especializadas que se requerirá en el futuro panorama laboral. Los propios sistemas de IA podrían ser utilizados para advertir sobre los puestos de trabajo y profesiones que más se verán afectados por la transición, así como sobre qué nuevas funciones se crearán y qué competencias serán necesarias. Esta información podría ayudar a los referidos agentes para planificar la (re)cualificación de los trabajadores y buscar vías de reciclaje profesional a aquellos trabajadores cuyas cualificaciones puedan quedar obsoletas[300]. También para idear un plan educativo que tenga en cuenta estas necesidades futuras.

En cualquier caso, la destrucción de empleos que puede conllevar el uso generalizado de la IA puede plantear una serie de retos a los gobiernos, que tendrán que garantizar un nivel de vida adecuado si un gran número de personas quedan desempleadas; quizá a través del reconocimiento de una renta básica universal[301].

De manera adicional, la IA y su integración en el entorno laboral presenta riesgos sobre la sostenibilidad de los sistemas de previsión social[302], para lo que se proponen diferentes alternativas, como un régimen de cotización especial para aquellas máquinas que suplan el trabajo de una persona.

El desarrollo del derecho laboral, que trató de garantizar unas condiciones mínimas para los trabajadores, tiene sus

---

300 GRUPO DE EXPERTOS DE ALTO NIVEL SOBRE INTELIGENCIA ARTIFICIAL, *Directrices éticas para una IA fiable*, Comisión Europea, Bruselas, 2019, p. 44.

301 ANDERSEN, L., *Human rights in the age of artificial intelligence*, Access Now, 2018, p. 26. Sobre ello, véase BARRAGUÉ CALVO, B.; ARROYO JIMÉNEZ, L.; FERNÁNDEZ-ALLER, C., «La justificación normativa de la Renta Básica universal desde la filosofía política y el Derecho», en *Revista Diecisiete: Investigación Interdisciplinar para los Objetivos de Desarrollo Sostenible*, n.º 1, 2019, pp. 81-94. FERNÁNDEZ-ALLER, C., «Any chance for the enforceability of the human right to subsistence?», en *The Age of Human Rights Journal*, n.º 15, 2020, pp. 140-162.

302 MUÑOZ VELA, J. M., *Retos, riesgos, responsabilidad y regulación de la inteligencia artificial. Un enfoque de seguridad física, lógica, moral y jurídica*, Thomson Reuters Aranzadi, Cizur Menor (Navarra), 2022, p. 75.

antecedentes inmediatos en la situación creada a partir de la Revolución Industrial. La cuarta revolución que se advierte[303] debe conllevar una serie de modificaciones legislativas en el ámbito que garantice la dignidad de los trabajadores, empleados y desempleados.

7. Derecho a la tutela judicial efectiva

Los procesos judiciales comprenden una serie de fases de complejo desarrollo que van desde el mismo inicio del proceso, accediendo al órgano jurisdiccional para que administre justicia, hasta la ejecución de la sentencia. En cada una de las fases, las partes involucradas dispondrá de unos derechos para la defensa de sus respectivos intereses[304]. Así, el derecho a la tutela judicial efectiva reafirma la idea de Estado de Derecho, en el que el poder judicial debe garantizar el ejercicio de los derechos fundamentales a los ciudadanos, sustituyendo la «autodefensa», característica de la ley de la selva[305].

Los principales textos internacionales y regionales en materia de derechos humanos, además de nuestra norma fundamental, recogen el derecho de todos los individuos a obtener la protección de los jueces y tribunales, así como a la celebración un juicio justo en el que se respeten todas las garantías esenciales para su defensa[306]. Este derecho a la tutela judicial efectiva, de contenido amplio y heterogéneo[307],

---

303 Comisión Especial sobre Inteligencia Artificial en la Era Digital (ponente: Axel Boss), *Informe sobre la inteligencia artificial en la era digital*, 2020/2266(INI), 5.4.2022, Parlamento Europeo, 2022, p. 11.

304 García Morillo, J., «El derecho a la tutela judicial», en *Derecho Constitucional. Volumen I. El ordenamiento constitucional. Derechos y deberes de los ciudadanos*, Tirant lo Blanch, Valencia, 2010, p. 308.

305 De Esteban Alonso, J., González-Trevijano, P. J., *Tratado de derecho constitucional* (edición puesta al día por Ángel J. Sánchez Navarro), Servicio de Publicaciones, Universidad Complutense Madrid, Madrid, 2004, p. 93.

306 Art. 11 DUDH, complementado con el art. 9 del PIDCP; art. 6 CEDH; arts. 47 y 48 CDFUE; y art. 24 CE.

307 Basta con observar el artículo 24 de nuestra CE, que, entre otros, reconoce el «derecho a obtener la tutela efectiva de los jueces y tribunales», el «derecho al Juez ordinario predeterminado por la ley», el dere-

se define por el Diccionario Panhispánico del Español Jurídico[308] como el «derecho constitucional a que los derechos e intereses queden protegidos en el marco de un proceso con todas las garantías». Así, es una denominación que engloba todo un conjunto de facultades que asisten a los ciudadanos en la aplicación de la ley por los órganos judiciales.

El impacto que para los derechos y libertades fundamentales de los individuos puede conllevar, de manera directa o indirecta, la aplicación de sistemas de IA en el ámbito judicial es francamente relevante; máxime, ante la opacidad característica de muchos de esos sistemas. De hecho, el acceso efectivo a la justicia en casos relacionados con decisiones basadas en la IA es uno de los temas transversales que aborda la Agencia de los Derechos Fundamentales de la Unión Europea —junto a la no discriminación y a la protección de datos— para garantizar el respeto al resto de derechos fundamentales[309]. Téngase en cuenta que, aunque a continuación se analice ese acceso y demás garantías a través de la necesaria transparencia y motivación de resoluciones de jueces o tribunales, las trabas de acceso —y la correspondiente indefensión jurídica— se producirá de la misma manera ante cualquier decisión automatizada que pudiera ser recurrible ante los tribunales, incluidas las administrativas.

El Reglamento de IA califica de alto riesgo los sistemas de IA, en relación con los asuntos relacionados con la aplicación de la ley, como los que trata de evaluar el riesgo de que una persona sea víctima de una infracción penal, los polígrafos o herramientas similares, los que sirvan para evaluar la fiabilidad de determinadas pruebas durante una investigación o un juicio; o los que evalúen rasgos y características de la

---

cho «a la defensa y a la asistencia de letrado», así como el derecho «a ser informados de la acusación formulada contra ellos, a un proceso público sin dilaciones indebidas y con todas las garantías, a utilizar los medios de prueba pertinentes para su defensa, a no declarar contra sí mismos, a no confesarse culpables y a la presunción de inocencia».

308   Definición extraída de: https://dpej.rae.es/lema/tutela-judicial-efectiva, fecha última consulta: abril 2024.

309   AGENCIA DE LOS DERECHOS FUNDAMENTALES DE LA UNIÓN EUROPEA (EUROPEAN UNION AGENCY FOR FUNDAMENTAL RIGHTS), *Getting the future right – Artificial intelligence and fundamental rights*, Oficina de Publicaciones de la Unión Europea, Luxemburgo, 2020.

personalidad o comportamientos delictivos pasados; o sirvan para perfilar personas físicas durante la detención, investigación, o el proceso, entre otros extremos[310]. Algunas de las citadas prácticas están fuertemente relacionadas con la aplicación de neurotecnologías, como veremos. También son calificados de alto riesgo aquellos sistemas de IA del ámbito de la administración de la justicia y procesos democráticos, destinados a ayudar a una autoridad judicial en la investigación e interpretación de hechos y de la ley, así como en la aplicación de la ley a un conjunto concreto de hechos, entre otros[311]. Todo ello, fruto de la evolución de los medios tecnológicos al alcance de los operadores.

A grandes rasgos, el progresivo desarrollo de la tecnología ha propiciado diferentes fases en el campo de la informática jurídica. En un primer estadio surgió la informática documental, que procuró un tratamiento automatizado de las normas, las sentencias, la doctrina, etc. En segunda instancia, la informática jurídica de gestión y/o administración, dirigida a organizar estructuras jurídicas y facilitar el trabajo de gestión diario. Y, en tercer lugar, en lo que aquí nos interesa, la informática jurídica decisional, donde la IA toma protagonismo y se despliega a través de los denominados «sistemas jurídicos expertos». Los sistemas jurídicos expertos están especializados en un solo dominio y tienen capacidad para explicar sus razonamientos y procedimientos de toma de decisiones[312] al ser algoritmos deterministas —aquellos en los que sus reglas están completamente definidas, recuérdese—. Pretenden ser herramientas de ayuda al juez o tribunal en la toma de decisiones jurídicas[313], además de en otras tareas de gestión procesal relacionadas[314]. Para ello, tratan de solucionar

---

310 Anexo III, apartado 6 , Reglamento de IA.

311 Anexo III, apartado 8, Reglamento de IA.

312 AMONI REVERÓN, G. A., «Libertad, presunción de inocencia y defensa ante la irrupción de la inteligencia artificial en el ámbito policial y judicial penal», en *Derechos y garantías ante la inteligencia artificial y las decisiones automatizadas*, Thomson Reuters Aranzadi, Cizur Menor (Navarra), 2022, p. 226.

313 PÉREZ ESTRADA, M. J., *Fundamentos jurídicos para el uso de la inteligencia artificial en los órganos judiciales*, Tirant lo Blanch, Valencia, 2022, pp. 44-46.

314 PÉREZ ESTRADA, M. J., *Fundamentos jurídicos para el uso de la inteligencia artificial en los órganos judiciales*, Tirant lo Blanch, Valencia, 2022, p. 112.

un problema jurídico o resolver un caso práctico, intentando imitar la actividad cognitiva de los operadores jurídicos[315].

A pesar de lo anterior, la complejidad del derecho y de la actividad desarrollada por los jueces y tribunales hace que la aplicación de la IA, tanto en sistemas jurídicos expertos como en otros sistemas de IA, esté sujeta a numerosas limitaciones. Y es que, como afirma BELLOSO MARTÍN[316],

> «el Derecho no sólo está integrado por normas. Las reglas, los valores constitucionales, los principios, la presencia de la moral, de la sociología, de las circunstancias históricas, políticas, económicas, las lagunas, las contradicciones, todo esto impregna el Derecho».

A esta complejidad se le añade el hecho de que el desempeño de los operadores jurídicos queda lejos de ser una actividad meramente mecánica.

Así, la aplicación de la IA al ámbito jurídico se enfrentará a numerosos problemas prácticos derivados de la propia tecnología o de la complejidad intrínseca de las ciencias jurídicas. Entre los primeros podemos encontrar la contaminación ideológica del analista en el proceso de selección de datos y la adecuación de los datos estadísticos con los que la IA es alimentada; algo común a la mayoría de los sistemas de IA. Entre los segundos problemas prácticos, más numerosos, la complejidad de la terminología y la práctica jurídica, repleta de ambigüedades, conceptos jurídicos indeterminados y situaciones excepcionales que se separan de la regla general. Tampoco los sistemas de IA tienen capacidad suficiente para plantear nuevas alternativas jurídicas ante un conflicto si éstas no están recogidas en sus reglas de programación. Además, en derecho, un mismo problema puede tener soluciones diferentes, como consecuencia de la retórica y la argumentación y, en este sentido, el uso de la lógica por

---

315 PÉREZ ESTRADA, M. J., *Fundamentos jurídicos para el uso de la inteligencia artificial en los órganos judiciales*, Tirant lo Blanch, Valencia, 2022, p. 47.

316 BELLOSO MARTÍN, N., «Entre la ciencia y la técnica del derecho. ¿Hacia una hermenéutica telemática?», en *Anales de la Cátedra Francisco Suárez*, n.º 47, Imprenta de Francisco Ventura y Sabatel, Madrid, 2013, p. 148.

parte de los sistemas jurídicos expertos hace que sólo una solución sea la adecuada[317].

A grandes rasgos, las normas se pueden dividir en reglas o principios, en función de su estructura[318]. Las reglas contienen un supuesto de hecho y una consecuencia jurídica[319]: «Si matas a una persona debes ir a la cárcel». Las reglas se aplican a través de la una operación lógica conocida como la «técnica de la subsunción», que da lugar a que hechos acaecidos en la realidad queden subsumidos en normas jurídicas concretas del ordenamiento jurídico, siendo aplicables las consecuencias jurídicas correspondientes. Se crea así un silogismo jurídico relativamente fácil de aplicar: un (i) hecho con trascendencia jurídica —premisa menor— reproduce la (ii) hipótesis contenida en una norma —premisa mayor—, lo que hace que dicho suceso acaecido en la realidad tenga aparejadas las (iii) consecuencias jurídicas previstas en la norma[320].

Los principios, en cambio, son mandatos genéricos que tratan de que un determinado valor o bien jurídico sea realizado o garantizado de la mejor manera posible: «Toda persona tiene derecho a la libertad y a la seguridad» (art. 17.1 CE) o «se garantiza el derecho al honor, a la intimidad personal y familiar y a la propia imagen» (art. 18.1 CE). Aquí no se aplica una operación lógica —«Si A, entonces B»—, como sucede en la técnica de la subsunción, sino que resulta aplicable la denominada «técnica de ponderación» en la que el juez o tribunal debe garantizar la máxima efectividad posible del valor o bien jurídico protegido, dentro de unas circunstancias concretas. Así, cuando se trata de principios, las difi-

---

317 Pérez Estrada, M. J., *Fundamentos jurídicos para el uso de la inteligencia artificial en los órganos judiciales*, Tirant lo Blanch, Valencia, 2022, pp. 58-61. Belloso Martín, N., «Entre la ciencia y la técnica del derecho. ¿Hacia una hermenéutica telemática?», en *Anales de la Cátedra Francisco Suárez*, n.º 47, Imprenta de Francisco Ventura y Sabatel, Madrid, 2013, p. 157.

318 Para un desarrollo en detalle, véase Atienza Rodríguez, M., *Sobre la dignidad humana*, Editorial Trotta, Madrid, 2022, pp. 68-73.

319 Díez-Picazo, L. M., *Sistema de derechos fundamentales*, Tirant lo Blanch, Valencia, 2021, p. 38.

320 Pérez Estrada, M. J., *Fundamentos jurídicos para el uso de la inteligencia artificial en los órganos judiciales*, Tirant lo Blanch, Valencia, 2022, p. 49.

cultades interpretativas son aún superiores —incluso cuando deban ser aplicados por jueces y tribunales— y, en este sentido, conviene apuntar que la mayoría de los derechos fundamentales presentan esta estructura normativa[321].

Ni en la interpretación y aplicación de las reglas ni mucho menos en la de los principios los jueces o tribunales realizan una operación meramente mecánica, automática, por lo que una hipotética administración de justicia a través de sistemas de IA no resultaría en absoluto sencilla.

Los sistemas de IA podrán ser relativamente eficaces en la resolución de conflictos a partir de normas que tengan estructura de «regla», en las que la lógica impera, y siguiendo su literalidad[322]. Pero no será así cuando éstas deban ser interpretadas más allá del sentido propio de las palabras, «en relación con el contexto, los antecedentes históricos y legislativos, y la realidad social del tiempo en que han de ser aplicadas, atendiendo fundamentalmente al espíritu y finalidad de aquellas», como señala el Código Civil en relación con la actividad interpretativa de las normas. Un texto legislativo, dicho sea de paso, que también requiere ponderar la «equidad» en la aplicación de las normas (art. 3).

Por su parte, los sistemas de IA encontrarán grandes dificultades para tomar sus decisiones teniendo en cuenta los derechos fundamentales o principios y valores jurídicos, que pueden inspirar todo el ordenamiento jurídico y su aplicación. Tal sería el caso de la libertad, la justicia, la igualdad o el pluralismo político, siguiendo la CE[323]. Siendo normas

---

321 Díez-Picazo, L. M., *Sistema de derechos fundamentales*, Tirant lo Blanch, Valencia, 2021, pp. 38-41.

322 Sobre la causalidad en IA y las posibilidades que presenta véase Puente Águeda, C., «Causality in sciencie», en *Pensamiento Matemático*, 12, 2011, pp. 1-10; Puente Águeda, C.; Sobrino Cerdeiriña, A.; Olivas Varela J.A., «Summarizing information by means of causal sentences through causal graphs», en *Journal of Applied Logic*, vol. 24, 2017, pp. 3-14; Sobrino Cerdeiriña, A.; Puente Águeda, C.; Olivas Varela J.A., «Causality and imperfect causality from texts: A frame for causality in social Sciences», en *International Conference on Fuzzy Systems*, IEEE, 2010, pp. 1-8; Puente Águeda, C.; Olivas Varela J.A.; Sobrino Cerdeiriña, A., «Estudio de las relaciones causales», en *Anales de mecánica y electricidad*, vol. 87, n.º 5, 2010, pp. 54-59.

323 Estos principios son calificados como valores superiores del ordenamiento jurídico (art. 1) y son normas directamente alegables ante los

de rango constitucional no serán parámetros configurables de manera adecuada en el sistema, dada su complejidad y casuística.

Conviene señalar en este punto una de las notas características de la aplicación del derecho, que un sistema de IA difícilmente podrá alcanzar en la toma de decisiones: la argumentación y motivación jurídica. Como regla general, las sentencias y resoluciones judiciales deben estar motivadas[324], en consonancia con la «interdicción de la arbitrariedad de los poderes públicos»[325]. La motivación es «una enumeración de las razones jurídicas que se han tenido en cuenta para pronunciar el fallo», siguiendo a DE ESTEBAN y GONZÁLEZ-TREVIJANO[326], «y es signo de que un Estado de Derecho no debe imponer autoritariamente sus decisiones judiciales, sin al menos intentar convencer previamente de la justeza de las mismas».

A pesar de lo anterior, las decisiones adoptadas por los sistemas de IA resultan frecuentemente incomprensibles para el ser humano —incluido su propio programador—, lo que dificulta legitimar los resultados que arroja[327]. Esto es debido al mencionado problema de la explicabilidad de los algoritmos[328]. Un entorno tan complejo como el jurídico, requeriría sistemas de IA que, más allá de los sistemas expertos, supieran adaptarse a entornos igualmente complejos y simu-

---

tribunales, pero de difícil delimitación o identificación.

324 Art. 120.3 CE. Art. 45 CEDH.

325 Art. 9.3 CE.

326 DE ESTEBAN ALONSO, J., GONZÁLEZ-TREVIJANO, P. J., *Tratado de derecho constitucional* (edición puesta al día por Ángel J. SÁNCHEZ NAVARRO), Servicio de Publicaciones, Universidad Complutense Madrid, Madrid, 2004, p. 669.

327 PÉREZ ESTRADA, M. J., *Fundamentos jurídicos para el uso de la inteligencia artificial en los órganos judiciales*, Tirant lo Blanch, Valencia, 2022, p. 33.

328 No así cuando hablamos de sistemas jurídicos expertos, que poseen la virtud de explicar los procedimientos de toma de decisiones al ser algoritmos deterministas, si bien son «más sencillos», menos eficaces, en su funcionamiento. AMONI REVERÓN, G. A., «Libertad, presunción de inocencia y defensa ante la irrupción de la inteligencia artificial en el ámbito policial y judicial penal», en *Derechos y garantías ante la inteligencia artificial y las decisiones automatizadas*, Thomson Reuters Aranzadi, Cizur Menor (Navarra), 2022, p. 226.

lar operaciones cognitivas de gran profundidad y enjundia. Sin embargo, la potencia y el rendimiento de los algoritmos y los sistemas de IA irá en detrimento de su transparencia. Ello ocurre especialmente cuando se emplean técnicas de aprendizaje automático o *machine learning* y, sobre todo, de aprendizaje profundo o *deep learning*. Los sistemas alcanzarán conclusiones que pudiendo ser acertadas, difícilmente serán rastreables por el ser humano. Esta opacidad presenta un inconveniente añadido: será mucho más complicado identificar la presencia de sesgos en los datos, en el diseño del sistema o en su despliegue, lo que podrá conducir a resultados discriminatorios que pasen inadvertidos.

En otras ocasiones, en cambio, lo que ejerce de límite a la transparencia de los algoritmos no es la falta de entendimiento del mismo, fruto de su complejidad —o el analfabetismo técnico de la mayoría de las personas no expertas, del que resulta otro tipo de opacidad[329]—. La falta de transparencia puede derivar de los derechos alegados por los desarrolladores del sistema de IA, como el secreto empresarial o la propiedad intelectual[330] o industrial. Tal es lo que sucedió en Estados Unidos con el archiconocido programa COMPAS, empleado para evaluar el riesgo de reincidencia de un acusado en un proceso penal. Un ciudadano, Eric Loomis, que había sido afectado por una decisión de COMPAS, alegó que se había violado su derecho al debido proceso por la utilización del programa, pues desconocía cómo se determinaban los riegos ni qué factores habían sido tenidos en cuenta por el programa que le había calificado. Sus recursos fueron rechazados, a pesar de que la metodología que el programa empleaba para la evaluación no fue revelada ni a los distintos tribunales ni al acusado. La empresa creadora del sistema se amparó en su derecho al secreto empresarial, que no cedió ante intereses que podían haberse considerado superiores. Posteriormente se demostró que el sistema generaba resultados discriminatorios en fun-

---

329 Burrel, J., «How the machine "thinks": Understanding opacity in machine learning algorithms», en *Big Data & Society*, Data & Society Research Institute, University of California, Berkeley (School of Information), California, Estados Unidos, 2016, p. 4.

330 Granero, H. R., «Derechos y garantías concretas frente al uso de la inteligencia artificial y decisiones automatizadas, especialmente en el ámbito judicial y de aplicación de la ley», en *Derechos y garantías ante la inteligencia artificial y las decisiones automatizadas*, Thomson Reuters Aranzadi, Cizur Menor (Navarra), 2022, p. 129.

ción de la raza, el género y otras variables[331]. Tampoco sus predicciones eran muy acertadas: sólo el 20 por ciento de los sujetos que habían sido calificados como posibles reincidentes, efectivamente delinquieron de nuevo[332].

En cualquier caso, una decisión automatizada «injustificable» afectaría al derecho del sujeto a defenderse ante los poderes públicos al desconocer las variables que habrían provocado el resultado arrojado por el sistema.

Además de estas dificultades propias de los sistemas de IA o derivadas de la complejidad del Derecho y la actividad jurisdiccional, el uso de la IA por el propio juez o por una de las partes en el ámbito que nos ocupa, puede vulnerar otras garantías de los sujetos involucrados en un proceso durante el mismo. En concreto, la imparcialidad judicial, el principio de igualdad procesal y el derecho de audiencia o defensa pueden verse afectados, tal y como veremos a continuación[333].

El principio de imparcialidad judicial implica que el juez se debe aproximar al caso sin haber tomado una postura anticipada sobre él, de manera que pueda proceder con rectitud y objetividad. Los sistemas de IA que tengan un mal funcio-

---

331 AMONI REVERÓN, G. A., «Libertad, presunción de inocencia y defensa ante la irrupción de la inteligencia artificial en el ámbito policial y judicial penal», en *Derechos y garantías ante la inteligencia artificial y las decisiones automatizadas*, Thomson Reuters Aranzadi, Cizur Menor (Navarra), 2022, p. 227.

332 AMONI REVERÓN, G. A., «Libertad, presunción de inocencia y defensa ante la irrupción de la inteligencia artificial en el ámbito policial y judicial penal», en *Derechos y garantías ante la inteligencia artificial y las decisiones automatizadas*, Thomson Reuters Aranzadi, Cizur Menor (Navarra), 2022, p. 229. La aplicación de la IA en el ámbito de la justicia puede ser muy variada y sumamente útil de cara a la elaboración de políticas públicas de naturaleza preventiva. A título de ejemplo, puede emplearse para evaluar la reacción de testigos ante demandas o quejas de acoso, sirviendo de guía para evaluar determinadas carencias sociales y desarrollar orientaciones y directrices de concienciación. ALONSO-PARRA M.; C PUENTE ÁGUEDA, C.; LAGUNA PRADAS, A., «Analysis of Harassment Complaints to Detect Witness Intervention by Machine Learning and Soft Computing Techniques», en *Applied Sciences*, vol. 11, n.º 17, 2021, pp. 1-16.

333 PÉREZ ESTRADA, M. J., *Fundamentos jurídicos para el uso de la inteligencia artificial en los órganos judiciales*, Tirant lo Blanch, Valencia, 2022, pp. 134-139.

namiento o devuelven resultados sesgados, aparentemente objetivos, afectarán a la convicción del juez a la hora de dilucidar el caso. Pero también puede darse una sobrevaloración de los resultados del sistema de IA: cuando éste sea utilizado en la práctica de una prueba —tratando de acreditar los hechos y/o la culpabilidad o inocencia de un sujeto—, el juzgador puede basar su fallo principalmente o de forma desproporcionada en dicha prueba «inteligente».

Por su parte, el principio de igualdad procesal trata de garantizar que las partes involucradas en un proceso tengan las mismas posibilidades de hacer valer sus pretensiones. El hecho de que alguna de ellas pueda recurrir a un sistema de IA puede situar a esa parte en una situación procesal superior frente a aquella otra parte que no puede recurrir a esa tecnología, quizá por los costes que conlleva, lo que agravará su vulnerabilidad.

Por último, el derecho de audiencia o defensa garantiza tanto que las partes conozcan todos los argumentos jurídicos y pruebas en los que se puede basar finalmente el fallo judicial, como que las partes puedan alegar, probar y argumentar por todos los medios admitidos en Derecho para influir en el fallo judicial. La opacidad de los sistemas de IA puede derivar en una falta del derecho de defensa efectiva, pues el sujeto no podrá conocer las variables que han sido tenidas en cuenta por el sistema y en qué medida en sus resultados; un desconocimiento que conlleva necesariamente una indefensión ante un resultado «inexplicable».

Si bien todo lo anterior hace referencia al uso de la IA por las partes o el poder judicial en un proceso, esta tecnología también puede ser empleada con carácter previo por los despachos o empresas, de cara a predecir el fallo, en función de la materia objeto de litigio, del juez o tribunal asignado, de los abogados de la parte contraria, y de las tasas de victorias y derrotas correspondientes. En concreto, los fallos de jueces y tribunales frecuentemente son objeto de análisis en semejante sentido; algo que en Francia fue prohibido en 2019, con penas aparejadas de hasta 5 años de cárcel: «los datos de identidad de los jueces y de los miembros de la Secretaría no podrán ser reutilizados con el fin o efecto de evaluar, analizar, comparar o predecir sus prácticas profesionales reales o presuntas»[334]. Los sistemas de IA también pueden ser utili-

334 Traducción propia. Versión original: «Les données d'identité des

zados para valorar las posibilidades de que una reclamación judicial prospere[335]. En este último caso, en el que el sistema de IA puede desalentar a un sujeto que quiere hacer valer sus derechos ante los tribunales, ¿no podría quedar afectado el derecho a la tutela judicial efectiva del potencial reclamante, limitando indirectamente su acceso a los tribunales, dada la referida «confianza ciega» en la objetividad de la IA? Conviene llamar la atención sobre el hecho de que los sistemas de IA que tratan de predecir resultados «en abstracto» parten de sentencias anteriores que presenten cierta analogía con el caso planteado. Sin embargo, el paso del tiempo puede conllevar un cambio de orientación jurisprudencial en los tribunales, adecuándose al contexto social en el que las normas han de ser aplicadas, entre otros extremos, lo que será difícilmente advertible en primera instancia por la IA. Dichos fallos pueden ser orientativos, pero no serán necesariamente determinantes[336].

La aplicación de la IA en el ámbito jurídico puede proporcionar rapidez y eficacia en la toma de decisiones y otras tareas de gestión procesal, lo que puede redundar en una mejora en la administración de la justicia. Pero puede afectar gravemente a los derechos fundamentales de los ciudadanos en el proceso, pudiendo aparejar una lesión en sus intereses personales o económicos, incluida la pérdida de libertad en el ámbito penal. Los sesgos y la opacidad son grandes enemigos. Frente a las comúnmente denominadas «cajas negras» emergen las «cajas de cristal» para poder conocer las diferentes variables que han sido tomadas en cuenta por el sistema de IA y con qué intensidad[337]. No obstante, los

---

magistrats et des membres du greffe ne peuvent faire l'objet d'une réutilisation ayant pour objet ou pour effet d'évaluer, d'analyser, de comparer ou de prédire leurs pratiques professionnelles réelles ou supposées», article 33, Loi n.° 2019-222 du 23 mars 2019 de programmation 2018-2022 et de réforme pour la justice.

335 Este tipo de aplicaciones también dejan calificar los contenidos al usuario, de tal modo que continúe aprendiendo de los aciertos y errores.

336 GRANERO, H. R., «Derechos y garantías concretas frente al uso de la inteligencia artificial y decisiones automatizadas, especialmente en el ámbito judicial y de aplicación de la ley», en *Derechos y garantías ante la inteligencia artificial y las decisiones automatizadas*, Thomson Reuters Aranzadi, Cizur Menor (Navarra), 2022, pp. 110-114.

337 GRANERO, H. R., «Derechos y garantías concretas frente al uso de la

sistemas de IA difícilmente representan toda la complejidad del derecho y los operadores jurídicos. Por ello y dados los riesgos inherentes a su uso, deben ser instrumentos al servicio de los órganos judiciales para que agilicen su labor, pero en ningún caso deben sustituir, alterar o desviar el razonamiento y toma de decisiones de los jueces y tribunales.

8. Derecho a la protección de la salud

Uno de los ámbitos donde más prometedores parecen los avances tecnológicos, donde más beneficios se pueden derivar de la aplicación de sistemas de IA es la salud de las personas[338]. La esperanza de vida en nuestro país se ha duplicado en apenas un siglo, gracias a los avances médicos de los últimos años y unos hábitos de vida más saludables que en el pasado. En la gran mayoría de las enfermedades, el envejecimiento el principal factor de riesgo[339]. Actualmente se está investigando cómo aplicar modelos de aprendizaje profundo al análisis de moléculas para la actividad senolítica para crear fármacos que ayuden a frenar el paso del tiempo[340], a título de ejemplo.

---

inteligencia artificial y decisiones automatizadas, especialmente en el ámbito judicial y de aplicación de la ley», en *Derechos y garantías ante la inteligencia artificial y las decisiones automatizadas*, Thomson Reuters Aranzadi, Cizur Menor (Navarra), 2022, p. 122.

338 Sobre la introducción de nuevas tecnologías y la salud véase FERNÁNDEZ-ALLER, C., «Salud digital, salud global y ética. Una mirada desde el enfoque de derechos humanos», en *Revista Diecisiete: Investigación Interdisciplinar para los Objetivos de Desarrollo Sostenible*, n.º 3, 2020, pp. 87-98.

339 PILAR, S. A. (19 de marzo de 2024), «Desafiando al envejecimiento: la carrera científica para revertir el reloj de la vida», *RTVE*, extraído de https://www.rtve.es/noticias/20240319/desafiando-envejecimiento-carrera-cientifica-para-revertir-reloj-vida/2470071.shtml, fecha última consulta: abril 2024.

340 VILICIC, F. (30 de septiembre de 2023), «Cómo puede ayudar la inteligencia artificial en la búsqueda de la eterna juventud», *BBC* News Mundo, extraído de https://www.bbc.com/mundo/articles/c3g3z7rd-ye3o, fecha última vista: abril 2024. VV.AA., «Discovering small-molecule senolytics with deep neural networks», en *Nature Aging*, n.º 3, 2023, pp. 734–750.

La aplicación de la IA al servicio de la ciencia, en general, y de la medicina, en particular, es especialmente esperanzadora y positiva para la sociedad; pero el concreto ámbito sanitario también puede ser uno de los terrenos más peligrosos para el desarrollo y despliegue de sistemas de IA, por los bienes jurídicos que pueden quedar expuestos.

El presente se trata de un derecho bastante complejo, al estar relacionado con otros bienes jurídicos, de cuya observancia muchas veces depende el respeto del derecho a la salud o a la protección de la salud —o viceversa—, como veremos que sucede con el derecho a la vida o a la integridad.

El derecho a la salud o a la protección de la salud se reconoce expresamente en la DUDH, según la cual «toda persona tiene derecho a un nivel de vida adecuado que le asegure, así como a su familia, la salud y el bienestar, y en especial la alimentación, el vestido, la vivienda, la asistencia médica y los servicios sociales necesarios [...]» (art. 25). Asimismo, conforme al PIDESC, toda persona tiene derecho «[...] al disfrute del más alto nivel posible de salud física y mental», debiendo los Estados Parte tomar una serie de medidas para «asegurar la plena efectividad de este derecho», entre las que se encuentra «la creación de condiciones que aseguren a todos asistencia médica y servicios médicos en caso de enfermedad», además de prestar especial atención a los menores[341], a la higiene en el trabajo, al medio ambiente o a determinadas enfermedades especialmente nocivas (art. 12). La protección de la salud también se proclama en la CDFUE, por la que «toda persona tiene derecho a la prevención sanitaria y a beneficiarse de la atención sanitaria en las condiciones establecidas por las legislaciones y prácticas nacionales». La definición y ejecución de todas las políticas y acciones de la Unión se debe garantizar «un alto nivel de protección de la salud humana» (art. 35). En el texto europeo se establecen además ciertas previsiones para el ámbito laboral, prestando especial atención a los jóvenes[342].

---

341 Véase, con carácter añadido, el artículo 10.3 a propósito del empleo de niños y adolescentes en trabajos nocivos para su moral o salud, que estarán sancionados por ley.

342 Véase el artículo 31.1 para la generalidad de los trabajadores y el artículo 32 sobre los jóvenes.

En otros instrumentos de ámbito internacional, la salud se erige como límite al ejercicio de otros derechos, como sucede en el CEDH —en relación con el derecho al respeto de la vida personal y familiar; la libertad de pensamiento, de conciencia y de religión; la libertad de expresión; la libertad de reunión y de asociación; y la libertad de circulación[343]— o en PIDCP —a propósito de la libertad de circulación; la libertad ideológica y religiosa; la libertad de expresión; el derecho de reunión; y el derecho de asociación[344]—.

En la CE «se reconoce el derecho a la protección de la salud» (art. 43.1). Además de ello, «compete a los poderes públicos organizar y tutelar la salud pública a través de medidas preventivas y de las prestaciones y servicios necesarios», debiendo ser una ley la que establezca «los derechos y deberes de todos al respecto» (art. 43.2), sin perjuicio del mandato genérico a los poderes públicos de fomentar la educación sanitaria[345].

La Organización Mundial de la Salud (OMS) define la salud como «un estado de completo bienestar físico, mental y social, y no solamente la ausencia de afecciones o enfermedades»[346]. La salud quedará comprendida en un amplio abanico de bienes jurídicos protegidos, más allá de los que estrictamente se circunscriban al ámbito; más allá, por tanto, del derecho a la protección de la salud que consagra nuestra CE en el artículo 43.1. y los textos internacionales, tal y como avanzábamos líneas atrás.

En virtud de lo anterior y como la propia lógica impone, el derecho a la salud o a la protección de la salud está estrechamente vinculado con otros bienes jurídicos de vital impor-

---

343 Véase el artículo 8.2 del CEDH en relación con el derecho al respeto de la vida personal y familiar; el artículo 9.2 a propósito de la libertad de pensamiento, de conciencia y de religión; el artículo 10.2 sobre la libertad de expresión; el artículo 11.2 acerca de la libertad de reunión y de asociación; y el artículo 2 del Protocolo n.º 4 en relación con la libertad de circulación.

344 Véase el artículo 12.3 del PIDCP sobre la libertad de circulación; el artículo 18.3 en relación con la libertad ideológica y de religiosa; el artículo 19 acerca de la libertad de expresión; el artículo 21 a propósito del derecho de reunión; y el artículo 22 sobre el derecho de asociación.

345 Art. 43.3 CE.

346 Preámbulo Constitución de la OMS.

tancia, como (i) el derecho a la vida o (ii) el derecho a la integridad física y moral, en los que conviene asimismo detenerse. Estos derechos fundamentales conexos se encuentran reconocidos en la mayoría de los tratados internacionales de derechos humanos, pudiendo verse asimismo afectados por el desarrollo y despliegue de la IA, sobre todo, en el propio campo de la medicina y la atención sanitaria.

El derecho a la vida es un derecho cuyo reconocimiento resulta relativamente reciente. Su formalización como derecho fundamental autónomo comienza de manera generalizada tras las atrocidades cometidas en la II Guerra Mundial[347], al igual que sucedería con el derecho a la dignidad. A partir de entonces, arranca su andadura constitucional y comienza a recogerse en los tratados internacionales, donde se proclama al comienzo de cada catálogo de derechos, de forma reveladora.

Así, el derecho a la vida está garantizado en la DUDH, según la cual «todo individuo tiene derecho a la vida, a la libertad y a la seguridad de su persona» (art. 3). También en el Convenio Europeo de Derecho Humanos[348], en el PIDCP[349] y la CDFUE[350]. Aparece frecuentemente asociado a la abolición o excepcionalidad de la aplicación de la pena de muerte[351].

De semejante previsión en los textos internacionales goza el derecho a la integridad física y moral, aunque la aproxi-

---

347   Díez-Picazo, L. M., *Sistema de derechos fundamentales*, Tirant lo Blanch, Valencia, 2021, p. 205.

348   Según el artículo 2.1 del CEDH: «El derecho de toda persona a la vida está protegido por la ley», añadiendo además que «nadie podrá ser privado de su vida intencionadamente, salvo en ejecución de una condena que imponga la pena capital dictada por un Tribunal al reo de un delito para el que la ley establece esa pena», sin perjuicio de lo que se señalará a continuación.

349   Según el artículo 6.1, «el derecho a la vida es inherente a la persona humana. Este derecho estará protegido por la ley. Nadie podrá ser privado de la vida arbitrariamente».

350   Según el artículo 2.1 de la CDFUE, «toda persona tiene derecho a la vida».

351   Aunque el artículo 2.1 del CEDH abre la posibilidad de que los países mantuvieran la pena capital, su Protocolo n.º 13, del año 2002, abole la pena de muerte con una serie de garantías. Véase también el artículo 6 del PIDCP, que limita la pena de muerte, y el artículo 2.2 de la CDFUE, que prohíbe su aplicación.

mación a éste se realiza desde distintas perspectivas. Se garantiza parcialmente en relación con la prohibición de la tortura, la esclavitud o los trabajos forzados, fundamentalmente[352]. La CDFUE lo reconoce expresamente y como concepto unitario y autónomo, estableciendo que «toda persona tiene derecho a su integridad física y psíquica» (art. 3.1), con ciertas previsiones específicas en el ámbito de la medicina y la biología[353].

Volviendo a nuestro marco jurídico nacional, la CE reconoce el derecho fundamental que «todos tienen derecho a la vida y a la integridad física y moral, sin que, en ningún caso, puedan ser sometidos a tortura ni a penas o tratos inhumanos o degradantes [...]» (art. 15). Aunque se recojan de manera conjunta y el derecho a la vida y el derecho a la integridad estén muy próximos desde la perspectiva teleológica, se trata de conceptos autónomos que se deberán analizar separadamente. Por su parte, el derecho a la protección de la salud se garantiza, como recogíamos líneas atrás, en el artículo 43.1. A diferencia de los derechos precedentes del artículo 15, no se trata de un derecho fundamental que goce de las máximas garantías ni de otro «derecho del ciudadano»[354], sino que se enmarca entre los principios rectores de la política social y económica (Capítulo III, del Título I) del texto, por lo que ni su alcance ni la intensidad de protección es la

---

352   Según el art. 4 de la DUDH, «nadie estará sometido a esclavitud ni a servidumbre, la esclavitud y la trata de esclavos están prohibidas en todas sus formas». Según el artículo 5 del mismo texto, «nadie será sometido a torturas ni a penas o tratos crueles, inhumanos o degradantes». Siguiendo el CEDH, «nadie podrá ser sometido a tortura ni a penas o tratos inhumanos o degradantes» (art. 3); «nadie podrá ser sometido a esclavitud o servidumbre» (art. 4.1); ni «nadie podrá ser constreñido a realizar un trabajo forzado u obligatorio» (art. 4.2). Conforme el artículo 8 del PIDCP «1. Nadie estará sometido a esclavitud. La esclavitud y la trata de esclavos estarán prohibidas en todas sus formas. 2. Nadie estará sometido a servidumbre. 3. a) Nadie será constreñido a ejecutar un trabajo forzoso u obligatorio». Por su parte, siguiendo la CDFUE, «nadie podrá ser sometido a tortura ni a penas o tratos inhumanos o degradantes» (art. 4); «nadie podrá ser sometido a esclavitud o servidumbre (art. 5.1); ni nadie podrá ser constreñido a realizar un trabajo forzado u obligatorio (art. 5.2)».

353   Art. 3.2 CDFUE.

354   Referencia hecha a los Derechos y deberes de los ciudadanos recogidos en la Sección Segunda, del Capítulo II, del Título I de la CE.

misma. Los principios rectores no resultarán directamente aplicables ni gozarán de las garantías de los derechos fundamentales, pero informarán la legislación positiva, la práctica judicial y la actuación de los poderes públicos[355], pudiendo operar asimismo como canon de constitucionalidad de las leyes. Representan valores o bienes jurídicos amparados por la CE que podrán jugar un papel determinante en la ponderación de derechos fundamentales, pues será más fácil limitar éstos cuando de ello se derive un beneficio hacia otro valor o bien constitucional[356].

La importancia que presentará del derecho a la salud no puede quedar empañada por el mero hecho de ser un principio rector de la política social y económica de la CE, pues también desde la jurisprudencia los tribunales lo vinculan con derechos fundamentales. Así, más allá del derecho a la vida, este derecho establece conexiones directas con el derecho a la integridad física y moral, del artículo 16, así como con el deber de motivación de las resoluciones judiciales que afecten la protección de la salud, del artículo 24.1[357]. Conexiones indirectas establecerá con el derecho a la igualdad ante la ley recogido en el artículo 14, a propósito de la salud como factor sobre el que se prohíbe la discriminación, y con el derecho a la intimidad regulado en el artículo 18.1, siendo la información relativa a la salud especialmente sensible[358].

El derecho a la vida es el soporte físico del resto de derechos y presenta una peculiaridad en relación con éstos: su violación resulta irreversible porque implica necesariamente el fallecimiento del titular del derecho. El reconocimiento de este derecho conlleva una serie de obligaciones para el

---

355 Según el artículo 53.3, «el reconocimiento, el respeto y la protección de los principios reconocidos en el Capítulo Tercero informarán la legislación positiva, la práctica judicial y la actuación de los poderes públicos. Sólo podrán ser alegados ante la Jurisdicción ordinaria de acuerdo con lo que dispongan las leyes que los desarrollen».

356 Díez-Picazo, L. M., *Sistema de derechos fundamentales*, Tirant lo Blanch, Valencia, 2021, pp. 60-61.

357 Santiago Redondo, K., «Artículo 43», en *Comentarios a la Constitución Española*, tomo 1, Boletín Oficial del Estado (BOE), Tribunal Constitucional, Wolters Kluwer, 2018, pp. 1348-1356.

358 Santiago Redondo, K., «Artículo 43», en *Comentarios a la Constitución Española*, tomo 1, Boletín Oficial del Estado (BOE), Tribunal Constitucional, Wolters Kluwer, 2018, pp. 1356-1359.

Estado, de carácter negativo y positivo. Así, el Estado no debe lesionar la vida humana de manera directa —lo que se manifiesta indubitadamente a través de la abolición de la pena de muerte—, pero sí debe salvaguardarla frente agresiones de particulares. Para ello, puede prever sanciones penales encaminadas a aportar efectividad a su protección, además de, en su caso, mecanismos civiles si terceros perjudicados por la muerte del titular debieran ser indemnizados[359].

El desarrollo y despliegue de sistemas de IA puede afectar al derecho a la vida de múltiples formas, dependiendo del ámbito concreto en el que se desenvuelvan. Un enfoque normativo como el europeo, basado en los riesgos que dimanan de los mismos, no puede sino partir de garantizar la propia existencia del hombre y su seguridad. O, al menos, intentarlo. Cuando los sistemas de IA se aplican al mundo armamentístico, tal como veremos más adelante, esta tecnología evidentemente puede afectar al derecho a la vida. Sin embargo, el menoscabo a este derecho a través de los distintos desarrollos de la IA también puede redirigirse al ámbito de la protección de la salud; un ámbito, asimismo, donde las mismas tecnologías podrán arrojar grandes beneficios para garantizar este derecho a unos niveles desconocidos hasta la fecha, según introducíamos líneas atrás, como fruto de los diferentes avances científicos que se sirven de la IA, incluida la neurociencia.

El derecho a la integridad física y moral, por su parte, protege la inviolabilidad del ser humano, debiendo respetarse en el plano corporal y espiritual. Se trata de un derecho fuertemente vinculado a la dignidad humana y predicable de cualquier persona, con independencia de su nacionalidad. Fundamentalmente, este derecho comprende dos facetas: el derecho a no ser torturado ni sufrir tratos inhumanos o degradantes —como recogen algunos textos vistos sobre la prohibición de la tortura, la esclavitud o los trabajos forzados— y el derecho a no ser objeto de intervenciones inconsentidas en el plano físico o psicológico[360]. De hecho, entre las previsiones de la CDFUE a propósito del derecho a la integridad de la persona, en el marco de la medicina y la

---

359 Díez-Picazo, L. M., *Sistema de derechos fundamentales*, Tirant lo Blanch, Valencia, 2021, pp. 205-208.

360 Díez-Picazo, L. M., *Sistema de derechos fundamentales*, Tirant lo Blanch, Valencia, 2021, p. 220.

biología se prescribe el respeto al «consentimiento libre e informado de la persona de que se trate [el titular del derecho], de acuerdo con las modalidades establecidas en la ley» (art. 3). Esto tendrá implicaciones tanto en relación con este derecho, entendido de forma genérica o bajo la aplicación de neurotecnologías.

El derecho a la integridad física y moral y el derecho a la protección de la salud están estrechamente relacionados, aunque tutelan objetos diferentes y con dispar intensidad, tal y como analizábamos. Ello no obsta para que en determinadas situaciones pueda darse un solapamiento de la protección, pues ciertas afecciones de salud pueden constituir una intromisión a la integridad de la persona. Así, podrán suponer una vulneración del derecho a la integridad física actuaciones que pongan en grave peligro —cierto e inmediato— la salud de una persona sin que haya llegado necesariamente a producirse una lesión para la salud. Ahora bien, la relación de riesgo entre la actuación recurrida y la salud debe resultar palmaria y manifiesta[361].

En el ámbito del trabajo, el solapamiento del derecho a la integridad y el derecho a la protección de la salud concurren con especial frecuencia, vinculándose asimismo con el artículo 40.2 de la CE, que obliga a los poderes públicos a velar por la seguridad e higiene en el trabajo, como veíamos que prescribían también algunos tratados internacionales de forma semejante. Sucede frente a medidas adoptadas por el empleador que puedan poner en riesgo la salud de sus trabajadores[362]. En este ámbito —y sin perjuicio del empleo genérico de sistemas de IA en soluciones de *software*— es especialmente acusada la coexistencia o convivencia laboral de trabajadores y sistemas de IA, implementados a través de robots, en determinados puestos de trabajo. La presencia de este tipo de *hardware* puede suponer un riesgo cierto para los propios trabajadores en caso de que no presente la precisión o solidez técnica deseable, dando lugar a fallos en el

---

361 Tomás-Valiente Lanuza, C., «Artículo 15», en *Comentarios a la Constitución Española*, tomo 1, Boletín Oficial del Estado (BOE), Tribunal Constitucional, Wolters Kluwer, 2018, pp. 383-384.

362 Tomás-Valiente Lanuza, C., «Artículo 15», en *Comentarios a la Constitución Española*, tomo 1, Boletín Oficial del Estado (BOE), Tribunal Constitucional, Wolters Kluwer, 2018, p. 385.

funcionamiento, o no se hayan previsto adecuadamente las limitaciones del propio sistema.

El desarrollo y despliegue de la IA en el ámbito de la salud, propiamente dicho, puede manifestarse de múltiples y variadas formas. El uso de los sistemas de IA puede ir dirigido a la prevención, diagnóstico, tratamiento o seguimiento de las patologías u otros desórdenes de salud, sin intervención directa o inmediata sobre el paciente. Desde la detección temprana de un melanoma[363] o un ataque cardíaco[364], a la evaluación del riesgo de suicidio de sujetos que se hayan producido autolesiones de cara a afrontar su prevención[365], entre otras muchísimas opciones. Estos sistemas pueden —deseablemente— ayudar al facultativo en la toma de decisiones a través de remedios «tradicionales», entre otras cuestiones[366], incluso aun cuando la IA pueda ayudar a elaborar nuevos fármacos. Así, un sistema de IA puede ser empleado para identificar anomalías en las imágenes o radiografías de un sujeto que den lugar a una detección temprana de un tipo de cáncer y éste sea combatido a través de una intervención quirúrgica, radioterapia o quimioterapia, a título de ejemplo, de manera «clásica».

Los sistemas de IA en el ámbito de la medicina también pueden desarrollar una acción directa sobre el cuerpo humano, ya sea de forma temporal, como puede ser un robot o un asistente quirúrgico que únicamente es empleado en la intervención; o de manera prolongada en el tiempo, como

---

363 VV.AA., «Dermatologist-level classification of skin cancer with deep neural networks», en *Nature*, 542, 2017, pp. 115-118.

364 STRICKLAND, E. (1 de mayo de 2017), «AI Predicts Heart Attacks and Strokes More Accurately Than Standard Doctor's Method», *IEEE Spectrum*, extraído de https://spectrum.ieee.org/ai-predicts-heart-attacks-more-accurately-than-standard-doctor-method, fecha última visita: abril 2024.

365 GOLDHILL, O. (10 de junio 2017), «Artificial intelligence can now predict suicide with remarkable accuracy», *QUARTZ*, disponible en https://qz.com/1001968/artificial-intelligence-can-now-predict-suicide-with-remarkable-accuracy, fecha última visita: abril 2024.

366 La aplicación de la IA en este ámbito también puede dirigirse, por ejemplo, al tratamiento de los propios documentos médicos. SOBRINO CERDEIRIÑA, A.; PUENTE ÁGUEDA, C.; OLIVAS VARELA J.A., «Extracting answers from causal mechanisms in a medical document», en *Neurocomputing*, vol. 135, 2014, pp. 53-60.

puede ser un exoesqueleto o una prótesis unida o inserta en el cuerpo físico de la persona que pretenda sustituir a un órgano o un miembro del cuerpo dañado o inexistente. Así, el mismo paciente oncológico anterior puede ser intervenido por un sistema de IA —auxiliando al médico cancelando cualquier mínimo temblor o incluso de forma autónoma— o puede servirse de un apartado que incorpore un sistema de IA, en forma de prótesis, que le ayude a superar las secuelas de la enfermedad.

Un sistema de IA, con cierta finalidad sanitaria, también puede ser usado a través de un *hardware* externo al propio cuerpo humano y fácilmente separable del mismo. Piénsese en unas gafas para invidentes, semejantes a las Google Glasses, que les ayudaran en sus desplazamientos, describiéndoles acústicamente el entorno por el que se desenvuelven, a modo GPS.

La IA se puede igualmente emplear para desarrollar todo tipo de aplicaciones sanitarias, como Face2Gene, que detecta fenotipos e identifica determinados rasgos relevantes asociados a ciertos síndromes, como el Down. También para desarrollar *chatbots* que desempeñen un papel asistencial dirigiendo un autodiagnóstico o como remedio ante situaciones de emergencia, a título de ejemplo[367]. En fin, las aplicaciones posibles de la IA en este campo pueden ser de lo más variadas y francamente útiles.

Todos estos usos de la IA podrán presentar grandes beneficios para la salud de las personas, pero también pueden conllevar riegos que, en el peor de los casos, deriven en la vulneración del derecho a la vida.

Los sistemas de IA en el ámbito médico pueden ser alimentados con una ingente y variada cantidad de datos, que principalmente tendrán como fuente el propio paciente, el médico y/o el contexto sanitario. Así, en relación con el paciente, podrán resultar de interés los datos sociodemográficos, las imágenes radiológicas, los resultados de pruebas, el historial clínico o los antecedentes familiares, entre otros. Entendiendo al profesional sanitario como fuente de datos, cabe destacar el trabajo académico en el ámbito de la medicina, las evidencias

---

367 MARCHAL CORRALES, J. A., «Retos científicos, éticos y legales de la IA en Salud», en *El derecho y la Inteligencia Artificial*, Universidad de Granada (URG), Granada, 2022, p. 90.

clínicas y preclínicas, las directrices o las opiniones de facultativos, a título de ejemplo. Por último, a propósito del contexto sanitario, podrán ser de utilidad para el sistema de IA, entre otros, datos relativos a las características hospitalarias, las clínicas o las de los propios barrios, así como las medidas de calidad[368], que pueden ser sumamente diferentes.

La disponibilidad masiva de datos y los desarrollos tecnológicos asociados en el ámbito de la medicina están creado un ecosistema proclive al empleo de la IA francamente beneficioso para las personas. En este contexto, caracterizado por el avance científico —fruto de las nuevas tecnologías y de la investigación biomédica en general—, surge el concepto de «medicina traslacional», entendida como aquella que persigue la aplicación de la investigación básica a la práctica clínica en beneficio del paciente. Y es que, a pesar de todo el conocimiento que se está generando sobre los mecanismos de los procesos patológicos, éste no se ha aplicado sobre el terreno en la medida deseable[369].

Los diferentes datos que pueden ser vinculados o relacionados con un paciente permiten una comprensión integral o en profundidad del mismo, dirigiendo la disciplina a lo que se ha denominado «medicina de las 4P's» por sus rasgos definitorios: personalizada, participativa, predictiva y preventiva. El desarrollo de esta medicina personalizada para cada individuo, que resulte más precisa y ajustada a sus necesidades —también llamada «medicina de precisión»—, requiere de la IA para su desarrollo y despliegue[370].

Con este enfoque se alinea parcialmente el derecho a la protección de la salud en el entorno digital recogido en la Carta de Derechos Digitales española, según el cual, «los poderes públicos promoverán que la investigación y la tecnología contribuyan al logro de una medicina preventiva,

---

368 MARCHAL CORRALES, J. A., «Retos científicos, éticos y legales de la IA en salud», en *El derecho y la Inteligencia Artificial*, Universidad de Granada (URG), Granada, 2022, p. 82.

369 MARCHAL CORRALES, J. A., «Retos científicos, éticos y legales de la IA en salud», en *El derecho y la Inteligencia Artificial*, Universidad de Granada (URG), Granada, 2022, p. 84.

370 MARCHAL CORRALES, J. A., «Retos científicos, éticos y legales de la IA en salud», en *El derecho y la Inteligencia Artificial*, Universidad de Granada (URG), Granada, 2022, pp. 86-87.

predictiva, personalizada, participativa y poblacional» (art. XXIII, apartado 2); un modelo de medicina en la que trabaja el Ministerio de Sanidad español[371]. Frente al modelo de la medicina de las 4P's, surge así el de las 5P's, que añaden la medicina poblacional a la ecuación. Tradicionalmente, en el ámbito de la salud, la investigación partía de un grupo de personas representativo y se extrapolaban los resultados a toda la población. Este enfoque comenzó a cuestionarse a partir del desarrollo de la medicina personalizada, como fruto de la aplicación de la genómica a los problemas de salud y enfermedades individuales. Las aproximaciones que inicialmente se interpretaron como contrapuestas, resultaron ser complementarias, permitiendo el tránsito hacia las 5P's[372]. También la IA y el Big Data han resultado de gran interés para la aplicación de la medicina poblacional, al igual que para el resto de los enfoques[373].

Los métodos de aprendizaje automático o *machine learning* han demostrado ser muy eficaces en la lucha contra distintas patologías, como el cáncer de diferente origen[374], la retinopatía diabética[375] o la depresión[376], al detectar con

---

371   Anón. (8 de noviembre de 2022), «El Gobierno distribuye a las comunidades autónomas 40 millones de euros para consolidar la medicina personalizada de precisión», *Ministerio de Sanidad*, extraído de https://www.sanidad.gob.es/gabinete/notasPrensa.do?id=5926, fecha última visita: abril 2024.

372   Mega, J.L.; Sabatine, M.S.; Antman E.M., «Population and Personalized Medicine in the Modern Era», en *JAMA* (noviembre 2014), American Medical Association, 2014.

373   Anón. (s.f.), «Big data en medicina: aplicaciones útiles», *Instituto de Ingeniería del Conocimiento* (IIC), extraído de https://www.iic.uam.es/lasalud/big-data-en-medicina-aplicaciones-utiles/, fecha última visita: abril 2024.

374   VV.AA., «A Novel Hybrid Deep Learning Model for Metastatic Cancer Detection», en *Computational Intelligence and Neuroscience* (Natural Language Processing and Human Computer Interaction), vol. 2022, 2022, pp. 1-14.

375   VV.AA., «Using a Deep Learning Algorithm and Integrated Gradients Explanation to Assist Grading for Diabetic Retinopathy», en *Ophthalmology,* volumen 126, issue 4, 2019, pp. 552-564. VV.AA., «Development and Validation of a Deep Learning Algorithm for Detection of Diabetic Retinopathy in Retinal Fundus Photographs», en *JAMA* (diciembre, 2016), American Medical Association, 2016, pp. 2402-2410.

376   VV.AA., «Evaluating the diagnostic utility of applying a machine learning algorithm to diffusion tensor MRI measures in individuals with

gran precisión distorsiones en las radiografías o fotografías de distintas partes del cuerpo o el organismo[377], a título de ejemplo. También en otros ámbitos, como en el trasplante de órganos, la IA puede desarrollar un papel esencial desde distintas perspectivas: tratando de evitarlos, mejorando la compatibilidad entre donantes y receptores, aumentando la cantidad de órganos utilizables, evitando el rechazo por el receptor o mejorando la atención médica tras el trasplante[378].

Los sistemas de IA cuentan con la ventaja añadida de poder mejorar continuamente, conforme nuevos datos le son introducidos, presentando un aprendizaje incremental[379]. Así, en los próximos años se augura un crecimiento exponencial de la aplicación de este tipo de desarrollos tecnológicos en el ámbito de la medicina, para prevenir y diagnosticar enfermedades, así como para tratarlas o hacer un seguimiento de las mismas[380], con todos los beneficios que se pueden derivar de ello. El aprendizaje automático o *machine learning* se puede servir de una gran cantidad de datos de salud disponibles para descubrir patrones y mejorar, por ejemplo, la identificación de anomalías en las radiografías que puedan derivar en una detección precoz de cáncer, según referíamos, que es vital para salvar la vida del paciente. Siendo conscientes de las limitaciones de esta tecnología, una aplicación eficaz puede conllevar una mejor asistencia sanitaria, en muchas ocasiones, y el aumento de la esperanza de vida de los ciudadanos, con la reducción de costes que ello supone para la sanidad y los sistemas de previsión social[381].

---

major depressive disorder», en *Psychiatry Res Neuroimaging*, 264, 2017, pp. 1-9.

377 VALLS PRIETO, J., *Inteligencia artificial, Derechos Humanos y bienes jurídicos,* Thomson Reuters Aranzadi, Cizur Menor (Navarra), 2021, p. 36.

378 THIMER, S. (6 de abril de 2023), «Cinco formas en las que la inteligencia artificial promete transformar los trasplantes de órganos», Mayo Clinic, extraído de https://newsnetwork.mayoclinic.org/es/2023/04/06/cinco-formas-en-las-que-la-inteligencia-artificial-promete-transformar-los-trasplantes-de-organos/, fecha última visita: abril 2024.

379 NGIAM, K.Y.; KHOR, I.W., «Big data and machine learning algorithms for health-care delivery», en *Lancet Oncol* (mayo, 2019), 20, 2019, pp. 262-273.

380 VALLS PRIETO, J., *Inteligencia artificial, Derechos Humanos y bienes jurídicos,* Thomson Reuters Aranzadi, Cizur Menor (Navarra), 2021, p. 36.

381 MARCHAL CORRALES, J. A., «Retos científicos, éticos y legales de la

La IA también puede servir para una mejor o más eficiente organización de la prestación de los servicios de sanidad pública, identificando las carencias y necesidades, y optimizando los recursos disponibles. Podría ser de gran utilidad incluso en un contexto pandémico[382], aunque partiendo de las limitaciones que puede presentar estos sistemas una falta de datos suficientemente representativos, llegado el caso, como sucedió en un comienzo con el COVID-19.

Sin embargo, no sólo desde esta perspectiva se aplica la IA a la medicina. Existen asimismo sistemas de IA que se materializan a través de un *hardware* capaz de auxiliar al cirujano o realizar por sí mismo operaciones de precisión[383]. Los sistemas de IA formalizados en un *hardware* son capaces cumplir la funciones orgánicas o corporales de manera artificial, por medio de una prótesis «inteligente»[384], de auxiliar en la adaptación de las prótesis robóticas[385] o de implementarse en exoesqueletos[386], entre otros usos.

IA en salud», en *El derecho y la Inteligencia Artificial*, Universidad de Granada (URG), Granada, 2022, pp. 83-84.

382   MIRANDA, D. (20 de marzo de 2024), «La inteligencia artificial podría ser clave para predecir las pandemias del futuro», *National Geographic España*, extraído de https://www.nationalgeographic.com.es/ciencia/asi-ayuda-la-inteligencia-artificial-a-detectar-las-pandemias-del-futuro_18703, fecha última visita: abril 2024.

383   VV.AA., «Autonomous robotic laparoscopic surgery for intestinal anastomosis», en Science *Robotics*, (enero, 2022), volumen 7, Issue 62, 2022, pp. 1-13. VV.AA., «First-in-human study of the safety and viability of intraocular robotic surgery», en *Nature Biomedical Engineering*, volumen 2, 2018. pp. 649-656.

384   VV.AA., «Shared human–robot proportional control of a dexterous myoelectric prosthesis», en *Nature Machine Intelligence*, 1, 2019, pp. 400-411.

385   La IA también puede ser usada para ayudar a calibrar una prótesis robótica, en función de las necesidades de la persona. HSU, J. (25 de enero de 2019), «AI Helps Amputees Walk With a Robotic Knee», *IEEE Spectrum*, extraído de https://spectrum.ieee.org/ai-helps-humans-walk-on-robot-prosthetic-knee, fecha última visita: abril 2024. BRANCO, A. (5 de febrero de 2019), «Una IA logra que amputados aprendan a caminar con su prótesis robótica en minutos», *El Español*, extraído de https://www.elespanol.com/omicrono/tecnologia/20190205/ia-amputados-aprendan-caminar-protesis-robotica-minutos/373963904_0.html, fecha última visita: abril 2024.

386   ANÓN. (11 de septiembre de 2023), «Echan "una mano" a los proble-

Asimismo, determinados sistemas de IA —incluso aquellos que inicialmente no fueron pensados para mejorar la vida de los sujetos que no gozaran de plena salud— pueden tener finalidades próximas a la salud.

A pesar de los beneficios aparejados, indudablemente los sistemas de IA relacionados con la salud, con la asistencia vital o que estén en contacto físico o integrados en el propio cuerpo humano presentan un riesgo indudable para la vida e integridad de los hombres[387] y, por extensión, la vulneración irreversible del derecho a la vida o atentar contra la integridad de las personas, más allá del derecho a la protección de su salud. Se pueden producir fallos en las predicciones, con consecuencias irreparables para los pacientes, cuya salud queda a expensas del tratamiento asignado, o como resultado de fallos en el despliegue de un sistema integrado o en contacto con el propio cuerpo humano, como podría suceder con prótesis o implantes, entre otras cuestiones.

Además de los riesgos o consecuencias derivadas de los sistemas de IA bienintencionados y alineados con unos mínimos éticos básicos, no podemos obviar prácticas desarrolladas —frecuentemente en el ámbito privado— sobre el propio cuerpo humano que, envueltas en un halo de incertidumbre, generan dudas legítimas acerca del respeto a la dignidad humana, abriendo el camino a debates bioéticos, que, de nuevo, enfrentarán a bioconservadores y bioprogresistas.

A finales del mes de enero de 2024, Neuralink —empresa fundada por Elon Musk— implantaba el primer chip —llamado Telepathy— en un cerebro humano[388], permitiendo la

---

mas de movilidad causados por el ictus», *Roche*, extraído de https://www.rocheplus.es/innovacion/inteligencia-artificial/guante-exoesqueleto.html, fecha última visita: abril 2024. CASTAÑÓN, N., (11 de marzo de 2023), «El exoesqueleto con inteligencia artificial para caminar y correr más rápido sin cansarte», *El Española*, extraído de https://www.elespanol.com/omicrono/hardware/20230311/exoesqueleto-inteligencia-artificial-caminar-correr-sin-cansarte/747175491_0.html, fecha última visita: abril 2024.

387   MUÑOZ VELA, J. M., *Retos, riesgos, responsabilidad y regulación de la inteligencia artificial. Un enfoque de seguridad física, lógica, moral y jurídica*, Thomson Reuters Aranzadi, Cizur Menor (Navarra), 2022, pp. 76-77.

388   SANZ ROMERO, M. (30 de enero de 2024), «Elon Musk implanta el primer chip de Neuralink en un humano: controla el móvil con la mente»,

conexión de éste con un ordenador a través de la tecnología Bluetooth[389], sin cableado físico, tras la aprobación de la Administración de Fármacos y Alimentos de Estados Unidos[390]. El proyecto inicial del magnate pretendía dotar al celebro de capacidad para comunicarse de forma inalámbrica con la nube, así como para controlar mentalmente dispositivos electrónicos. El 20 de marzo de ese mismo año, el paciente que se había sometido a la intervención hacía su primera aparición pública. Se trataba de Noland ARBAUGH, un joven que años atrás había sufrido un accidente de buceo, quedando paralizado de hombros para abajo. En ella aparecía ARBAUGH jugando al ajedrez en el ordenador a través de su mente[391]. Dependiendo del paciente, el valor de determinadas aplicaciones tecnológicas como ésta, que resulten exitosas, puede ser mayúsculo. Piénsese en enfermos de ELA o con parálisis. Pero, ¿sería adecuado su uso en personas sanas? ¿Persiguiendo qué finalidades? ¿Aumentar sus capacidades cognitivas? Con prácticas semejantes, además de poder alimentar las desigualdades ya existentes, las posibilidades de afectar negativamente a la salud de la persona, a su integridad física y moral e incluso a su propia vida, entre otros bienes jurídicos, crecen exponencialmente.

El Español, extraído de https://www.elespanol.com/omicrono/tecnologia/20240130/neuralink-elon-musk-implanta-primer-chip-cerebral-controlar-movil-mente/828917119_0.html, fecha última visita: abril 2024.

389 BEAUREGARD, L.P. (1 de diciembre de 2022), «Elon Musk asegura que en seis meses se implantará el primer chip en un cerebro humano con Neuralink», *El País*, extraído de https://elpais.com/tecnologia/2022-12-01/elon-musk-asegura-que-en-seis-meses-se-implantara-el-primer-chip-en-un-cerebro-humano.html, fecha última visita: abril 2024.

390 CASTAÑÓN, N. (26 de mayo de 2023), «Elon Musk logra el permiso para probar sus implantes cerebrales en humanos: así funcionará Neuralink», *El Español*, extraído de https://www.elespanol.com/omicrono/tecnologia/20230526/elon-musk-permiso-implantes-cerebrales-funcionara-neuralink/766673448_0.html, fecha última consulta: abril 2024.

391 ANÓN. (21 de marzo de 2024), «Neuralink muestra a su paciente con un implante cerebral supuestamente jugando al ajedrez con la mente», *El Mundo*, extraído de https://www.elmundo.es/tecnologia/creadores/2024/03/21/65fbd914e85ececc758b45aa.html, fecha última visita: abril 2024. Publicación de fecha 20 de marzo de 2024, en @neuralink, de la red social X [antiguo Twitter], extraído de https://twitter.com/neuralink/status/1770563939413496146, fecha última consulta: abril 2024.

En este sentido, hay que tener especialmente en cuenta que en el ámbito sanitario se presentan especiales riesgos para el derecho a la privacidad, siendo los datos personales médicos tan sensibles para su tratamiento[392]. Estos datos se encuentran frecuentemente en manos de empresas privadas que no presentan las garantías legales suficientes o que tienen brechas de ciberseguridad[393], poniendo en riesgo información extremadamente relevante para sus titulares, que puede ser empleada de múltiples formas.

Es indudable que en el ámbito de la medicina surgen aspectos problemáticos relacionados con la bioética y la biotecnología que hasta un pasado muy reciente no se habían abordado, donde las aplicaciones de los sistemas de IA en el ámbito investigador y en la práctica profesional pueden moverse entre lo que puede ser correcto y lo incorrecto, desde el punto de vista moral, jurídico y deontológico. Una línea divisoria que cada vez es más borrosa —sobre todo en el ámbito de la genética y sus posibilidades— y que habrá que definir conforme a los nuevos retos que esta tecnología plantea, velando por el máximo respeto a la dignidad del ser humano y el resto de derechos que le son inherentes.

Esta última aproximación entronca con la neurotecnología y los bienes jurídicos que pueden quedar afectados a raíz de determinadas aplicaciones, los conocidos como «neuroderechos», si bien, a pesar de su estrecha vinculación el derecho a la salud, requieren de un tratamiento específico en un epígrafe separado del presente trabajo.

9. Otros derechos

Los derechos analizados son una parte representativa de los derechos fundamentales y otros bienes jurídicos que pueden quedar afectados por los sistemas de IA, pero cabría

---

392 Sobre ello, véase EMALDI CIRIÓN, A., «La normativa europea y española ante al tecnología del Big Data aplicada a la salud y a la investigación biomédica», en *Derecho e inteligencia artificial. El jurista ante los retos de la era digital*, Aranzadi, Cizur Menor (Navarra), 2023. pp. 113-167.

393 MARCHAL CORRALES, J. A., «Retos científicos, éticos y legales de la IA en salud», en *El derecho y la Inteligencia Artificial*, Universidad de Granada (URG), Granada, 2022, p. 91.

listar muchos otros que también de igual manera vulnerase mediante el despliegue de esta tecnología.

En primera instancia, según introducíamos, qué duda cabe de que el uso de la IA con fines militares y de defensa conlleva los mayores riesgos para el bien jurídico más importante a proteger: la vida de las personas. Carecería de sentido garantizar cualquier otro derecho fundamental si la propia existencia del ser humano no estuviera amparada. Por ello, los distintos textos dedicados a la protección de los derechos humanos o fundamentales lo recogen en su articulado[394].

A grandes rasgos, el uso de sistemas de IA en el ámbito de la defensa persigue dar solución a un problema militar más o menos concreto, como el mantenimiento de instalaciones, sistemas o equipos armamentísticos; la detección de anomalías en infraestructuras; el análisis de imágenes por satélite; o la creación de robots preparados para la guerra, autopilotos o un sistema de ciberdefensa completo[395]. Ofrece una gran ventaja competitiva al Estado que se pueda servir de ella. En la actualidad, qué duda cabe sobre la importancia de la aplicación de IA en el ámbito de la defensa tras la invasión de Ucrania por Rusia, siendo objeto de gran atención. Pero la IA también está siendo utilizada para garantizar la seguridad interna de los territorios, gracias a su uso por parte de las fuerzas y cuerpos de seguridad, para la prevención policial, a título de ejemplo[396].

Más allá de los usos inicialmente previstos en los contextos referidos y de los usos y frecuentemente indeseables y maliciosos —pero deliberados— de esta tecnología, un sistema de AI desarrollado para el ámbito de la seguridad y la defensa puede tener consecuencias irreversibles si contiene cualquier tipo de error en diseño o el despliegue, que le haga alejarse de la finalidad prevista para la que fue creado y de la voluntad de los distintos intervinientes en el ciclo de vida del sistema. Esto supone un grave riesgo para las personas.

---

394   Véase, art. 3 DUDH, art. 2 CEDH, art. 3 CDFUE, art. 15 CE.

395   Catalá Lloret, J., «Retos de la inteligencia artificial aplicada a la defensa», en *El derecho y la Inteligencia Artificial*, Universidad de Granada (URG), Granada, 2022, pp. 168-171.

396   Valls Prieto, J., *Inteligencia artificial, Derechos Humanos y bienes jurídicos,* Thomson Reuters Aranzadi, Cizur Menor (Navarra), 2021, p. 32.

En estrecha relación con el derecho a la vida se encuentra el derecho a la integridad física y moral, y el derecho a disfrutar de un medio ambiente adecuado para el desarrollo de la persona, como señala nuestra CE[397]; un derecho que es indispensable para la salud y la integridad de los hombres[398]. Así el PIDESC, a propósito del «derecho de toda persona al disfrute del más alto nivel posible de salud física y mental», contiene un llamamiento a los Estados partes para que tomen las medidas necesarias para «mejoramiento en todos sus aspectos de la higiene del trabajo y del medio ambiente» (art 12). Por su parte, en el marco de la UE, las políticas comunitarias deberán integrar y garantizar «un alto nivel de protección del medio ambiente y la mejora de su calidad», con arreglo al principio de desarrollo sostenible (art. 37).

Históricamente, después de la reivindicación de los derechos civiles y políticos y de los derechos sociales, se desarrollaron los denominados «derechos colectivos»[399] o de tercera generación, entre los que nos encontramos el citado derecho a la protección del medio ambiente. Al igual que sucede con otros derechos de esta generación, como la protección a los consumidores, los intereses a tutelar por el Derecho no son tan fácilmente individualizables. Son más bien intereses colectivos que parten de la dignidad de la persona, pero que deben ser afrontados de manera diferente por el legislador, desde un punto de vista preventivo —no punitivo, una vez exista el daño—, como debería afrontarse la regulación de la IA[400].

En concreto, las reivindicaciones en torno al derecho al medio ambiente surgen a raíz del modelo de desarrollo económico característico desde mediados del siglo XX, que

---

397   Art. 45. Se trata de un principio rector de la política social y económica.

398   Sobre el impacto ambiental en las ciudades fruto de la digitalización y la necesidad de buscar soluciones sostenibles, véase VV.AA., «Ciudades y digitalización: construyendo desde la ética», en *Revista Diecisiete: Investigación Interdisciplinar para los Objetivos de Desarrollo Sostenible*, n.° 4, 2021, pp. 201-210.

399   Díez-Picazo, L. M., *Sistema de derechos fundamentales*, Tirant lo Blanch, Valencia, 2021, p. 27.

400   Cotino Hueso, L., «Nuevo paradigma en las garantías de los derechos fundamentales y una nueva protección de datos frente al impacto social y colectivo de la inteligencia artificial», en *Derechos y garantías ante la inteligencia artificial y las decisiones automatizadas*, Thomson Reuters Aranzadi, Cizur Menor (Navarra), 2022, pp. 79-80.

desde entonces ha derivado en un deterioro cada vez mayor de los ecosistemas, superando cualquier frontera territorial, en detrimento del bienestar de los hombres y la comunidad internacional[401].

El Pacto Verde Europeo[402] confía en las tecnologías digitales y la IA para abordar los retos medioambientales y lograr los objetivos propuestos en el texto, entre los que se encuentran el de «proteger la salud y el bienestar de los ciudadanos frente a los riesgos y efectos medioambientales», lo que además se puede relacionar, llegado el caso, con el derecho a la intimidad[403]. Sin embargo, el reto es complicado, pues la propia IA y las tecnologías con las que interacciona afectan fuertemente al medio ambiente. Resulta revelador al respecto que el 10 por ciento de la energía que se consume a nivel mundial se destina a la extracción de datos[404], necesaria para la aplicación de la IA, y que el 2 por ciento del conjunto de emisiones mundiales medioambientales pertenece al sector de las TIC (Tecnologías de Información y la Comunicación)[405]; una cifra que se prevé que aumente hasta el 20 por ciento en el año 2030[406].

---

401 MASFERRER, A., *Dignidad y derechos humanos. Un análisis retrospectivo de su formación en la tradición occidental*, Tirant lo Blanch, Valencia, 2022, p. 238.

402 COM(2019) 640 final.

403 Sobre los distintos impactos y responsabilidades, veáse MORETÓN SANZ, F., «Responsabilidad civil extracontractual e inmisiones medioambientales: los daños causados por inmisiones sonoras y electromagnéticas», en *Revista Crítica de Derecho Inmobiliario*, año n.º 86, n.º 722, 2010, pp. 2957-2977; Moretón Sanz, F., «Nuevos perfiles de la responsabilidad patrimonial de los entes locales según el Tribunal constitucional: prueba individualizada del ruido, adopción de medidas suficientes por el Ayuntamiento y doctrina del TEDH sobre intimidad personal y familiar en el ámbito domiciliario», en *Revista Crítica de Derecho Inmobiliario*, año n.º 88, n.º 729, 2012, pp. 483-515.

404 ANÓN. (24 de noviembre de 2021), «Ética de la Inteligencia Artificial», *UNESCO* extraído de unesco.org/es/artificial-intelligence/recommendation-ethics, fecha última visita: abril 2024.

405 COMISIÓN EUROPEA, *Libro Blanco sobre la inteligencia artificial. Un enfoque europeo orientado a la excelencia y la confianza*, COM(2020) 65 final, Bruselas, 19.2.2020, p. 2.

406 BENJAMINS, R., «Hacia una IA sostenible: una perspectiva 360 incluyendo negocio, sociedad, ética y cambio climático», en *El derecho y la Inteligencia Artificial*, Universidad de Granada (URG), Granada, 2022, p. 125.

Nuestra CE obliga a los poderes públicos a velar «por la utilización racional de todos los recursos naturales» con el ánimo de «proteger y mejorar la calidad de la vida y defender y restaurar el medio ambiente» en su artículo 45, entre los principios rectores de la política social y económica. Los poderes públicos juegan un papel activo en el derecho a disfrutar de unas condiciones medioambientales adecuadas. Pero también los ciudadanos están llamados a conservar el medio ambiente en virtud del texto fundamental[407], como deber de rango constitucional.

La necesidad de mitigar la huella medioambiental ha dado lugar a una nueva área de investigación: la computación verde. Ésta se divide en una rama de estudio denominada «*green by*» («verde por»), donde la tecnología se destina a la reducción de la huella de carbono; y otra llamada «*green in*» («verde en»), que se ocupa de minimizar el propio impacto de la tecnología en el medio ambiente. Es en esta segunda rama donde la IA debe ser el centro de atención. El entrenamiento de un solo modelo de IA puede generar la misma huella de carbono que cinco coches en toda su vida, incluyendo su propia fabricación. Esas cifras se alcanzaron midiendo el proceso de entrenamiento de modelos en el subcampo de la IA dedicada al procesamiento del lenguaje natural (PLN); un ámbito que ha dado lugar a conocidos sistemas de IA capaces de redactar noticias falsas convincentes, como el GPT-2 de OpenAI[408]; o especializados en la generación de textos a partir de unas pautas dadas por el ser humano, como el GPT-3, que dio lugar a finales del año 2022 al ya archiconocido ChatGPT[409], de la misma compañía investigadora. GPT-4 es el

---

407 Art. 45 CE.

408 HAO, K. (6 de enero de 2019), «Training a single AI model can emit as much carbon as five cars in their lifetimes», *MIT Technology Review*, extraído de technologyreview.com/2019/06/06/239031/training-a-single-ai-model-can-emit-as-much-carbon-as-five-cars-in-their-lifetimes/, fecha última visita: abril 2024.

409 Si bien puede asaltar la duda, conviene apuntar que ChatGPT, a día de hoy, no es capaz de superar exitosamente el Test de Turing. ANÓN. (14 de febrero de 2023), «ChatGPT and the Turing Test: Evaluating the Natural Language Abilities of AI Language Models», ChatGPT-FAQ, extraído de chatgpt-faq.com/does_chatgpt_pass_the_turing_test.php, fecha última visita: abril 2024. Por su parte, y ante los desvelos que ha causado en determinados ámbitos como el educativo por el temor fundado a que los usuarios lo empleen con propósitos deshonestos,

modelo más avanzado hasta la fecha de redacción de estas líneas[410]. Un proceso de entrenamiento para lograr que un sistema de IA funcione correctamente supone muchas sesiones de entrenamiento y, por tanto, un consumo de energía extremadamente alto[411]. De forma ilustrativa: el proceso de entrenamiento del modelo GPT-3 costó 12 millones de dólares en electricidad[412].

A raíz de lo anterior, parte de las investigaciones desarrolladas en el ámbito de la IA ha centrado su atención en la medición del impacto medioambiental de los algoritmos inteligentes para crear guías que permitan programar y seleccionar los algoritmos, teniendo en cuenta el consumo energético desde el diseño, y no una vez los sistemas hayan sido desarrollados y/o desplegados. El reto de los algoritmos verdes es mucho más reciente que el reto ético de IA, pero ambos presentan muchos paralelismos, tratando de evitar

---

la propia empresa OpenIA y otros desarrolladores están trabajando en herramientas para la detección del uso de ChatGPT a partir de textos generados, aunque todavía no han mostrado gran precisión. Anón. (2 de febrero de 2023), «OpenAI desarrolla su propia herramienta para detectar plagios con Chat GPT», La Vanguardia, extraído de lavanguardia.com/tecnologia/20230202/8724846/chat-gpt-crea-propia-herramienta-detectar-textos-artificiales-ineficaz-docentes-pmv.html, fecha última visita: abril 2024. En cualquier caso, también se puede aprovechar esta tecnología en el ámbito docente, como proponen SIGMAN Y BILINKIS. SIGMAN, M.; BILINKIS, S., *Artificial. La nueva inteligencia y el contorno de lo humano*, Debate, Barcelona, 2023, pp. 97-120.

410 FERNÁNDEZ, Y. (26 de marzo de 2024), «ChatGPT: qué es, cómo usarlo y qué puedes hacer con este chat de inteligencia artificial GPT», *Xataka*, extraído de https://www.xataka.com/basics/chatgpt-que-como-usarlo-que-puedes-hacer-este-chat-inteligencia-artificial, fecha última visita: abril 2024. MÁRQUEZ, J. (2 de marzo de 2024), «GPT-4: así es la IA más avanzada de OpenAI, cómo funciona y todas las novedades», *Xataka*, extraído de https://www.xataka.com/nuevo/gpt-4-que-cuando-sale-como-funciona-toda-informacion, fecha última consulta: abril 2024.

411 BENJAMINS, R., «Hacia una IA sostenible: una perspectiva 360 incluyendo negocio, sociedad, ética y cambio climático», en *El derecho y la Inteligencia Artificial*, Universidad de Granada (URG), Granada, 2022, pp. 125-126.

412 BENJAMINS, R., «Hacia una IA sostenible: una perspectiva 360 incluyendo negocio, sociedad, ética y cambio climático», en *Derecho, Ética e Inteligencia Artificial*, Tirant lo Blanch, Valencia, 2023, p. 25.

la generación de consecuencias negativas desde el primer momento[413.]

La huella medioambiental debe ser objeto de especial atención en el desarrollo y despliegue de sistemas de AI. Sin perjuicio de tratar de minimizar los daños que se producen, la generación de sistemas tiene que partir de la responsabilidad, de manera que los beneficios que generen superen a los riesgos e impactos que se produzcan o puedan ser previsiblemente producidos, incluidos los medioambientales. A título de ejemplo, ¿de qué serviría el desarrollo de un sistema que elabore noticias falsas muy convincentes, si dicho sistema no pudiera ser empleado en sentido contrario, para la detección de este tipo de contenido que tanto daña el derecho a la información, haciendo tambalear incluso las más asentadas democracias?

Los beneficios que puede suponer la IA son numerosos, como la consecución o monitoreo de los Objetivos de Desarrollo Sostenible marcados por Naciones Unidas[414], pero también son muchos los riesgos aparejados. Como señala Muñoz Vela[415], «cuando surge una nueva tecnología en constante desarrollo y evolución», tal y como sucede con la IA, «es difícil saber qué tipo de impacto tendrá en el mundo a medio y largo plazo, especialmente ante su interacción con otras que puede potenciar su impacto», como el Big Data. Por ello, es fundamental tratar de buscar las distintas soluciones desde la práctica y la buena gobernanza que permitan afrontar los riesgos que emergen y potenciales impactos, sobre todo cuando quedan afectados derechos fundamentales u otro tipo de bienes jurídicos indispensables para el ser humano.

---

413 BENJAMINS, R., «Hacia una IA sostenible: una perspectiva 360 incluyendo negocio, sociedad, ética y cambio climático», en *El derecho y la Inteligencia Artificial*, Universidad de Granada (URG), Granada, 2022, pp. 126-127.

414 BENJAMINS, R., «Hacia una IA sostenible: una perspectiva 360 incluyendo negocio, sociedad, ética y cambio climático», en *El derecho y la Inteligencia Artificial*, Universidad de Granada (URG), Granada, 2022, p. 117.

415 MUÑOZ VELA, J. M., *Retos, riesgos, responsabilidad y regulación de la inteligencia artificial. Un enfoque de seguridad física, lógica, moral y jurídica*, Thomson Reuters Aranzadi, Cizur Menor (Navarra), 2022, p. 25.

III

LOS *DEEPFAKES* COMO MANIFESTACIÓN DE IMPACTO TRANSVERSAL

La generación y difusión de *deepfakes*, como hemos adelantado líneas atrás a propósito del derecho a la identidad digital, es una de las principales amenazas fruto del desarrollo de las nuevas tecnologías y la IA. Dada su naturaleza, tiene capacidad de afectar transversalmente a multitud de derechos como los recientemente revisados.

Un *deepfake*, en términos generales, es un contenido generado por determinados sistemas de IA en los que una persona puede parecer que dice o hace algo que nunca realmente dijo ni hizo[416], según analizábamos a propósito del derecho a la identidad digital.

Dependiendo de la finalidad perseguida con su creación, éstos se pueden enmarcar en un ejercicio legítimo de la libertad de expresión y de información, pero también pueden maliciosamente tratar de deformar la verdad, con el daño que ello puede acarrear en las diferentes esferas de la realidad del afectado, pudiendo generarse un impacto organizativo o social, de carácter global. De ahí su potencial para vulnerar múltiples derechos fundamentales y otros bienes jurídicos a través de una suplantación material de la persona[417].

---

416   VV.AA. (Panel for the Future of Science and Technology), *Tackling Deepfakes in European Policy*. PE 690.039, European Parliamentary Research Service [Scientific Foresight Unit (STOA)], Parlamento Europeo, 2021, p. 1.

417   Téngase en cuenta que un *deepfake* también puede ser el medio para cometer un delito de usurpación del estado civil (art. 401 Código

1. Una aproximación técnica a los *deepfakes*

La tecnología empleada para la creación de *deepfakes* es el *deep learning* o aprendizaje profundo, tal y como señalábamos líneas atrás.

A grandes rasgos, desde los primeros pasos dados en la informática, las técnicas para manipular imágenes han ido progresando conforme se desarrollaba el Big Data y los ordenadores fueron capaces de soportar las denominadas redes neuronales artificiales —inspiradas en el funcionamiento y estructura del propio cerebro humano[418]—, cada vez más complejas.

La tecnología en la que se basan los deepfakes experimentó un gran avance en calidad y accesibilidad gracias a la adaptación de las redes generativas antagónicas o adversarias (o GANs, como acrónimo de Generative Adversarial Networks). Este método innovador, implementado por Ian GOODFELLOW[419], simplifica el proceso de aprendizaje de los sistemas de IA, haciéndolos más accesibles. Además, mejora los resultados al integrar un mecanismo que reduce significativamente la posibilidad de distinguir entre contenido artificial y auténtico. En comparación con otras técnicas supervisadas de clasificación o predicción de *deep learning* o aprendizaje profundo, las redes generativas van más allá, tratando fundamentalmente de generar nuevos contenidos, en el marco de lo que actualmente se ha venido denominando IA generativa.

La idea central detrás de las redes generativas, en este sentido, es capturar la distribución subyacente de los datos, inferida del conjunto de entrenamiento, y generar un resultado similar.

Desde el punto de vista de la ciencia de datos, estas técnicas son extremadamente útiles no sólo para aumentar la precisión o el rendimiento de los modelos basados en el aumento de datos. También son muy útiles para reducir el sesgo que puede

---

Penal) o incluso de usurpación de funciones públicas si el responsable «ejerciere actos propios de una autoridad o funcionario público atribuyéndose carácter oficial» a través del embuste (art. 402 Código Penal).

418 SÁNCHEZ LASHERAS, F.; RODRÍGUEZ MUIÑOS, C.; MENÉNDEZ GARCÍA, L.A., *Sistemas de aprendizaje automático*, Editorial Marcombo, Barcelona, 2022, pp. 19-20.

419 VV.AA., «Generative Adversarial Networks», *en Proceedings of the International Conference on Neural Information Processing Systems* (NIPS), 2014, pp. 2672-2680.

estar implícito en el conjunto de datos de entrada con el que se entrena un algoritmo. Resulta ilustrativo un ejemplo al respecto: hace unos años, la red social Twitter estuvo envuelta en un escándalo por el sistema de IA que empleaba la mercantil para seleccionar parte de las imágenes que sus usuarios subían a la red y mostrar dicho recorte en la previsualización de cada publicación, homogeneizando la presentación en el muro o *TimeLine* (TL). Se descubrió que el sistema favorecía la selección de personas blancas sobre las personas negras para ser mostradas en la previsualización de la imagen. Así, un usuario de la red social publicó en un mismo tweet dos imágenes en formato vertical[420]. En una de ellas aparecía el senador estadounidense Mitch MCCONNELL —de raza blanca— en el extremo superior y el expresidente norteamericano Barak OBAMA —de raza negra— en el extremo inferior, con una franja blanca entre ambas imágenes. En la segunda foto, las imágenes de los políticos alternaban sus posiciones. Lejos de lo que impondría la lógica, en la previsualización de la publicación, el sistema de IA de recorte de imágenes Twitter mostraba en ambos casos al senador[421]. La red social se disculpó señalando que examinaría sus algoritmos de aprendizaje automático para identificar efectos secundarios como el referido[422]. Entre otros factores, el error podría tener su origen en el desequilibrio del conjunto de datos de entrenamiento con el que había sido alimentado el modelo. Aplicado al caso, el uso de redes generativas habría mitigado el impacto sesgo racista en el algoritmo Twitter.

---

420 Publicación de fecha 20 de septiembre de 2020, en la cuenta *@bascule*, de la red social X [antiguo Twitter], extraído de https://twitter.com/bascule/status/1307440596668182528?ref_src=twsrc%5Etfw%7Ctwcamp%5Etweetembed%7Ctwterm%5E1307440596668182528%7Ctwgr%5Ed205b81115b29f96cc3d1c146a7c32ad281422ed%7Ctwcon%5Es1_&ref_url=https%3A%2F%2Fwww.digit.fyi%2Ftwitter-to-search-algorithms-for-bias-and-side-effects%2F, fecha última consulta: marzo 2024.

421 JIMÉNEZ DE LUIS, A. (22 de septiembre de 2020), «¿Es racista el algoritmo de Twitter?», *El Mundo*, extraído de https://www.elmundo.es/tecnologia/2020/09/22/5f68efe3fc6c83b9088b465b.html, fecha última visita: abril 2024.

422 BEHR, M. (15 de abril de 2021), «Twitter to Search Algorithms for Bias and Side Effects», *DigitNews*, extraído de https://www.digit.fyi/twitter-to-search-algorithms-for-bias-and-side-effects/, fecha última visita: abril 2024.

Una GAN funciona con dos modelos que compiten entre sí: un modelo generativo y otro discriminativo. Su funcionamiento se puede entender fácilmente a partir de una analogía. Imaginemos dos jugadores: un imitador de arte —modelo generativo— y un crítico —modelo discriminativo—. El imitador tiene la habilidad de crear imágenes artísticas de pintores famosos, mientras que el crítico puede discernir si la imagen que le está mostrando el imitador es real o no. El objetivo del imitador es engañar al crítico con sus imágenes, mientras que el del crítico es detectar las falsificaciones. A medida que se desarrolla el juego, ambos mejoran sus habilidades: el imitador se vuelve más hábil en la creación de imágenes realistas, y el crítico se vuelve más perspicaz para detectar las diferencias e imperfecciones. Así, el modelo generativo crea contenido basado en los datos de entrenamiento disponibles. Trata de capturar los datos de la forma más fiel posible para intentar generar un contenido que se asemeje mucho a los ejemplos de los datos de entrenamiento. Por su parte, el modelo discriminativo comprueba los resultados del modelo generativo y evalúa la probabilidad de que la muestra comprobada proceda del conjunto de datos de entrenamiento originales y no del modelo generativo.

Los modelos mejoran continuamente con los resultados de estas pruebas hasta que el contenido generado por el sistema de IA tiene la misma probabilidad de proceder del modelo generativo que de los datos de entrenamiento[423]. En el ejemplo visto, esto quiere significa que, en algún momento del juego, el imitador de arte logra engañar al crítico, generando un contenido de gran calidad técnica y verosimilitud.

2. La delimitación jurídica de los *deepfakes*: del Reglamento de Servicios Digitales al Reglamento de IA

El 27 de octubre de 2022 se publicó en el Diario Oficial de la UE el Reglamento de Servicios Digitales, cuya fecha de aplicación comenzó el 17 de febrero de 2024[424], en térmi-

---

423 EUROPOL, *Facing Reality? Law Enforcement and the Challenge of Deepfakes*, European Union Agency for Law Enforcement Cooperation, Oficina de Publicaciones de la Unión Europea, Luxemburgo, 2022, p. 8.

424 Art. 93 Reglamento de Servicios Digitales.

nos generales[425]. El texto se adoptó con el propósito principal de adecuar el derecho europeo a la transformación que llevaba años caracterizando el entorno digital y la prestación de determinados servicios de la sociedad de la información, como los servicios de intermediación que ofrecen las redes sociales.

El Reglamento de Servicios Digitales, entre otras cuestiones, trataba de articular un sistema para reducir los riesgos razonables que cierto tipo de prestadores dedicados al alojamiento de datos[426] pueden ocasionar en la UE como consecuencia de su diseño, funcionamiento o del uso que se haga de sus servicios[427].

A propósito de las medidas que estos prestadores —entre los que se encuentra las plataformas en línea, como una tipología de las mismas, las redes sociales— podrían adoptar para combatir los riesgos citados, siguiendo el Reglamento de Servicios Digitales, se encuentra una suerte de definición de *deepfake*:

> «un elemento de información, ya se trate de imagen, audio o vídeo generado o manipulado que se asemeja notablemente a personas, objetos, lugares u otras entidades o sucesos existentes y que puede inducir erróneamente a una persona a pensar que son auténticos o verídicos»[428].

---

425 El Reglamento de Servicios Digitales preveía, no obstante, una anticipada a prestadores de plataformas en línea de muy gran tamaño y de motores de búsqueda en línea de muy gran tamaño, en determinadas circunstancias (art. 92), así como la aplicación de otros preceptos a partir del 16 de noviembre de 2022 (art. 93.2).

426 En concreto, nos referíamos aquí a las plataformas en línea de muy gran tamaño —incluidas las redes sociales— y los motores de búsqueda en línea de muy gran tamaño. Véase la definición de plataformas en línea y motores de búsqueda en línea en los artículos 3. i) y 3.j) del Reglamento de Servicios Digitales, respectivamente. Cualquiera de estos servicios de intermediación se considerará de «muy gran tamaño» cuando tenga un promedio medio mensual de destinatarios de sus servicios activos en la Unión Europea igual o superior a 45 millones y sean formalmente designadas como tales por la Comisión (art. 33).

427 Art. 34 Reglamento de Servicios Digitales.

428 Art. 35.1.k) Reglamento de Servicios Digitales.

De aplicar medidas sobre este tipo de contenidos para reducir los riesgos que pudieran derivarse para la UE —por ejemplo, para evitar «cualquier efecto negativo real o previsible para el ejercicio de los derechos fundamentales»[429] o «sobre el discurso cívico y los procesos electorales»[430]—, el prestador deberá garantizar que se distingan mediante indicaciones destacadas cuando se presenten en sus interfaces en línea y proporcionar una funcionalidad que permita a los destinatarios del servicio señalar dicha información fácilmente[431].

El texto no emplea el término *deepfake* para identificar este tipo de contenido o «elemento de información», si bien la descripción reúne los caracteres genéricos y diferenciales de lo que en esencia constituyen los *deepfakes*.

La Propuesta del Reglamento de IA identificaba como «ultrafalsificación» —latinismo empleado para identificar a los *deepfakes*— un «contenido de imagen, sonido o vídeo que se asemeje notablemente a personas, objetos, ligares u otras entidades o sucesos existentes, y que pueda inducir erróneamente a una persona a pensar que son auténticos o verídicos»[432]. A los usuarios de los sistemas de IA que pudieran generar o manipular dicho contenido les imponía la obligación de hacer público que éste había sido creado de forma artificial o manipulado [433].

La tramitación paralela y mutua influencia del Reglamento de Servicios Digitales y de la Propuesta Reglamento de IA es innegable a partir de la delimitación del término en ambos textos[434].

---

429   Art. 34.1.b) Reglamento de Servicios Digitales.

430   Art. 34.1.c) Reglamento de Servicios Digitales.

431   Art. 35.1.k) Reglamento de Servicios Digitales.

432   Art. 52 Reglamento de IA.

433   Art. 52 Reglamento de IA.

434   La tramitación legislativa del Reglamento de Servicios Digitales es anterior al Reglamento de IA. La andadura procedimental del primero comenzó el 16 de diciembre de 2020, mientras que la del segundo arrancó el 22 de abril de 2021. La primera propuesta del Reglamento de Servicios Digitales (COM/2020/825 final), no obstante, no contenía prescripción alguna respecto a los *deepkafes* o ultrafalsificaciones en su artículo 27 —Reducción de riesgos—, que pasó a ser el 35 en el Reglamento de Servicios Digitales adoptado. Fue añadida posteriormente.

Tras las enmiendas a la primera Propuesta del Reglamento de IA, aprobadas por el Parlamento Europeo el 14 de junio de 2023[435], se incluyó el término «ultrafalsificación» en el glosario de la norma, perfeccionándose su definición. Se entenderá por tal,

> «un contenido de sonido, imagen o vídeo manipulado o sintético que puede inducir erróneamente a pensar que es auténtico o verídico, y que muestra representaciones de personas que parecen decir o hacer cosas que no han dicho ni hecho, producido utilizando técnicas de IA, incluido el aprendizaje automático y el aprendizaje profundo»[436].

La definición se sujetaba ahora a la necesaria intermediación de técnicas de IA.

De forma paralela, las exigencias para los usuarios de sistemas de IA aumentaron tras las enmiendas a la norma: deberían hacer público «de manera adecuada, oportuna, clara y visible que el contenido ha sido generado de forma artificial o manipulado». Cuando fuera posible, también deberían hacer público el nombre de la persona física o jurídica que lo generó o manipuló[437]. Todas estas obligaciones añadidas en la tramitación procuran dotar de transparencia al engaño ante el destinatario.

La última versión del Reglamento de IA modificó de nuevo la definición. Una ultrafalsificación, finalmente, es:

> «un contenido de imagen, audio o vídeo generado o manipulado por una IA que se asemeja a personas, objetos, lugares u otras entidades o sucesos reales y que puede inducir a una persona a pensar erróneamente que son auténticos o verídicos»[438].

---

435 Las diferentes enmiendas sobre la Propuesta de Reglamento de IA pueden consultarse aquí: https://www.europarl.europa.eu/doceo/document/TA-9-2023-0236_ES.html, fecha última visita: abril 2024.

436 Art. 3, punto 44 quinquies) Propuesta de Reglamento de IA enmendada.

437 En este sentido, el legislador entiende por hacer público «etiquetar el contenido de un modo que informe que el contenido no es auténtico y que resulte claramente visible para su destinatario. Para etiquetar el contenido, los usuarios tendrán en cuenta el estado de la técnica generalmente reconocido y las normas y especificaciones armonizadas pertinentes». Art. 52.3 Propuesta de Reglamento de IA enmendada.

438 Art. 3. 60) Reglamento de IA.

Esta última acepción amplia el ámbito objetivo del término, suprimiendo paralelamente —y de forma acertada— cualquier alusión a las disciplinas o subcampos de la IA que emplean para su generación.

Los responsables del despliegue del sistema de IA —antes denominados «usuarios» sistema de IA— que genere ultra-falsificaciones deberán hacer público que esos «contenidos o imágenes han sido generados o manipulados de manera artificial»[439]. Cuando el contenido artificial forme parte de un programa o una obra, en un contexto claramente creativo, satírico, artístico o de ficción, las obligaciones de transparencia no deben dificultar el pleno disfrute de la creación. Por su parte, obligación de transparencia no resultará de aplicación cuando legalmente se autorice su uso para «detectar, prevenir, investigar o enjuiciar infracciones penales»[440].

Desde enfoques complementarios y con distintos sujetos obligados —los prestadores de plataformas en línea de muy gran tamaño y los motores de búsqueda en línea de muy gran tamaño, en el Reglamento de Servicios Digitales; y los responsables del despliegue de determinados sistemas de IA, en el Reglamento de IA—, ambos textos destacan la importancia de que el usuario de la red social que sea impactado con ese contenido generado o manipulado con IA sea consciente de su falsedad o alteración. Ello no es baladí en el futuro que está por venir, si tenemos que cuenta que los expertos afirman que dentro de cinco años el 90 por ciento del contenido presente en la red habrá sido generado de forma artificial[441].

Habría sido deseable, no obstante, que las obligaciones impuestas a los prestadores de servicios de intermediación sobre los *deepfakes* y su identificación hubieran sido más exigentes para los mismos. La garantía de transparencia requerida por el Reglamento de Servicios Digitales en relación con este tipo de contenido no se impone a los prestadores. Éstos deberán aplicar medidas para la reducción de los riegos que se puedan derivar de su diseño, funcionamiento o uso, pero entre esas medidas no está «necesariamente» la de garanti-

---

439   Art. 50.4 Reglamento de IA.

440   Art. 50.4 Reglamento de IA.

441   Van Der Sloot, B., *Regulating the Synthetic Society. Generative AI, Legal Questions and Societal Challenges,* Hart, Oxford, Gran Bretaña, 2024, p. 64.

zar la transparencia de las ultrafalsificaciones en los términos referidos[442]. Es cierto que las plataformas en línea pueden no estar en condiciones de conocer la engañosa naturaleza de un contenido concreto alojado por los destinatarios de su servicio ni están sujetas a la obligación de monitorización general de la información que almacenen[443]. Sin embargo, deberían, al menos, proporcionar de manera preceptiva «una funcionalidad fácil de utilizar que permita a los destinatarios del servicio señalar dicha información»[444], tanto por parte del usuario que comparte la ultrafalsificación como por aquél otro que detecta razonablemente la falsedad del contenido. Y ello, con independencia del tamaño del prestador —no sólo los de «muy gran tamaño»— y de su voluntad.

Una intervención excesiva sobre este tipo de contenido también puede ser dañina para el ejercicio de ciertos derechos fundamentales, pues, recuérdese, pueden estar amparados por la libertad de expresión y de información. Pero el papel pernicioso que pueden desempeñar los *deepfakes* es sobradamente conocido por parte de los legisladores.

Sin perjuicio del legítimo ejercicio de las libertades comunicativas, resulta indudable que los contenidos ultrafalsos pueden promover la desinformación o resultar *per se* un contenido ilícito, incluso prescrito en el ámbito penal. En virtud del Reglamento de Servicios Digitales, este tipo de contenido puede desencadenar la responsabilidad jurídica del prestador de alojamiento de datos, que no deja de ser quien da «cobijo» a ese contenido infractor y permite su difusión, pero no de forma automática, por defecto, ni en cualquier caso.

3. La puesta en práctica de los *deepfakes*: actores involucrados, riesgos principales y niveles de impacto

Durante el ciclo de vida de los *deepfakes* —creación, uso y difusión— intervienen principalmente seis actores, en cua-

---

442 «Dichas medidas podrán incluir, cuando proceda: [...]», refiere el artículo 35 del Reglamento de Servicios Digitales.

443 Art. 8 Reglamento de Servicios Digitales.

444 Siguiendo el literal del artículo 35.1.k) del Reglamento de Servicios Digitales.

lesquiera ámbitos en los que se enmarque el engaño: (i) la víctima, cuya imagen física o voz es empleada para generar el contenido falso; (ii) el autor o productor del *deepfake*, el sujeto que se ha encargado de crearlo; (iii) la audiencia o los destinatarios del contenido falso, que podrían ser engañados con finalidades dispares —incluidas las relacionadas con su intención de voto y el consecuente daño que supone para las instituciones democráticas—; (iv) el proveedor de la tecnología, es decir, aquel desarrollador responsable del software o servicio prestado que ha hecho posible la creación del *deepfake*; y, en el último eslabón, (v) la plataforma en línea que, proporciona el medio o soporte empleado por (vi) sus usuarios para alojar y difundir los *deepfakes*[445].

El sujeto protagonista o la víctima del contenido falso deviene crucial. A partir del uso de sus rasgos definitorios, como el físico o su voz, comienza el daño efectivo. En relación con este actor, no obstante, hay que tener en cuenta que la IA es capaz de recrear personas que nunca existieron y darles una apariencia de realidad absoluta. Esta forma de producción puede ser inocua para los derechos de las personas si un contenido así generado se emplea para crear un video tutorial con finalidad docente, por ejemplo. Pero estos usos no serán necesariamente inocuos. Piénsese que también puede generase la imagen de una supuesta amante de un político u otra persona de prestigio en un contexto artificial, a título de ejemplo.

Entre los productores de *deepfakes* podemos encontrar cuatro categorías, fundamentalmente: (i) los actores políticos, como gobiernos extranjeros y activistas diversos; (ii) otros actores malintencionados, como estafadores; (iii) las comunidades de aficionados a los *deepfakes*; y (iv) los actores legítimos, como empresas de televisión o de producción audiovisual[446].

Las consecuencias más graves para el conjunto de la sociedad, inicialmente, vendrán de la mano de los primeros

---

445 VV.AA. (Panel for the Future of Science and Technology), *Tackling Deepfakes in European Policy*. PE 690.039, European Parliamentary Research Service [Scientific Foresight Unit (STOA)], Parlamento Europeo, 2021, pp. 48-49, 51 y 54.

446 WESTERLUND, M., «The Emergence of Deepfake Technology: A Review», en *Technology Innovation Management Review*, vol. 9, issue 11, Carleton University, 2019, p. 41.

actores. Las finalidades que perseguirán podrán tener consecuencias sobre los sistemas políticos, las instituciones democráticas o la geopolítica, entre otras muchas cuestiones. Los segundos actores impactarán sobre intereses privados —individuales o societarios—, generalmente, como el patrimonio personal o empresarial, cuando el *deepfake* sea utilizado para suplantar determinadas identidades que puedan conllevar una transferencia económica, por ejemplo. Los impactos ocasionados por los terceros actores podrán ser muy heterogéneos: desde generar pornografía —con el daño que ello supone al titular de la imagen empleada— a realizar una mordaz sátira política —que siempre es deseable en una sociedad democrática—. Por su parte, los últimos actores serán los que empleen la IA y los *deepfakes* en un ejercicio legítimo de la libertad de expresión y de información, o la libertad de producción y creación literaria o artística, salvo contadas excepciones.

Entre los destinatarios de los *deepfakes* habrá que tener en cuenta no sólo el público al que se dirija o al que pretenda alcanzar deliberadamente el usuario que difunde la falsificación profunda, sino a todas las personas a las que efectivamente alcance, de forma directa o indirecta. El impacto será directo si se produce a través del consumo en primera persona del *deepfake*, o indirecto si el impacto tiene lugar por medio del testimonio de un tercero; por el rumor generado por el *deepfake*. Pudiera pensarse que aquellos que son impactados con el contenido ultrafalso en primera persona están en mejores condiciones de valorar o identificar el engaño en el propio contenido. Sin embargo, hay que tomar en consideración los altos estándares que puede alcanzar esta tecnología y partir de que los seres humanos estamos más predispuestos a creer lo que vemos o escuchamos en primera persona que lo que nos refieren otros sobre lo que han visto o escuchado. Y es que, como afirman SIGMAN y BILINKIS[447], «los *deepfakes* potencian algo que es inherente al ser humano: la sorprendente facilidad con la que nos creemos la ficción». La inmediatez entre la ultrafalsificación y el destinatario, teniendo en cuenta la calidad técnica que puede presentar ésta, es de gran relevancia.

---

447 SIGMAN, M.; BILINKIS, S., *Artificial. La nueva inteligencia y el contorno de lo humano*, Debate, Barcelona, 2023, p. 160.

Los *deepfakes* no serían posibles en la mayoría de los casos sin la intermediación de un proveedor tecnológico como «cooperador necesario» para su generación. La creación de este tipo de contenido se caracteriza frecuentemente por su accesibilidad, gratuidad y por poder ser realizado empleando un ordenador común. No se trata, por tanto, de una tecnología que precise grandes conocimientos de programación ni que suponga un gran desembolso económico o que requiera potentes ordenadores para generar un resultado verosímil. Esa accesibilidad, sobre todo en relación a las herramientas que emplea el productor de *deepfakes* es básica. Indudablemente, no se precisan los mismos conocimientos técnicos para crear un documento de texto usando un procesador como el Word, que para crear un documento semejante sin partir de un procesador preexistente. Lo mismo sucede con los *deepfakes*. El proveedor de la tecnología que pone al alcance del productor las herramientas necesarias para su desempeño desarrolla un papel esencial en el ciclo de vida de este tipo de contenido. Es preciso tener en cuenta que existen bibliotecas de código abierto o aplicaciones que están al alcance de cualquiera y son empleadas para realizar *deepfakes* vulnerando derechos de terceros, aunque no estén «diseñadas» originariamente con tal finalidad. Sin embargo, existen otras opciones facilitadas por proveedores de tecnología que están focalizadas en prácticas difícilmente legítimas, como aquellas aplicaciones que permiten integrar la cara de una tercera persona en un contenido pornográfico preexistente[448].

Las plataformas en línea, principalmente las redes sociales, facilitan los medios y el espacio para que los usuarios difundan el contenido a otros destinatarios. Estas plataformas no tienen la obligación de monitorizar todo el contenido que sus usuarios alojan en sus servidores ni la de buscar activamente prácticas ilícitas[449], pero tienen la capacidad de bloquear o retirar el contenido ilícito, entre otras soluciones[450],

---

448 KAREN, H. (16 de septiembre de 2021), «La horrible "app" de "deepfakes" que coloca a mujeres en videos porno», *MIT Technology Review*, extraído de https://www.technologyreview.es//s/13686/la-horrible-app-de-deepfakes-que-coloca-mujeres-en-videos-porno, fecha última consulta: abril 2024.

449 Art. 8 Reglamento de Servicios Digitales.

450 Considerando 55 Reglamento de Servicios Digitales.

por lo que desempeñarán un papel relevante en la creación de un ecosistema libre de *deepfakes* ilícitos, como más adelante analizaremos.

Por su parte, serán los usuarios de las plataformas los que proactivamente compartirán y difundirán las falsificaciones profundas en la red. Su identidad puede coincidir, o no, con la del productor del *deepfake*. Por ello, no siempre estarán en condiciones de conocer el carácter fraudulento de lo que coadyuvan a distribuir, pudiendo ser una víctima más del embuste.

En función del material empleado de partida, puede existir un conjunto de actores más involucrado, además de los citados: (vii) los titulares de derechos de propiedad intelectual sobre las creaciones que se han usado para generar el *deepfake*. Todo el material empleado puede estar sujeto a derechos de autor y otros derechos conexos, tanto la base de la que se parte, como el fragmento de contenido que se incrusta en dicha base para generar la mentira. Aunque habrá que estar al caso concreto, además de los propios autores intelectuales de la obra, pueden ostentar derechos sobre el material utilizado los intérpretes[451], los productores de grabaciones audiovisuales, los productores de fonogramas, las entidades de radiodifusión o los realizadores de meras fotografías.

Identificar a los actores involucrados en el ciclo de vida del contenido ultrafalso y las diferentes aproximaciones al papel que desempeñan, permitirá proyectar políticas para luchar contra los distintos derechos que se puedan ver afectados.

El estudio *Tackling deepfakes in European policy*[452] clasifica los riesgos principales en tres categorías: psicológicos, financieros y sociales. Entre los primeros encontraríamos: la extorsión y la sextorsión[453], la difamación, la intimidación, el

---

451 Artistas intérpretes y ejecutantes, siguiendo el Real Decreto Legislativo 1/1996, de 12 de abril, por el que se aprueba el texto refundido de la Ley de Propiedad Intelectual, regularizando, aclarando y armonizando las disposiciones legales vigentes sobre la materia.

452 VV.AA. (Panel for the Future of Science and Technology), *Tackling Deepfakes in European Policy*. PE 690.039, European Parliamentary Research Service [Scientific Foresight Unit (STOA)], Parlamento Europeo, 2021, pp. 29-34.

453 Término empleado para identificar la extorsión en la que se emplea algún tipo de contenido íntimo para generar la presión sobre el sujeto extorsionado.

acoso y el menoscabo de la confianza. Los riesgos financieros estarían vinculados a la extorsión, el robo de la identidad, el fraude, la manipulación del precio de las acciones, el daño a la marca y el desprestigio reputacional. En última instancia, entre los riesgos sociales encontramos aquellos vinculados con la manipulación de los medios de comunicación, la estabilidad económica, el sistema judicial, el cuestionamiento de la ciencia, la erosión de la confianza, la democracia, la manipulación de elecciones, las relaciones internacionales y la seguridad nacional.

Por su parte, el nivel de impacto de un *deepfake* puede ser individual, grupal/organizativo o social[454]. Conviene señalar que no existe una necesaria correlación entre el concreto riesgo y el nivel de impacto, pues un mismo riesgo, como puede ser un falso vídeo íntimo, puede escalar desde un daño individual a un daño social, generando un efecto en cascada[455].

A la luz de lo anterior, muchos derechos fundamentales u otros bienes jurídicos de gran importancia pueden quedar afectados. Entre ellos conviene detenerse en el derecho a la propia imagen, el derecho al honor, la libertad de expresión y de información y el derecho de participación.

4. El derecho a la propia imagen

En primer lugar y a la luz de la propia técnica, el empleo inconsentido de la imagen de una persona puede suponer una vulneración a su derecho a la propia imagen. El derecho a la propia imagen suele reconducirse en los textos internacionales al más genérico y popular derecho de la privacidad[456], de habitual presencial en el Derecho europeo continental y en el anglosajón[457], como hemos referido líneas atrás. En la

---

454 COLLINS, A., *Forged Authenticity: Governing Deepfake Risks*, Lausanne: EPFL International Risk Governance Center, Vaud, Suiza, 2019, p. 11

455 VV.AA. (Panel for the Future of Science and Technology), *Tackling Deepfakes in European Policy*. PE 690.039, European Parliamentary Research Service [Scientific Foresight Unit (STOA)], Parlamento Europeo, 2021, pp. 34-36.

456 Art. 12 DUDH; art. 8 CEDH; art. 17 PIDCP; arts. 7 y 8 CDFUE.

457 PARDO FALCÓN, J., «Artículo 18.1. Los derecho al honor, a la intimidad

CE, no obstante, este bien jurídico se recoge expresamente en el artículo 18, junto al honor —que posteriormente abordaremos— y a la intimidad personal y familiar[458].

Así, de forma extremadamente sucinta, en nuestro texto fundamental «se garantiza el derecho al honor, a la intimidad personal y familiar y a la propia imagen». El desarrollo legal de esta tríada de derechos fundamentales, que se han de entender como derechos autónomos[459], se encuentra en la Ley Orgánica 1/1982, de 5 de mayo, de protección civil del derecho al honor, a la intimidad personal y familiar y a la propia imagen (LO 1/1982).

Principalmente, habremos de entender por imagen la «representación gráfica de la figura humana, visible y recognoscible»[460], los «rasgos físicos personales»[461]. Debemos también incorporar al bien jurídico protegido el nombre y la voz de la persona[462], como requiere una interpretación sistemática de la LO 1/1982463. A pesar de que los *deepfakes*

---

personal y familiar y a la propia imagen», en *Comentarios a la Constitución Española*, tomo I, Boletín Oficial del Estado (BOE), Tribunal Constitucional, Wolters Kluwer, 2018, p. 513.

458 A favor de la vulneración del derecho a la intimidad personal y familiar, en el ámbito de los *deepfakes*, se manifiestan algunos autores. Véase, a título de ejemplo, VELASCO, C., «Deepfakes como servicio. Un análisis desde la perspectiva del ciberdelito», en *Derecho, Ética e Inteligencia Artificial*, Tirant lo Blanch, Valencia, 2023, p. 409. En el presente trabajo, en cambio, no nos detendremos el derecho a la intimidad, pues entendemos que ésta, en circunstancias normales, no quedará directamente afectada por un *deepfake* precisamente por la falsedad del contenido, puesto que en el derecho a la intimidad la veracidad, según ha señalado el Tribunal Constitucional, es presupuesto de la lesión. STC 197/1991, de 17 de octubre, FJ 2; STC 115/2000, de 10 de mayo, FJ 7. Podría resultar una excepción a lo antedicho que la aplicación tecnológica sea una mera herramienta al servicio de la divulgación de hechos o datos reales relativos a la vida privada de una persona o familia, en cuyo caso, sí puede vulnerar instrumentalmente la intimidad.

459 STC 156/2001, de 2 de julio, FF. JJ. 2 y 3.

460 STS de 29 de marzo de 1988.

461 STC 241/1988, de 2 de diciembre, FJ 3.

462 Art. 7.6 LO 1/1982.

463 ALBALADEJO GARCÍA, M., *Derecho civil I. Introducción y parte general*, Librería Bosch, Barcelona, 2002, pp. 169-170.

suelen centrase en la representación de la imagen física de las personas, el hecho de que la voz se entienda comprendida en el objeto de protección tiene relevancia a la luz de aquellos contenidos que tratan de emular la voz del sujeto titular: los llamados *deep voices*. A través de éstos, el robo de identidad a través del *voice spoofing* o estafas aplicando ingeniería social como *vishing* suponen un riesgo aún mayor para las víctimas o titulares de la imagen[464].

La LO 1/1982 establece dos supuestos fundamentales de intromisión ilegítima en el derecho a la propia imagen de una persona. En primer lugar, la utilización «del nombre, de la voz o de la imagen de una persona para fines publicitarios, comerciales o de naturaleza análoga», sin mediar consentimiento del titular[465]. Se trata de una finalidad que inicialmente no está sujeta a limitaciones en virtud de interés público. Cualquier uso con semejante finalidad debe estar presumiblemente autorizado[466].

Más dudas puede generar, en cambio, el segundo supuesto: la utilización de la imagen de determinadas personas cuando no se persiga la promoción de ningún bien o servicio. Determinados usos no comerciales de la imagen de una persona pueden quedar amparados por bienes jurídicos que pueden considerarse, como señalábamos anteriormente,

---

464 Sobre usos fraudulentos de la voz empleando técnicas sistemas de IA, véase VELASCO, C., «Deepfakes como servicio. Un análisis desde la perspectiva del ciberdelito», en *Derecho, Ética e Inteligencia Artificial*, Tirant lo Blanch, Valencia, 2023, pp. 412-413.

465 Art. 7.6 LO 1/1982.

466 El artículo 8 de la LO 1/1982 prevé una serie de supuestos en los que las injerencias o intromisiones a los derechos personalísimos no pueden considerarse ilegítimas «en virtud de razones de interés público que imponen una limitación de los derechos individuales». El apartado 2 del citado artículo resulta de expresa aplicación a las intromisiones previstas en el artículo 7.5, pero no cuando se utilice «el nombre, de la voz o de la imagen de una persona para fines publicitarios, comerciales o de naturaleza análoga», previsto en el apartado siguiente. En tales casos, cabría preguntarse si podría resultar de aplicación el primer apartado del artículo 8, según el cual «no se reputará, con carácter general, intromisiones ilegítimas las actuaciones autorizadas o acordadas por la Autoridad competente de acuerdo con la ley, ni cuando predomine un interés histórico, científico o cultural relevante». Cuesta pensar que el uso inconsentido de la imagen de una persona con fines comerciales pudiera ampararse en este límite de aplicación general.

que ocupan una «posición preferente»[467] con respecto a otros derechos fundamentales, como las libertades comunicativas. Así, la norma contempla como intromisión ilegítima «la captación, reproducción o publicación por fotografía, filme, o cualquier otro procedimiento, de la imagen de una persona en lugares o momentos de su vida privada o fuera de ellos», salvo que la concreta práctica esté amparada por uno de los límites expresamente previstos en la norma[468]. En la práctica, la aplicación de estos límites supone que un tercero podrá utilizar la imagen una persona sin su autorización.

Estas situaciones excepcionales en las que se podrá prescindir del beneplácito del titular del derecho a la propia imagen responden a razones de interés público —como puede ser la libertad de expresión o el derecho a la información— que hacen recomendable que éstas prevalezcan sobre los derechos o intereses individuales[469].

4.1 Los límites o excepciones del derecho a la propia imagen

Sin perjuicio del necesario ejercicio de ponderación entre las libertades comunicativas del artículo 20 de la CE y los derechos personalísimos tutelados de su artículo 18, la norma contempla tres límites expresos en los que el derecho a la propia imagen no impedirá el uso de la misma sin anuencia del titular.

En primer lugar, el derecho a la propia imagen de un sujeto no impedirá,

> «su captación, reproducción o publicación por cualquier medio cuando se trate de personas que ejerzan un

---

467 STC 172/1990, de 12 de noviembre, FJ 2; STC 171/1990, de 12 de noviembre, FJ 5; STC 159/1986, de 16 de diciembre, y STC 106/1986, de 24 de julio, entre otras.

468 Art. 7.5 LO 1/1982. El artículo redirige los límites aplicables al artículo 8.2 de la norma.

469 Tal y como señala la Exposición de Motivos de la norma a propósito de los límites fijados en el artículo 8, existen «injerencias o intromisiones [que] no pueden considerarse ilegítimas en virtud de razones de interés público que imponen una limitación de los derechos individuales». Exposición de Motivos, LO 1/1982.

cargo público o una profesión de notoriedad o proyección pública y la imagen se capte durante un acto público o en lugares abiertos al público»[470].

Si bien la redacción de esta excepción permite una interpretación amplia de la misma, no cabría amparar en su literal la realización de cualesquiera *deepfakes* que hagan uso de la imagen de una persona entre las anteriormente descritas[471]. Alineado con ello —y partiendo del espíritu de la ley y la intención del legislador como criterio fundamental de interpretación de las normas[472]—, la aplicación de este límite ha sido justificado y observado por el Tribunal Constitucional en función de la relevancia o el interés público que pudiera tener la imagen litigiosa[473]. Considera el tribunal, en sentido contrario, que debe apreciase una vulneración del derecho a la propia imagen ante la ausencia de un verdadero interés público que deba anteponerse a cualquier menoscabo del bien de la personalidad. Y ello, más allá del lugar y momento en el que la imagen sea captada[474].

Ante tal aproximación al precepto legal, cuya fundamentación reside en las libertades comunicativas —sobre todo, en el derecho a la información—, parece difícil defender un uso legítimo de un *deepfake* inconsentido cuyo propósito sea llevar deliberadamente a error a sus destinatarios, haciéndose pasar por contenido verdadero.

La Propuesta de Reglamento de IA flexibilizó las exigencias de transparencia impuestas a los usuarios de los sistemas de IA capaces de generar *deepfakes* cuando su uso «resulte necesario para el ejercicio del derecho a la libertad de expresión y el derecho a la libertad de las artes y de las ciencias»[475], siempre y cuando estuvieran «supeditados a

---

470   Art. 8.2.a) LO 1/1982.

471   Ello, sin perjuicio de lo que se señalará a continuación acerca de las caricaturas prescritas en el apartado siguiente [art. 8.2b) LO 1/1982]

472   Art. 3.1 Real Decreto de 24 de julio de 1889 por el que se publica el Código Civil.

473   STC 99/1994, de 11 de abril, FJ 5.

474   STC 139/2001, de 18 de junio; y STC 83/2002, de 22 de abril.

475   Según señalaría el trabajo del Parlamento Europeo, *Tackling Deepfakes in European Policy,* dichas excepciones eran demasiado amplias y ambiguas. Ello podría dar lugar a que muchos deepfakes no fuera etiquetados, advirtiéndose futuros conflictos ante los tribunales. Confrontándose

unas garantías adecuadas para los derechos y libertades de terceros». En la versión final del Reglamento de IA se suprimió dicha previsión en el articulado, aunque se mantuvo semejante aproximación en el Considerando 134,

> «El cumplimiento de esta obligación de transparencia no debe interpretarse como un indicador de que la utilización del sistema o de su información de salida obstaculiza el derecho a la libertad de expresión y el derecho a la libertad de las artes y de las ciencias, garantizados por la Carta, en particular cuando el contenido forme parte de una obra o programa manifiestamente creativos, satíricos, artísticos o de ficción, con sujeción a unas garantías adecuadas para los derechos y libertades de terceros».

El empleo de ultrafalsificaciones podrá justificarse a través del ejercicio de las citadas libertades comunicativas; sin embargo, si dicho contenido tiene el propósito de engañar al destinatario, de tal manera que éste no pueda distinguir la falsedad de la información, la legitimidad quedará en entredicho.

En segundo lugar, siguiendo el orden de límites previstos en la norma, tampoco resultará una intromisión ilegítima al derecho a la propia imagen la «utilización de la caricatura de dichas personas, de acuerdo con el uso social»[476]. El vocablo caricatura debe interpretarse aquí de forma amplia, fruto de la propia evolución tecnológica, como señaló el Tribunal Constitucional[477] a propósito de una manipulación de la imagen de una persona conocida, que fue víctima de un fotomontaje con finalidad humorística. Esta excepción debe comprender cualquier «creación satírica realizada a partir de las facciones y el aspecto de alguien, deformando su realidad»[478].

---

los posibles impactos negativos de los *deepfakes* cuando no se identifican como tales frente a su uso beneficioso de la libertad de expresión y de libertad de las artes y de las ciencias, con facilidad podría llegarse a la conclusión de que el etiquetado debía ser recomendable, como finalmente establece el Reglamento de IA bajo la premisa de que no dificulte la exhibición o el disfrute de la creación. VV.AA. (Panel for the Future of Science and Technology), *Tackling Deepfakes in European Policy*. PE 690.039, European Parliamentary Research Service [Scientific Foresight Unit (STOA)], Parlamento Europeo, 2021, pp. 60-61.

476   Art. 8.2.b) LO 1/1982.

477   STC 23/2010, de 27 de abril.

478   Tal y como puntualiza el Tribunal Constitucional «con la generalización

En este precepto parece tener cabida la generación de *deepfakes* que persigan una finalidad satírica, paródica o humorística, en ejercicio legítimo de la libertad de expresión o incluso de la libertad de producción y creación artística, aun sin mediar autorización del titular de la imagen. Un buen ejemplo de ello fue el vídeo viral, basado en la cabecera de *El Equipo A* (*The A-Team*, VV.DD., 1983-1987), en el que cada uno de los personajes de la famosa serie de televisión era sustituido por un político, ante los comicios del 20 de noviembre del 2019[479].

Las caricaturas han sido tradicionalmente utilizadas para elaborar críticas sociales y políticas empleando la burla y la ironía; críticas que, según apunta el Tribunal Constitucional[480], como

> «elemento de participación y control público, resultan inescindibles de todo sistema democrático, y coadyuvan a la formación y existencia "de una institución política fundamental, que es la opinión pública libre, indisolublemente ligada con el pluralismo político, que es un valor fundamental y un requisito del funcionamiento del Estado democrático" (STC 12/1982, de 31 de marzo, FJ 3)».

Los *deepfakes* pueden deformar la opinión pública y la voluntad general, afectando frontalmente a las instituciones democráticas a través de una vulneración del derecho a la propia imagen. Pero también pueden, lejos de ello, avivar el espíritu crítico social y político, tan necesario en cualquier país pretendidamente democrático, erigiéndose como una opción más para el ejercicio de la libertad de expresión de

---

de las nuevas tecnologías de tratamiento de la imagen, esta categoría, que tradicionalmente se había basado exclusivamente en la dimensión humorística del dibujo, se plasma cada vez con más frecuencia en la alteración de fotografías originales, aunque no pierde por ello su esencia de creación irónica basada en la reelaboración de la fisionomía del modelo que tiene por objeto». STC 23/2010, de 27 de abril, FJ 5.

479   LLANOS MARTÍNEZ, H. (14 de noviembre de 2019), «De la parodia viral del Equipo E a los bulos: las dos caras de los vídeos 'deepfake' que circulan por WhatsApp», *El País*, extraído de https://verne.elpais.com/verne/2019/11/12/articulo/1573550621_550329.html, fecha última visita: abril 2024. Puede consultarse el vídeo aquí: https://www.youtube.com/watch?v=dj5M4s-cdAw

480   STC 23/2010, de 27 de abril, FJ 5.

la ciudadanía, sin mediar consentimiento del afectado. Así, para que un *deepfake* quede amparado por el límite caricaturesco será determinante la finalidad que persiga y la fácil identificación como contenido artificialmente generado o manipulado, a pesar de su posible verosimilitud técnica. En este sentido, conviene remarcar que la identificación de la falsedad de los vídeos, las imágenes o los sonidos que compongan el *deepfake* resulta necesaria para la adecuada formulación de la crítica social o política basada en el humor y aparada por el ordenamiento; de lo contrario, se corre el riesgo en caer en la verosimilitud del contenido presentado y su capacidad para desinformar.

El último de los límites previstos en la norma exceptúa aquella «información gráfica sobre un suceso o acaecimiento público cuando la imagen de una persona determinada aparezca como meramente accesoria»[481]. Este límite, a diferencia de los anteriores, no se circunscribe a la imagen de personas que ejerzan un cargo público o una profesión de notoriedad o proyección pública, como sucedía en los supuestos precedentes. Lo que trata de evitar este límite es que la difusión de un hecho noticioso pueda quedar lastrada por el derecho a la propia imagen de cualquier sujeto que circunstancialmente formara parte de esa información.

Bajo esta premisa, se podría intentar amparar la generación de un *deepfake* que tratara de recrear un hecho noticioso, si bien sería más que cuestionable el empleo no autorizado de la imagen de una persona para que figurara de manera «meramente accesoria», pues lo relevante no será precisamente esa imagen, sino el suceso o acaecimiento público que tenga lugar y deba ser contado.

5. El derecho al honor

Como sucede con la propia imagen, el derecho al honor suele reconducirse al derecho a la privacidad en los textos supranacionales[482], categoría dogmática más amplia, aunque la DUDH y el PIDCP si prescriben los ataques a la honra de los individuos. En concreto, siguiendo el artículo 12 de la

---

481   Art. 8.2.c) LO 1/1982.

482   Art. 12 DUDH; art. 2 CEDH; art. 17 PIDCP; arts. 7 y 8 CDFUE.

DUDH, «nadie será objeto [...] de ataques a su honra o a su reputación. Toda persona tiene derecho a la protección de la ley contra tales injerencias o ataques». Por su parte, según el artículo 17.1 del PIDCP, «nadie será objeto [...] de ataques ilegales a su honra y reputación», puntualización, en el punto 2, que «toda persona tiene derecho a la protección de la ley contra esas injerencias o esos ataques». El CEDH también alude a «la protección de la reputación», pero como límite a la libertad de expresión (art. 10).

En la CE el honor es un derecho autónomo, expresamente reconocido como derecho fundamental, junto a la propia imagen y la intimidad personal y familiar (art. 18), tal y como introducíamos líneas atrás.

El honor es un concepto jurídico indeterminado, relacionado en el ordenamiento español de manera confusa con la fama y la propia estima[483]. La vulneración del derecho al honor se puede alcanzar con manifestaciones orales o escritas sobre una persona, pero también a raíz de la divulgación de su imagen en un contexto que suponga el «desmerecimiento de la consideración ajena»[484].

Un contenido falso en el que los afectados parecieran hacer y/o decir cosas que nunca hicieron o dijeron, puede suponer un daño su honor dependiendo del concreto engaño. Éste puede ser recurrible en el orden jurisdiccional civil o incluso en el penal, ante la posible comisión de un delito de injurias —lesionando la dignidad del afectado través de un menoscabo de su fama del afectado o un atentando contra su propia estima[485]— o de calumnias —si a través de la ultra-falsificación se pretender imputar un delito[486]—. El derecho al honor puede chocar así con el ejercicio de la libertad de expresión o el derecho de la información.

---

483   Art. 7.7 de la LO 1/1982. Pardo Falcón, J., «Artículo 18.1. Los derecho al honor, a la intimidad personal y familiar y a la propia imagen», en *Comentarios a la Constitución Española*, tomo I, Boletín Oficial del Estado (BOE), Tribunal Constitucional, Wolters Kluwer, 2018, p. 513.

484   STC 223/1992, de 14 de diciembre, FJ 3; STC 170/1994, de 7 de junio, FJ 3; STC 14/2003, de 28 de enero.

485   Arts. 208 y ss. Código Penal.

486   Arts. 205 y ss. Código Penal.

El derecho a la propia imagen y el derecho al honor operan, entre otros[487], como límites a la libertad de expresión y el derecho a la información, fijados en la CE[488]. Ello no implica una necesaria supeditación de las libertades comunicativas a los derechos personalísimos, sino un necesario ejercicio de ponderación por parte del operador o intérprete jurídico.

A priori, no nos moveremos en el ejercicio legítimo del derecho a la información ante la generación de un *deepfake*, falso por definición. Podría darse el caso, sin embargo, de que esta técnica se empleara para tratar de reconstruir algún hecho o acontecimiento de interés y relevancia pública, pudiendo quedar la práctica amparada por el referido derecho fundamental.

En relación con la libertad de expresión, será la relevancia pública de la opinión, la expresión, el juicio de valor, la apreciación subjetiva o la crítica[489] vertida a través del *deepfake* la que determine la preponderancia, o no, de la libertad comunicativa frente al derecho a la propia imagen y al derecho al honor derecho de la persona afectada. Si dicha relevancia pública se da, por servir el contenido al interés general —como sucede *a priori* ante el contenido caricaturesco—, las libertades comunicativas se impondrán de forma proporcionada a los derechos personalísimos[490].

6. La libertad de expresión y, sobre todo, de información

En un apartado precedente del presente trabajo hemos abordado la consagración de la libertad de expresión y el

---

487 El tercer derecho de la personalidad, la intimidad personal y familiar, también opera como límite a la libertad de expresión y el derecho a la información. Sin embargo, como hemos señalado previamente, en circunstancias normales, la intimidad de las personas no quedará afectada por *deepfake* precisamente por la falsedad de su contenido. También constituyen límites a los referidos derechos comunicativos, los derechos reconocidos en el Título I —De los derechos y deberes fundamentales— de la CE (arts. 10-55 CE), en los preceptos de las leyes que los desarrollen, y la protección de la juventud y de la infancia (art. 20.4 CE).

488 Artículo 20.4 CE.

489 Llegado el caso, también de la información.

490 VILLAVERDE MENÉNDEZ, I., «Artículo 20.1.a) y d), 20.2, 20.4 y 20.5. La libertad de expresión», en *Comentarios a la Constitución Española*, tomo I, Boletín Oficial del Estado (BOE), Tribunal Constitucional, Wolters Kluwer, 2018, p. 605.

derecho a la información como facultades de vital importancia para el conjunto de la sociedad, pues a través de las
mismas se alcanza la formación de una opinión pública libre,
que hace posible la existencia, desenvolvimiento y funcionamiento de una verdadera democracia.

La libertad de expresión y el derecho a la información son
derechos de fuerte raigambre liberal, regulados en los distintos textos internacionales, regionales y naciones encargados
de tutelar las facultades más preciadas para los hombres[491].

El origen de la «libertad de opinión e imprenta», como históricamente se han denominado a las actuales libertades de
expresión e información[492], se asocia al disfrute de un espacio de libre crítica al poder y a los asuntos de Estado, que
estaba obligado a someterse al escrutinio público. A través
del ejercicio de la libertad de opinión afloraban los errores cometidos por el Poder, permitiendo alcanzar la verdad
sobre los asuntos públicos[493]. Tal y como afirma, VILLAVERDE
MENÉNDEZ[494], «la verdad era y debía ser el resultado de una
libre discusión pública, por tanto: accesible a todos (pública),
sin injerencias del Estado (libre) y consistente en el intercambio de ideas y opiniones (discusión)». La legitimidad de un
Estado justo se articulaba a través de la representación parlamentaria y la formación de la opinión pública[495].

---

491 Entendidos como derechos humanos o fundamentales, se encuentran recogidos, entre otros, en la DUDH (art. 19), el CEDH (art. 10), el
PIDCP (art. 19), la CDFUE (art. 11), y la CE (art. 20).

492 VILLAVERDE MENÉNDEZ, I., «Introducción histórica a las libertades de
información y expresión», en *La libertad de información y expresión*,
Tribunal Constitucional, Centro de Estudios Políticos y Constitucionales, Madrid, 2002, p. 13.

493 VILLAVERDE MENÉNDEZ, I., «Introducción histórica a las libertades
de información y expresión», en *La libertad de información y expresión*, Tribunal Constitucional, Centro de Estudios Políticos y Constitucionales, Madrid, 2002, pp. 28-30.

494 VILLAVERDE MENÉNDEZ, I. «Introducción histórica a las libertades de
información y expresión» en *La libertad de información y expresión*,
Tribunal Constitucional, Centro de Estudios Políticos y Constitucionales, Madrid, 2002, p. 30.

495 VILLAVERDE MENÉNDEZ, I. «Introducción histórica a las libertades de
información y expresión», en *La libertad de información y expresión*,
Tribunal Constitucional, Centro de Estudios Políticos y Constitucionales, Madrid, 2002, p. 30.

Así, las libertades comunicativas se han encuadrado tradicionalmente en la categoría de los «derechos civiles y políticos», pertenecientes al ámbito público; es decir, aquellos tendentes a garantizar a los individuos un ámbito de autonomía frente al poder del Estado[496], a la par que necesarios para su participación en la vida pública[497] y la legitimación del poder.

La relevancia de la libertad de expresión y de información está fuera de toda duda a la luz del alcance institucional que presentan para la existencia de un régimen democrático y pluralista, para la formación de la opinión pública libre y, en el caso español, para el principio de soberanía nacional. En palabras del Tribunal Constitucional[498],

> «El art. 20 de la Constitución, en sus distintos apartados, garantiza el mantenimiento de una comunicación pública libre, sin la cual quedarían vaciados de contenido real otros derechos que la Constitución consagra, reducidas a formas hueras las instituciones representativas y absolutamente falseado el principio de legitimidad democrática que enuncia el art. 1.2 de la Constitución, y que es la base de toda nuestra ordenación jurídico-política.
>
> La preservación de esta comunicación pública libre sin la cual no hay sociedad libre ni, por tanto, soberanía popular, exige la garantía de ciertos derechos fundamentales comunes a todos los ciudadanos, y la interdicción con carácter general de determinadas actuaciones del poder (verbi gratia las prohibidas en los aps. 2 y 5 del mismo art. 20) [...]».

Sólo el pleno reconocimiento de la libertad de expresión y el derecho a la información contribuye al libre encuentro intelectual y a la búsqueda constante de la verdad[499] que posibi-

---

496   Díez-Picazo, L. M., *Sistema de derechos fundamentales*, Tirant lo Blanch, Valencia, 2021, p. 27.

497   De Esteban Alonso, J., González-Trevijano, P. J., *Tratado de derecho constitucional* (edición puesta al día por Ángel J. Sánchez Navarro), Servicio de Publicaciones, Universidad Complutense Madrid, Madrid, 2004, p. 159.

498   STC 6/1981, de 16 de marzo, FJ 3; *vid.,* en semejante sentido, las SSTC 136/1999, 235/2007, 177/2015, 172/2020 y 45/2022, entre otras muchas.

499   Saldaña Díaz, M. N., *Aeropagitica. El discurso fundacional de la liber-*

lite una verdadera democracia. Sólo así se puede alcanzar la formación de una opinión pública libre e informada y hacer realidad el principio político consagrado en el Título Preliminar de la CE, acerca de la atribución de la soberanía a la nación española, siendo ésta fundamento de los poderes del Estado. En consecuencia, siguiendo a DE ESTEBAN ALONSO y GONZÁLEZ-TREVIJANO[500] y en línea con el Tribunal Constitucional[501], «sin una comunicación libre no puede existir una sociedad libre, ni por tanto hacerse realidad el dogma de la soberanía popular. De ahí que este derecho adquiera verdadero alcance institucional».

Sin perjuicio del análisis previo realizado a propósito del impacto de la IA sobre la libertad de expresión y de información, los riesgos que entrañan los *deepfakes* para estas libertades son manifiestos. Estos riesgos se acusan fundamentalmente en relación con el derecho a la información, donde la manipulación de los destinatarios emerge con fuerza ante el consumo de ultrafalsificaciones, que aparenta ser verdadero en un marco noticioso. En este contexto, se crea y difunde un *deepfake* con la principal intención de engañar a los destinatarios.

El Consejo de Europa identificó hace unos años tres tipos de desórdenes informativos, a partir de la combinación de dos factores: la veracidad/falsedad de contenido y la intencionalidad del creador o el que la usa. Así, podríamos estar ante (i) «desinformación» *(dis-information)*, que surge de la información falsa, que es creada deliberadamente para dañar a una persona, grupo social, organización o país; (ii) «información errónea» *(mis-information)*, que igualmente se presenta mediante información falsa, pero que no ha sido creada con la intención de causar un daño; y, por último (iii) «mala información» *(mal-information)*, es decir, información basada en la realidad, pero que es utilizada deliberadamente para infligir daño a una persona, organización o país[502].

---

tad de expresión en la tradición constitucional occidental, Tirant lo Blanch, Valencia, 2022, p. 157.

500 DE ESTEBAN ALONSO, J., GONZÁLEZ-TREVIJANO, P. J., *Tratado de derecho constitucional (*edición puesta al día por Ángel J. SÁNCHEZ NAVARRO), Servicio de Publicaciones, Universidad Complutense Madrid, Madrid, 2004, p. 160.

501 STC 6/1981, de 16 de marzo, FJ 3.

502 WARDLE, C, *Information Disorder: Toward an interdisciplinary frame-*

En el ámbito de la desinformación es donde la información falsa y las malas intenciones confluyen, generando un impacto que sobrepasa los intereses individuales. La desinformación supone la difusión consciente y generalmente encubierta de contenido engañoso, que puede perseguir, entre otros objetivos, un deterioro del debate público, de los procesos democráticos, de la economía o, incluso, de la seguridad nacional[503].

Así, teniendo en cuenta la importante dimensión institucional de la libertad de expresión y el derecho a la información, como garantes de la formación de una opinión pública libre, los riesgos más relevantes generados por los *deepfakes* de entre los vistos líneas atrás serán los sociales, por el daño que este tipo de contenidos pueden procurar al conjunto de la sociedad, no únicamente a intereses individuales o de naturaleza patrimonial. Así, estarán por encima de los riesgos de daños psicológicos y los financieros, aún sin desmerecer éstos, indudablemente. No puede obviarse el hecho de que el 98 por ciento de los *deepfakes* que actualmente circulan por la red son pornográficos, estando el 99 por ciento de ellos protagonizados por mujeres[504], que en contados casos habrán autorizado el uso de su imagen en semejante sentido.

Por su parte, más allá del propio conjunto de la sociedad, los sectores sociales que más se verán afectados por los *deepfakes* serán aquellos que dependan en gran medida de una evidencia documental para su correcto desenvolvimiento, como el periodismo y los medios de comunicación[505]. En este sentido, la libertad de expresión y, sobre todo, el derecho a la información deberían ser bienes jurídicos que en buena

---

work for research and policy making, Informe del Consejo de Europa, DGI(2017)09, Consejo de Europa, Estraburgo, 2017, p. 20.

503 VV.AA. (Panel for the Future of Science and Technology), *Tackling Deepfakes in European Policy*. PE 690.039, European Parliamentary Research Service [Scientific Foresight Unit (STOA)], Parlamento Europeo, 2021, p. XIV.

504 ANÓN. *State of deepfakes 2023*, de Home Security Heroes, disponible en www.homesecurityheroes.com/state-of-deepfakes/, fecha última visita: abril 2024.

505 VV.AA. (Panel for the Future of Science and Technology), *Tackling Deepfakes in European Policy*. PE 690.039, European Parliamentary Research Service [Scientific Foresight Unit (STOA)], Parlamento Europeo, 2021p. 31.

parte quedaran garantizados a través de los mismos. El daño de las ultrafalsificaciones sobre cualquier vía o instrumento informativo o comunicativo, repercute negativamente en el derecho de todos a saber.

Las noticias falsas —ahora llamadas *fake news*—, la manipulación informativa o las imágenes trucadas ya existían en el ecosistema comunicativo. Los *deepfakes* son una nueva expresión tecnológica de esas clásicas prácticas[506], pero desplegada a través de una tecnología que aporta un gran nivel de verosimilitud sobre formatos hasta ahora no tan trabajados —ni con tanta pulcritud—, como el audio o el vídeo. Ello hace que su capacidad para desinformar y generar un ecosistema de desconfianza sistemática en cualquier ámbito sea superior a la de las tradicionales artes fraudulentas.

La mera presencia de *deepfakes* en un concreto entorno es suficiente para que los destinatarios cuestionen la información que reciban y tiendan a desconfiar hacia todo el contenido relacionado, incluso cuando éste es real[507], volviéndose la verdad un poco más difusa[508], más lejana e inaccesible. Probar la realidad de las cosas o tratar de alcanzar una «realidad compartida» entre todos los intervinientes del proceso comunicativo conllevará un esfuerzo superior conforme se desarrolle y generalice la tecnología. En este sentido, además de la manipulación de la propia información, otro de los riesgos sociales aparejados a los *deepfakes* es la erosión de la confianza, en general[509], y de las instituciones, en particu-

---

506 VV.AA. (Panel for the Future of Science and Technology), *Tackling Deepfakes in European Policy*. PE 690.039, European Parliamentary Research Service [Scientific Foresight Unit (STOA)], Parlamento Europeo, 2021, p. 22.

507 TERNOVSKI, J; KALLA, J; ARONO, P M., «Deepfake Warnings for Political Videos Increase Disbelief but Do Not Improve Discernment: Evidence from Two Experiments», en OSF Preprints, 2021.

508 VV.AA. (Panel for the Future of Science and Technology), *Tackling Deepfakes in European Policy*. PE 690.039, European Parliamentary Research Service [Scientific Foresight Unit (STOA)], Parlamento Europeo, 2021, p. 25.

509 VV.AA. (Panel for the Future of Science and Technology), *Tackling Deepfakes in European Policy*. PE 690.039, European Parliamentary Research Service [Scientific Foresight Unit (STOA)], Parlamento Europeo, 2021, p. 33.

lar[510]. Cada vez será más difícil deslindar la verdad de la mentira, pudiendo alcanzarse el estado visto de «apocalipsis de la información» o «apatía de la realidad», en el que no exista información confiable para las personas.

Actores malintencionados pueden sacar beneficio de tal situación, tratando —entre otros fines— de dañar los sistemas democráticos. Esto incluirá la manipulación de elecciones a través de la erosión de debate público, con el menoscabo que ello supone para el derecho de participación, provocando que las instituciones pretendidamente democráticas pierdan legitimidad. Tal perspectiva ha sido analizada en apartados precedentes a apropósito del impacto de la IA sobre el derecho a la libertad de expresión y de información. Los *deepfakes*, sin embargo, serán una forma concreta y muy perfeccionada de vehiculizar la desinformación de la sociedad. Conviene, por ello, abordar el asunto en mayor profundidad a partir de la afección de este tipo de contenido en el derecho de participación.

7. El derecho de participación

La celebración de elecciones es uno de los momentos clave en cualquier Estado democrático y pluralista en los que el derecho a una comunicación libre cobra pleno sentido y relevancia institucional.

Todos aquellos ciudadanos que aspiren a ser representantes públicos o ya lo sean, así como sus propuestas, políticas y demás medidas ejecutadas o planteadas han de ser necesariamente objeto de publicidad y máximo escrutinio por parte de la sociedad y los medios de comunicación, dada la relevancia que va a suponer para el devenir de la vida política la formación de la opinión pública y el ejercicio del derecho de participación.

El derecho de participación, de sufragio activo y pasivo, o el derecho a unas elecciones libres, entre otras manifestaciones, están recogidos en la DUDH (art. 21), el CEDH (art. 3

---

510 CITRON, D K.; CHESNEY, R, «Deep Fakes: A Looming Challenge for Privacy, Democracy, and National Security», en *107 California Law Review 1753*, 2019, p. 1779.

del Protocolo Adicional), el PIDCP (art. 25) y la CDFUE (arts. 39 y 40).

En la CE, el derecho de participación está regulado en el artículo 23[511]. Según éste, «los ciudadanos tienen el derecho a participar en los asuntos públicos, directamente o por medio de representantes, libremente elegidos en elecciones periódicas por sufragio universal» (art. 23.1), como manifestación del derecho de participación activa. Se distinguen aquí varias dimensiones del derecho: la participación directa del ciudadano, en forma de «voto-orden»; la participación electoral, en forma de «voto-elección»; y la participación representativa, en forma de «voto-delegación»[512].

Por su parte, en relación al derecho de participación pasiva, los ciudadanos también «tienen derecho a acceder en condiciones de igualdad a las funciones y cargos públicos, con los requisitos que señalen las leyes» (art. 23.2); en otras palabras, el derecho a ser elegido o a ejercer funciones representativas, no debiendo entenderse incluidos los cargos de carácter funcionarial[513].

Se trata de una versión actualizada del viejo derecho de sufragio activo y pasivo[514]. Se desarrolla en artículos 68.1 y 69.2 de la ley fundamental, en relación con la elección de diputados y senadores; en el artículo 13.2 y 140, sobre de las elecciones municipales; y en el artículo 152.1 acerca de las elecciones autonómicas. Para las distintas instituciones

---

511 Sobre este derecho en el entorno digital, véase la regulación del derecho a la participación ciudadana, previsto en el apartado XVI, de la Carta de Derechos Digitales, así como CASTELLANOS CLARAMUNT, J., «El derecho a la participación ciudadana por medios digitales (XVI)», en *La Carta de Derechos Digitales*, Tirant lo Blanch, Valencia, 2022, pp. 225-250.

512 DE ESTEBAN ALONSO, J., GONZÁLEZ-TREVIJANO, P. J., *Tratado de derecho constitucional* (edición puesta al día por Ángel J. SÁNCHEZ NAVARRO), Servicio de Publicaciones, Universidad Complutense Madrid, Madrid, 2004, pp. 201-202.

513 DE ESTEBAN ALONSO, J., GONZÁLEZ-TREVIJANO, P. J., *Tratado de derecho constitucional* (edición puesta al día por Ángel J. SÁNCHEZ NAVARRO), Servicio de Publicaciones, Universidad Complutense Madrid, Madrid, 2004, p. 203.

514 ÁLVAREZ RODRÍGUEZ, I., *Lecciones de derecho constitucional III. Derechos fundamentales*, Servicio de publicaciones Facultad de Derecho, Universidad Complutense de Madrid, 2022, p. 106.

establece el ejercicio del sufragio universal, que será libre, igual, directo y secreto en la elección de los miembros de las Cortes Generales y de los Concejales de las Administraciones locales.

El bien jurídico protegido en el artículo 23 es la integridad del sufragio activo —el derecho de voto o condición de elector— y del sufragio pasivo —el derecho a ser candidato o condición de elegible—, pero no el derecho de participación o el derecho de sufragio en todas sus ramificaciones o manifestaciones[515]. Deberemos otorgar máxima protección, como derecho fundamental, a aquellos elementos imprescindibles para la existencia de un sistema electoral libre y limpio, propio de una democracia constitucional contemporánea[516]; «de lo que en el mundo occidental se conoce por democracia política, forma de participación inorgánica que expresa la voluntad general», en palabras del Tribunal Constitucional[517].

La libertad de expresión y el derecho a la información, junto a la libertad de los medios de información, son los pilares sobre los que se asienta gran parte de nuestra sociedad democrática y la forma de soberanía nacional reconocida al pueblo español en la CE. Del correcto ejercicio de las libertades comunicativas dependerá la formación de la opinión pública libre y, por ende, la voluntad del pueblo, que se manifestará a través del ejercicio del derecho de participación, entre otras formas.

Así, uno de los principales enemigos de los sistemas democráticos y pluralistas en la actualidad fuertemente manifestado a través del derecho de participación es la desinformación. Se trata de un enemigo que encuentra en los *deepfakes* un fuerte respaldo para su cometido y en las redes sociales un ecosistema perfecto en el que crecer y desarrollarse[518].

Tal y como ha identificado la Comisión Europea[519], entre los ámbitos primordiales sobre los que se debe actuar en

---

515   STC 119/1995, de 17 de julio, FJ 3.

516   Díez-Picazo, L. M., *Sistema de derechos fundamentales*, Tirant lo Blanch, Valencia, 2021, p. 382.

517   STC 119/1995, de 17 de julio, FJ 4.

518   Sobre ello, véase también Presno Linera, M. Á., *Derechos fundamentales e inteligencia artificial*, Marcial Pons, Madrid, 2022, pp. 69-76.

519   Comisión Europea, *The Strengthened Code of Practice on Disinforma-*

la lucha contra la desinformación destaca el de la integridad de los servicios prestados a través de la sociedad de la información. Dicha integridad debe quedar garantizada para reducir el impacto social que tienen determinadas prácticas fraudulentas como la creación y uso de cuentas falsas, el empleo de *bots* para distorsionar el discurso público o, en lo que aquí nos interesa, la circulación de *deepfakes* maliciosos, no amparados por la libertad de expresión.

Como introducíamos líneas atrás, la erosión de los sistemas democráticos a través de los *deepfakes* se despliega fundamentalmente sobre el debate público, la celebración de elecciones y la legitimidad de las instituciones, así como sobre el poder de los propios políticos y los ciudadanos. En este último sentido, hay que tener en cuenta que los *deepfakes* son herramientas que ciertos representantes o mandatarios malintencionados —o agentes dependientes de éstos— pueden usar para ganar poder a costa de los ciudadanos o incluso los periodistas[520].

Los *deepfakes*, al difundir información falsa, no solo desorientan a la población, sino que también pueden menoscabar directamente el honor, la reputación y el prestigio de los políticos, pudiendo afectar al derecho de participación en un contexto puramente electoral. Las ultrafalsificaciones son capaces de desnaturalizar el proceso por el cual se conforman las decisiones colectivas, dado que el voto es esencial para determinar las preferencias del electorado, pues, tal y como afirma el Tribunal Constitucional, «sólo mediante el voto puede formarse la voluntad del cuerpo electoral»[521]. Cualquier acción que manipule de manera ficticia lo que el conjunto de electores piensa u opina representa un riesgo serio para la democracia y la credibilidad de sus instituciones.

Así, los *deepfakes* pueden dañar la consideración ajena de políticos, funcionarios electos u otro tipo de figuras públicas,

---

tion 2022, Comisión Europea, Oficina de Publicaciones de la Unión Europea, Luxemburgo, 2022, pp. 15-16.

520 VV.AA. (Panel for the Future of Science and Technology), *Tackling Deepfakes in European Policy*. PE 690.039, European Parliamentary Research Service [Scientific Foresight Unit (STOA)], Parlamento Europeo, 2021, pp. 32-33.

521 STC 31/2015, de 25 de febrero, FJ 5.

dando lugar a una manipulación del proceso electoral. Desde este enfoque, ya han trascendido casos de uso de *deepfakes* con consecuencias «reales» aparejadas, más allá de la propia desinformación generada. En 2019, las autoridades de Malasia detuvieron al entonces secretario del Ministro de Economía, Abdul Aziz, por una ultrafalsificación en la que éste afirmaba haber mantenido relaciones sexuales con el ministro con el que trabajaba —siendo la homosexualidad un delito en el país—. La supuesta confesión fue realizada a propósito de un vídeo anteriormente difundido en redes sociales en el que aparecían dos hombres en actitud íntima. El supuesto confesor se identificaba como uno de los protagonistas de dicho vídeo e identificaba a su acompañante: el Ministro de Economía[522]. En el *deepfake* que contenía la referida confesión, el secretario también alentaba una investigación criminal sobre el mandatario por una presunta trama de corrupción en la que estaba involucrado. Tan pronto como se descubrió la falsedad del vídeo, el secretario fue puesto en libertad[523], pero todo ello condujo a una desestabilización del gobierno de coalición[524]. Se trató de uno de los primeros casos en los que este tipo de herramientas eran empleadas maliciosamente y con efectos reales, fácticos e inmediatos en el ámbito político, si bien la desinformación empleando técnicas de IA ya se había presentado en el entorno político[525].

En el período previo a las elecciones será cuando la lucha contra los *deepfakes* se vuelva absolutamente crucial debido a la vulnerabilidad del cuerpo electoral a ser mal informados y las consecuencias que ello puede conllevar. Este tipo de con-

---

522 KER, N. (12 de junio de 2019), *Is the Political Aide Viral Sex Video Confession Real or a Deepfake?*, MalayMail, extraído de https://www. malaymail.com/news/malaysia/2019/06/12/is-the-political-aide-viral-sex-video-confession-real-or-a-deepfake/1761422, fecha últma visita: abril 2024.

523 VELASCO, C., «Deepfakes como servicio. Un análisis desde la perspectiva del ciberdelito», en *Derecho, Ética e Inteligencia Artificial*, Tirant lo Blanch, Valencia, 2023, p. 411.

524 VV.AA. (Panel for the Future of Science and Technology), *Tackling Deepfakes in European Policy*. PE 690.039, European Parliamentary Research Service [Scientific Foresight Unit (STOA)], Parlamento Europeo, 2021, p. 33.

525 CITRON, D K.; CHESNEY, R., «Deep Fakes: A Looming Challenge for Privacy, Democracy, and National Security», en *107 California Law Review 1753*, 2019, pp. 1777-1779.

tenido falso pone en riesgo tanto a los votantes —que podrían formarse una opinión basada en falsedades que determinara su última elección política—, como a los candidatos —que podrán enfrentarse una competencia electoral en condiciones desiguales—.

El impacto de los *deepfakes* en la carrera política por la presidencia de un país ya ha sido analizado en Estados Unidos a propósito de las elecciones estadounidenses de 2024, que muy probablemente enfrentarán a Joe BIDEN y Donald TRUMP. El estudio *AI Deepfakes in 2024 Election,* de Home Security Heroes[526], indica que tres de cada cuatro votantes ya habían sido impactados con *deepfakes* de los candidatos, afectando significativamente sus opiniones y, en algunos casos, alterando su intención de su voto. Según señala el trabajo, estos contenidos fomentan desinformación, escepticismo y frustración entre el cuerpo electoral, agudizando las preocupaciones sobre las futuras elecciones en Estados Unidos. La reacción de las personas ante los *deepfakes* varía mucho, viéndose influenciada por su familiaridad con la tecnología, nivel de escepticismo y los prejuicios. Sin embargo, generalmente, estos contenidos socavan la confianza en los medios de comunicación y los políticos, pueden intensificar las creencias previas y promover una mayor división social y hostilidad hacia ciertas figuras o ideas, fomentado la polarización.

La alarma sobre los *deepfakes* en un contexto electoral ya fue identificado en el país anglosajón en 2019, llevando al Estado de California a vedar su difusión sesenta días antes de las elecciones. Quedaban excluidos de esta prohibición general las ultrafalsificaciones que fueran una sátira o parodia, o fueran difundidos por los medios de comunicación convencionales[527], en favor de la libertad de expresión. Actualmente, la Comisión Electoral Federal de Estados Unidos está considerando medidas similares para las elecciones presidenciales de 2024[528].

---

526 Disponible en www.homesecurityheroes.com/ai-deepfakes-in-2024-election/. Fecha última visita: marzo 2024.

527 Assembly Bill No. 730, Chapter 493, disponible en https://leginfo.legis-lature.ca.gov/faces/billTextClient.xhtml?bill_id=201920200AB730, fecha última visita: marzo 2024.

528 FORTIS, S. (11 de agosto de 2023), «Reguladores en EEUU estudian reglamentar los 'deep fakes' políticos de cara a las elecciones de 2024», *Cointelegraph*, extraído de https://es.cointelegraph.com/news/

Ante la celebración de unos comicios, la capacidad que puede tener un *deepfake* para influir en los resultados es real. Dependerá en gran parte de la antelación con la que éste se difunda, siendo mayor el impacto si la ultrafalsificación se lanza con la antelación suficiente como para que logre cierta circulación, alcanzando a un público considerable de destinatarios, pero no con tanto margen temporal como para que la víctima del *deepfake* desacredite de manera efectiva el contenido falso circulado, en caso de que ello pudiera ser posible[529].

La distorsión del debate público, la polarización de la sociedad, la manipulación de las elecciones, la erosión en la confianza de las instituciones democráticas y representativas, entre otras, son consecuencias de gran calado sobre el libre ejercicio del derecho de participación. Éste puede quedar vacío de contenido y significado real si no existe una formación de la voluntad popular libre, como consecuencia de la aplicación de sistemas de IA en todo el ecosistema comunicativo, incluyendo generación de *deepfakes* y su difusión masiva a través de las redes sociales.

8. Políticas a desarrollar para combatir los *deepfakes*

Abordar los impactos negativos asociados a los *deepfakes* requiere de medidas tanto preventivas como reactivas, pues, aunque este tipo de contenido se retire del foro público, el daño individual y social frecuentemente es irreversible. Si a ello le añadimos que la desinformación viaja hasta seis veces más rápido que la verdad y que tiene un 70 por ciento más de probabilidades de ser compartida en redes sociales[530], las medidas a adoptar no pueden ser exclusivamente reactivas o *ex post*. Así, este tipo de contenido no basta con sustraerse

---

us-regulators-consider-regulating-political-deep-fakes, fecha última consulta: abril 2024.

529 CITRON, D K.; CHESNEY, R, «Deep Fakes: A Looming Challenge for Privacy, Democracy, and National Security», en *107 California Law Review 1753*, 2019, p. 1778.

530 GONZÁLEZ, M. A., «*Fake News*: desinformación en la era de la sociedad de la información», en *Ámbitos. Revista Internacional de Comunicación*, n.º 45, 2019, p. 37.

del foro público, sino que también deben evitarse difusiones malintencionadas.

Partiendo de lo anterior, el estudio *Tackling Deepfakes in European Policy* plantea una interesante aproximación desde de las distintas fases del ciclo de vida de una ultrafalsificación, atendiendo a distintos ámbitos: (i) tecnología; (ii) creación; (iii) circulación; (iv) objetivo; y (v) audiencia[531].

Desde el punto de la tecnología, se deben tener en cuenta los desarrollos y herramientas empleadas para generar *deepfakes*, así como los actores involucrados en calidad de proveedores tecnológicos, responsables de sistemas de producción de *deepfakes*.

Desde el Reglamento de IA, resulta fundamental para combatir los efectos negativos de los *deepfakes* la obligación de identificación de este tipo de contenido para los proveedores del sistema IA —también para los responsables de su despliegue o usuarios—, impuesta por el texto, de cara a dotar de transparencia al contenido[532]. Quizá habría sido deseable incluir los sistemas capaces de generar *deepfakes* entre los sistemas de IA de alto riesgo listados en el Anexo III de la norma, con los requisitos adicionales que les son aplicables a éstos[533]. Ello, a la luz de los riesgos para los derechos fundamentales y la seguridad pueden conllevar, pues precisamente la delimitación o clasificación del Reglamento

---

531 VV.AA. (Panel for the Future of Science and Technology), *Tackling Deepfakes in European Policy*. PE 690.039, European Parliamentary Research Service [Scientific Foresight Unit (STOA)], Parlamento Europeo, 2021, pp. 58-66. A título meramente aclaratorio, las previsiones contenidas en el estudio del Parlamento Europeo, aún siendo de fundamental importancia en el ámbito de los *deepfakes*, contiene ciertas cuestiones abiertas o inexactas a la fecha de redacción de estas líneas, pues cuando dicho informe fue redactado aún se encontraban en proceso de tramitación tanto el Reglamento de Servicios Digitales como el Reglamento de IA, de fundamental importancia en el ámbito que nos ocupa. Huelga señalar que dichas cuestiones han sido revisadas y ampliadas para ser incluidas en el presente trabajo.

532 Art. 50.2 y 4 Reglamento de IA. En relación con los proveedores de sistemas de IA, la obligación de transparencia no se refiere expresamente a cuando estos sistemas sean capaces de generar *deepfakes*, sino de «contenido sintético». Los *deepfakes*, sin embargo, se deben entender comprendidos entre este tipo de contenido.

533 Véanse artículos 6 y ss. Reglamento de IA.

de IA de sistemas de «alto riesgo» busca «garantizar un nivel elevado y coherente de protección de los intereses públicos en lo que respecta a la salud, la seguridad y los derechos fundamentales» (Considerando 7), prestando especial atención a determinados bienes jurídicos recogidos en la CDFUE, como precisamente la dignidad, la igualdad, la privacidad, la libertad de expresión y de información, el derecho a la educación, el derecho al trabajo o el derecho a la tutela judicial efectiva, entre otros[534].

Otra posible solución para acometer este tipo de contenido sería limitar la difusión de la tecnología para su detección. Obviamente, ésta es determinante para frenar la difusión de los *deepfakes*, pero de ella también se sirven los propios productores y desarrolladores para corregir los «errores» que hacen que otro sistema de IA sea capaz de identificar el engaño. Por ejemplo, los reflejos luminosos sobre la córnea de los ojos es un buen indicador acerca de la falsedad de un contenido artificialmente generado, pues muchas veces son distintos en cada globo ocular cuando la realidad y verosimilitud impondría un reflejo muy aproximado en ambos, casi idéntico. Un actor generador de contenido ultrafalso tomará esta detección para corregir el error y mejorar el resultado artificial. Asimismo, como señala COLINS[535], en un momento del desarrollo de esta tecnología, la falta de parpadeo realista era otra forma de distinguir los vídeos falsos de los auténticos. Dicha debilidad se incorporó rápidamente a los algoritmos encargados de generar *deepfakes*, resultando de ello nuevos vídeos con parpadeos realistas. Para controlar estas prácticas frustrantes, OVADYA[536] propone la creación de una suerte de Consejo Internacional de Autenticidad de los Medios, con acceso privilegiado para ciertos actores a tecnologías de detección que no sean públicas. Como resulta lógico, la contracara de limitar en exceso la difusión de la tecnología de detección puede suponer que otros actores que persigan finalidades legítimas de identificación no pue-

---

534   Considerando 48.

535   COLLINS, A., *Forged Authenticity: Governing Deepfake Risks*, Lausanne: EPFL International Risk Governance Center, Vaud, Suiza, 2019, p. 17.

536   OVADYA, A., *Proposal: International Media Authenticity Council (v 0.8)*, 2019, disponible en https://docs.google.com/document/d/1yikBsB1s-gYDyJCCHhbpKQRilOURXmDLzrlRxiP_puGs/edit?usp=sharing, fecha última visita: abril 2024.

dan acceder a ella. Asimismo, en el contexto actual global y tecnológico en el que nos movemos, parece complicado pensar en que actores maliciosos no terminar por acceder, de diferentes formas, a esta tecnología de detección, aproximando esta propuesta a una utopía. En cualquier caso, la inversión continua en investigación en el área de detección de este tipo de contenido debería mantener las capacidades de detección por delante de todos los actores malintencionados, excepto los más avanzados, en su caso.

Desde el punto de vista tecnológico, parece más apropiado destinar recursos desde las instituciones para el desarrollo de sistemas de IA que limiten los ataques de *deepfakes* —a través de los cotizados programas de Horizonte Europa, por ejemplo—, y para educar y concienciar a los profesionales de las tecnologías de la información —investigadores y desarrolladores de IA, principalmente— para que sean conscientes de las repercusiones éticas y sociales de su trabajo desde su formación académica, así como de las normas y demás disposiciones legales a las que se deben sujetar en su desempeño profesional.

En el ámbito de la creación, en relación a los usuarios —o responsables del despliegue—, que son quienes realmente utilizan los sistemas de IA para generar *deepfakes*, resulta igualmente importante y loable la obligación establecida en el Reglamento de IA de que identifiquen este tipo de contenido como generado o manipulado de manera artificial[537]. Quizá habría sido recomendable limitar determinados contextos creativos o finalidades abiertamente ilegítimas, como el uso de *deepfakes* inconsentidos para realizar contenido pornográfico o campañas maliciosas de desinformación política, en la línea con Estados Unidos[538]. El problema de ello es

---

537 Art. 50.4 Reglamento de IA.

538 Véase la § 681 (Parte D, del Subcapítulo XVIII, del Capítulo 1, del Título 6) del Código de Estados Unidos. Disponible en https://uscode. house.gov. Fecha última consulta: marzo 2024. El país norteamericano parece estar fuertemente concienciado con esta práctica. El 20 de septiembre de 2023 se presentó un proyecto de ley en el Congreso de los Estados *ad hoc* para proteger la seguridad nacional contra las amenazas que plantea la tecnología *deepfake* y proporcionar recursos legales a las víctimas de *deepfakes* dañinos, con la pretensión de recogerse en la § 1041 (Capítulo 47, de la Parte I, del Título 18), del Código de Estados Unidos. Disponible en https://www.congress.gov/

la dificultad de garantizar, de manera suficiente, el legítimo ejercicio de la libertad de expresión, fundamentalmente. Prohibir determinados ámbitos de uso puede poner el riesgo el derecho a una comunicación libre ante una excesiva enumeración casuística o una observancia torticera de los supuestos ámbitos vedados.

Tratar de intensificar de las acciones diplomáticas y la cooperación internacional en busca de acuerdos internacionales sobre la desinformación, en general, y a los *deepfakes*, en particular es otra opción muy interesante. Estas prácticas engañosas y manipuladoras pueden ayudar a aumentar las crisis entre diferentes Estados y la tensión geopolítica, haciéndose deseable la suscripción de acuerdos vinculantes para prevenir posibles conflictos regionales o internacionales derivados del uso malintencionado de las ultrafalsificaciones. En dichos acuerdos se debería valorar la opción de imponer sanciones económicas cuando la producción de los *deepfakes* provenga de actores políticos.

Otra opción a sopesar para ámbito de la creación podría ser establecer ciertas limitaciones al anonimato en el uso de plataformas en línea; en concreto, de las redes sociales. El hecho de que un usuario pueda encubrir su identidad en estos prestadores es positivo para determinados perfiles, como activistas o denunciantes que no puedan expresar libremente sus ideas u opiniones, o transmitir determinada

---

bill/118th-congress/house-bill/5586/text. Fecha última visita: marzo 2024. Otras iniciativas se están desarrollando para defender otros intereses derivados de la aplicación de esta tecnología a la voz —los denominados *deep voices*, recuérdese— en ámbito artístico. Recientemente, el estado de Tennessee ha promulgado recientemente la *Ensuring Likeness Voice and Image Security Act* (Ley de seguridad de imagen y voz para garantizar la semejanza) o ELVIS Act (Ley ELVIS, por su acrónimo en inglés), que entrará en vigor el día 1 de julio de 2024. El principal propósito de la norma es proteger la voz de los artistas intérpretes y ejecutantes frente al uso indebido de la inteligencia artificial, vedando la imitación de su voz sin mediar autorización. Singh, K. (22 de marzo de 2024), «Tennessee becomes first US state with law protecting musicians from AI», *Reuters*, extraído de https://www.reuters.com/legal/tennessee-becomes-first-us-state-with-law-protecting-musicians-ai-2024-03-21/, fecha última visita: abril 2024. Sobre la tramitación de esta norma, véase https://digitalpolicyalert.org/change/8698-the-ensuring-likeness-voice-and-image-security-act-of-2024-hb-2091-in-tennessee, fecha última visita: abril 2024.

información sin cortapisas. Sin embargo, el anonimato también puede proteger a los usuarios malintencionados. Establecer ciertos requisitos identificativos podría ser interesante para inhibir determinadas prácticas por parte de un colectivo bastante numeroso de usuarios, que podrían sentir la posibilidad cierta de que emprendan medidas legales contra ellos[539]. No sería tan útil con los usuarios técnicamente más avanzados, que podrían tratar de ocultar su identidad por vías fraudulentas. En China, por ejemplo, los usuarios de redes sociales deben registrarse con su identidad, antes de acceder a las plataformas. Establecer un equilibrio puede ser complicado si se considera esencial cierto grado de anonimato en la plataforma. Podría valorarse, por ejemplo, que determinadas exigencias de identificación se vinculen a la publicación de cierto tipo de contenido, pero no en otros casos. En cualquier caso, habría que ser cauteloso para no restringir injustificadamente otros derechos, como la libertad de expresión.

También puede resultar interesante invertir recursos en transferencia de conocimiento y tecnología, sobre todo en relación con los países en desarrollo, pues es en estos territorios donde los impactos negativos de los *deepfakes* pueden ser más fuertes, siendo recomendable que se aborde en las políticas exteriores y de desarrollo de cara a mejorar la resiliencia de estos países.

Por último, desde la perspectiva del concreto despliegue que se haga del sistema de IA conviene añadir que el Reglamento de IA prohíbe la introducción en el mercado, la puesta en servicio o la utilización de sistemas de IA que se sirvan de técnicas manipuladoras o engañosas, como los *deepfakes*, con el objetivo o efecto de mermar la capacidad de decisión de una persona o un colectivo y llevarles a tomar una decisión que de otra manera no hubieran adoptado, provocando —o siendo previsible que se provoquen— perjuicios considerables[540]. En este sentido, en el marco publicitario, son bien sabidos los peligros que representa el servirse figuras que

---

539 Sobre esta cuestión, véase el derecho al pseudonimato, previsto en el apartado IV de la Carta de Derechos Digitales, así como ADSUARA VARELA, B., «El derecho al pseudonimato. Entre la identificiación y el anonimato (IV)», en *La Carta de Derechos Digitales*, Tirant lo Blanch, Valencia, 2022, pp. 53-78.

540 Art. 5.1.a) Reglamento de IA.

gocen de prestigio o notoriedad para los destinatarios, con la intención de desarrollar acciones comerciales en determinados contextos. En el ámbito sanitario, por ejemplo, existe la prohibición general de aportar testimonios de personas famosas o conocidas por el público en la promoción de productos de pretendida finalidad sanitaria[541] ante la capacidad de influencia que pueden tener en el destinatario, siendo este ámbito especialmente sensible para determinados derechos de las personas, como la vida o la integridad. Sin perjuicio de las vulneraciones de derechos paralelas, como el derecho a la propia imagen, al menos[542], un *deepfake* no podría emplearse con la intención de inclinar las pulsiones de una persona o un colectivo en una determinada dirección cuando ello pueda suponer un perjuicio considerable a esa persona, a otra persona o a un grupo de personas.

A propósito del ámbito de circulación de los *deepfakes*, puede resultar de gran interés establecer ciertas medidas relacionadas con su difusión para evitar o minimizar el daño. En este sentido, el Reglamento de Servicios Digitales ofrece una serie de soluciones para limitar la propagación de este tipo de contenido, como (i) las derivadas de investigaciones voluntarias por iniciativa propia y cumplimiento del Derecho llevadas a cabo por los propios prestadores[543] —sin que en ellos descanse la obligación general de monitorización de todo el contenido alojado en sus servidores[544], que podría resultar contraproducente—; (ii) las órdenes de actuación contra contenidos ilícitos dictadas por las autoridades judiciales o administrativas pertinentes de los Estados miembros[545]; y (iii) los mecanismos de notificación y acción a partir de la iniciativa de cualquier persona física o entidad[546]. Nótese la amplitud y distinta naturaleza de los intervinientes

---

541 Art. 4.7 Real Decreto 1907/1996, de 2 de agosto, sobre publicidad y promoción comercial de productos, actividades o servicios con pretendida finalidad sanitaria.

542 Recuérdese la obligación de la LO 1/1982 de mediar consentimiento para la utilización de su imagen de una persona con finalidad comercial, no estando sujeto a los límites establecidos en el artículo 8.2 (art. 7.6 LO 1/1982).

543 Art. 7 Reglamento de Servicios Digitales.

544 Art. 8 Reglamento de Servicios Digitales.

545 Art. 9 Reglamento de Servicios Digitales.

546 Art. 16 Reglamento de Servicios Digitales.

que pueden iniciar medidas para retirar de las plataformas este tipo de contenido. El Reglamento de Servicios Digitales también se erige como una adecuada herramienta para exigir responsabilidades a las plataformas en línea, incluidas las redes sociales, cuando —entre otros casos— la información alojada por sus usuarios sea un contenido ilícito y prestador no actúe con prontitud para retirarlo o bloquear su acceso en cuanto tenga conocimiento o consciencia de esa ilicitud [547]. El proceso de retirada o bloqueo del contenido correspondiente debe venir acompañado de una justificación suficiente, clara y específica sobre las restricciones impuestas para los destinatarios del servicio afectados[548], de cara a evitar excesos y fomentar las prácticas transparentes. Igualmente, la decisión puede ser revisada por un sistema interno de gestión de reclamaciones[549], además de por medio de un mecanismo de resolución extrajudicial de conflictos, que no cierra la puerta a una reclamación ante los tribunales ordinarios[550]. Todo ello, de cara a garantizar los derechos fundamentales de todos los afectados.

Asimismo, siguiendo el Reglamento de Servicios Digitales, tal y como analizábamos líneas atrás a propósito de la delimitación jurídica de los *deepfakes*, es posible que las plataformas en línea deban garantizar que este tipo de contenido, cuando pueda parecer auténtico o verídico, «se distinga mediante indicaciones destacadas cuando se presente en sus interfaces en línea». Además, deberán «proporcionar una funcionalidad fácil de utilizar que permita a los destinatarios del servicio señalar dicha información» [art. 35.1.k) Reglamento de Servicios Digitales]. Todo ello, de cara a la reducción de los riesgos razonables que pudieran derivarse «del diseño o del funcionamiento de su servicio y los sistemas relacionados con este, incluidos los sistemas algorítmicos, o del uso que se haga de sus servicios» (art. 34.1 Reglamento de Servicios Digitales).

De forma adicional, podría valorarse la oportunidad e idoneidad de que las plataformas emplearan un *software* de detección de *deepfakes*, con carácter previo a su publica-

---

547   Art. 6 Reglamento de Servicios Digitales.

548   Art. 17 Reglamento de Servicios Digitales.

549   Art. 20 Reglamento de Servicios Digitales.

550   Art. 21 Reglamento de Servicios Digitales.

ción, para un posible etiquetado sobre su falsedad. Se ha propuesto, asimismo, el empleo de filtros de carga que impidan la subida de determinado contenido. Sin embargo, ello puede suponer un gran peligro para el ejercicio de la libertad de expresión si dichos filtros son muy restrictivos[551], tal y como sospechó la República de Polonia que sucedería ante la entrada en vigor de la Directiva (UE) 2019/790, de 17 de abril de 2019, sobre los derechos de autor y derechos afines en el mercado único digital y por la que se modifican las Directivas 96/9/CE y 2001/29/CE[552]. También se corre el riesgo de que, en caso de que el filtro de identificación se emplee únicamente para etiquetar el contenido supuestamente falso y dicho filtro no funcione con la precisión requerida o contenga algún fallo, se señale como «falso» contenido que pueda ser cierto, con el consecuente daño que podría suponer para el derecho a la información.

El foco de atención también podría recaer sobre la identificación de cuentas falsas y *bots* en las plataformas, pues tienen gran impacto en la difusión de desinformación y *deepfakes*, según veíamos anteriormente a propósito del derecho a la libertad de expresión y de información. Su identificación puede ser muy relevante para garantizar la transparencia comunicativa.

En relación con la capacidad de viralización de los *deepfakes*, el estudio *Tackling deepfakes in European policy*[553] pro-

---

551 COLLINS, A., *Forged Authenticity: Governing Deepfake Risks*, Lausanne: EPFL International Risk Governance Center, Vaud, Suiza, 2019, p. 17.

552 En concreto, ante el artículo 17 de la citada Directiva. Ante su aprobación, el 26 de julio de 2019 la República de Polonia interpuso un recurso de anulación frente al Parlamento Europeo y el Consejo de la Unión Europea, por los riesgos que dicho artículo conllevaba para el derecho a la libertad de expresión y de información consagrado en la CDFUE. La STJUE, de 26 de abril de 2022 (asunto C-401/19), declaró la validez del acto de la Unión y su estricto respeto a la CDFUE. Sobre ello, véase GUTIÉRREZ GARCÍA, E., «La libertad de expresión y de información frente a la propiedad intelectual en el Mercado Único Digital: Sentencia del Tribunal de Justicia de la Unión Europea de 26 de abril de 2022 (Asunto C-401/19)», en *Revista Aranzadi de derecho patrimonial*, n.º 58, 2022.

553 VV.AA. (Panel for the Future of Science and Technology), *Tackling Deepfakes in European Policy*. PE 690.039, European Parliamentary Research Service [Scientific Foresight Unit (STOA)], Parlamento Europeo, 2021, p. 63.

pone disminuir la velocidad de circulación del contenido a través de una serie de soluciones que, en su justa medida, pueden resultar apropiadas. Según señalan, la «libertad de alcance» no es un derecho fundamental, como sí lo es la libertad de expresión, cuyo ejercicio inicialmente no se ve lastrado. Por ejemplo, limitar (i) el número de usuarios en grupos, como sucede en la aplicación de mensajería instantánea de WhatsApp; (ii) la velocidad y dinámica con la que se comparte el contenido, como asimismo sucede en WhatsApp, predeterminándose el número máximo de contactos a los que puedes enviar o reenviar un contenido; o (iii) las posibilidades de micro-etiquetado de usuarios de una plataforma pueden ser soluciones que reduzcan el alcance de los *deepfakes*. Dichas previsiones, no obstante, no han sido contempladas en el Reglamento de Servicios Digitales tal y como proponía el estudio. Una excesiva limitación puede vaciar de facto el derecho fundamental. Asimismo, conviene recordar, en última instancia, que debe existir cierto reconocimiento paralelo a la libertad de empresa de estos prestadores, que también está prevista en la CDFUE[554].

El Reglamento de Servicios Digitales, en cambio, sí prevé la elaboración de una serie de informes por los distintos actores implicados para aumentar la transparencia de los mecanismos establecidos para la prestación de los servicios de intermediación. En concreto, la norma recoge la necesidad de realizar informes sobre la actividad de los prestadores en relación con la moderación de contenidos[555], con ciertas previsiones adicionales cuando se trate plataformas en línea de muy gran tamaño o de motores de búsqueda en línea de muy gran tamaño[556]; por parte de los coordinadores de servicios digitales sobre el funcionamiento de los órganos de resolución extrajudicial de litigios de los prestadores[557] y sobre su

---

554 Según el artículo 16 del referido texto, «se reconoce la libertad de empresa de conformidad con el Derecho comunitario y con las legislaciones y prácticas nacionales». También se reconoce en nuestra CE, en el artículo 38, según el cual «se reconoce la libertad de empresa en el marco de la economía de mercado. Los poderes públicos garantizan y protegen su ejercicio y la defensa de la productividad, de acuerdo con las exigencias de la economía general y, en su caso, de la planificación».

555 Art. 15. Véase también el artículo 24.

556 Art. 42 Reglamento de Servicios Digitales.

557 Art. 21.4 Reglamento de Servicios Digitales.

propia actividad[558]; a cargo de los alertadores fiables[559] se establece la necesidad de dar cuenta y razón sobre las notificaciones que hayan remitido a través de los mecanismos de notificación y acción regulados en el artículo 16[560], entre otros informes[561].

En cualesquiera de los casos, la decisión de otorgar demasiado poder a los prestadores de plataformas en línea en relación con la circulación y moderación de contenido puede ser francamente problemática, habida cuenta del impacto que su intervención puede suponer para el ejercicio de los derechos fundamentales de los destinatarios del servicio y, quizá, de la población en general. Piénsese en la polémica suspensión de la cuenta de Twitter (actualmente X) al expresidente Donald TRUMP —@realDonaldTrump— dos días después del asalto al Capitolio, que tuvo lugar el 6 de enero de 2021 y en el que fallecieron cinco personas, «debido al riesgo de mayor incitación a la violencia», según la plataforma[562]. ¿Cuál habría sido el potencial impacto de esta repentina retirada si hubiera tenido lugar días antes de la celebración de unos comicios? ¿No debería haber sido acordada por un juez u órgano judicial, siendo ellos los encargados de administrar justicia; siendo ellos en quienes descansa el exclusivo ejercicio de la potestad jurisdiccional? ¿Y si efectivamente el expresidente estaba sobrepasando los límites de la libertad de expresión y la intervención del órgano judicial hubiera resultado extemporánea, habiéndose cometido otro acto de violencia semejante al del Capitolio?

Ciertamente, las plataformas han demostrado ser muy eficaces en la retirada de contenido dañino empleando sus propios mecanismos de acción, moderación y notificación.

---

558 Art. 55 Reglamento de Servicios Digitales.

559 Estos están regulados en el artículo 22 del Reglamento de Servicios Digitales. Se trata de una suerte de agente «privilegiado» en la lucha contra los contenidos ilícitos a los que las plataformas en línea deben dar preferencia en la tramitación de las notificaciones por alojar contenido ilícito.

560 Art. 22 Reglamento de Servicios Digitales.

561 Art. 35-37, 87 y 91 Reglamento de Servicios Digitales.

562 Anón. (8 de enero de 2021). «Suspensión permanente a @realDonaldTrump». X Blog. Disponible en https://blog.twitter.com/es_la/topics/company/2020/suspension-permanente-a-realdonaldtrump. Fecha última consulta: marzo 2024.

El Reglamento de Servicios Digitales trata de formalizar esa colaboración, supliendo las carencias que pueden presentar en semejante contexto los medios más «tradicionales»[563]. La reciente entrada en vigor del texto[564] no ha dejado margen suficiente para realizar un análisis crítico de su adecuación. Sólo el transcurso del tiempo dará cuenta de lo indicado —o contraindicado— del régimen establecido, de si alcanza un justo equilibrio entre los diferentes intereses encontrados en las redes.

Acerca del objetivo de este tipo de contenido, las víctimas de los *deepfakes*, se debe tener en cuenta las graves consecuencias a las que se enfrentan, que muchas veces son más profundas y duraderas que las derivadas de otras formas tradicionales de delincuencia. La mayoría de las previsiones para afrontar la lucha contra las ultrafalsificaciones giran en torno al marco jurídico de la protección de datos personales, pudiendo ser aconsejable el fortalecer la capacidad de actuación de las autoridades de protección de datos, proporcionar directrices específicas en el marco regulatorio, ampliar la categoría de datos personales especialmente protegidos o prestar especial atención a los datos de las personas fallecidas. Sin embargo, puede resultar de la misma forma interesante el establecimiento de procedimientos de autenticación y verificación de las cuentas, para evitar cualquier tipo de cuestionamiento sobre su validez ante los tribunales, llegado el caso, además de para inhibir determinadas conductas —como referíamos a propósito de la anonimización relativa—.

Se hace también recomendable desarrollar un marco unificado sobre los derechos de personalidad —incluido el derecho a la propia imagen—, pues las regulaciones en los distintos territorios son muy variadas, teniendo paralelamente Internet un alcance global. Así se podrían desarrollar, además, criterios comunes de observancia y aplicación.

---

563 Rodríguez de las Heras Ballell, T., «La fórmula de la DSA para resolver el «dilema de la responsabilidad de las plataformas»: un equilibrio entre continuidad e innovación», en *La responsabilidad civil por servicios de sistemas de intermediación prestados por plataformas digitales,* Colex, Madrid, 2023, p. 38.

564 Recuérdese que la fecha de aplicación general comenzó el 17 de febrero de 2024, aunque algunos de los preceptos resultarían de aplicación desde el 16 de noviembre de 2022 (art. 93.2 Reglamento de Servicios Digitales).

Por último, prestar apoyo judicial a las víctimas deviene crucial para facilitar la identificación de los responsables, iniciar procedimientos civiles o penales en busca de justicia y acceder a apoyo psicológico cuando sea preciso. Los órganos correspondientes podrían también hacer seguimiento de los casos, a largo plazo, para valorar y gestionar sus impactos, y poder tomar medidas más ajustadas o pertinentes al respecto.

En última instancia, las políticas a desarrollar para combatir los *deepfakes* también pueden desarrollarse alrededor de la audiencia o los destinatarios que son impactados con ellos. Su respuesta —o falta de ella— es indispensable para determinar el nivel de impacto. Además del etiquetado de este tipo de contenido, los destinatarios podrían servirse de sistemas de autenticación que les ayudaran a identificar la veracidad o falsedad de lo que reciben y, quizá, comparten con otros contactos.

Este concreto ámbito de acción requiere de una inversión en alfabetización mediática para tratar de dar a conocer en profundidad y concienciar sobre las tecnologías capaces de generar *deepfakes*, buscando aumentar con ello la resiliencia de los ciudadanos, organizaciones e instituciones frente a los riesgos de este tipo de contenido. Dichas acciones podrán tener como destinatarios diferentes perfiles especialmente sensibles o relevantes en el ámbito: menores, profesionales de la comunicación o usuarios de redes sociales, a título de ejemplo.

Asimismo, es importante apoyar al periodismo y garantizar suficientemente el pluralismo de los medios de comunicación, tanto a nivel nacional como regional y deseablemente internacional, pues sólo a través de ello se puede garantizar el acceso a una información veraz y vías paralelas para poder contrarrestar adecuadamente la desinformación.

En última instancia, en relación con la audiencia y a propósito de la aprobación del Reglamento de Servicios Digitales, es preciso destacar la obligación de las plataformas en línea de establecer mecanismos de fácil acceso y manejo —previamente referidos a colación de la limitación de circulación de los *deepfakes* y de los alertadores fiables— para que cualquier persona física o entidad pueda notificar la presencia de contenidos ilícitos en la red, como pueden ser las ultrafalsificaciones, que deberán gestionarse por parte de los prestadores «en tiempo oportuno y de manera diligente, no arbitraria y objetiva»[565]. Aunque puede ser objeto de crítica la imprecisión sobre el margen temporal del que disponen las plataformas para responder a la notificación, es loable la facilidad con las que las notificaciones se deben poder presentar. Ante un abuso en el uso de este mecanismo, cuando un determinado usuario presente con frecuencia notificaciones o reclamaciones manifiestamente infundadas, la plataforma podrá tomar medidas contra él[566], pues prácticas semejantes pueden mermar «la confianza y perjudica los derechos e intereses legítimos de las partes afectadas» (Considerando 63).

9. Retos futuros

Los *deepfakes* son uno de los mayores peligros que representa la IA en la actualidad. Se trata de una aplicación concreta de esta tecnología que puede tener un impacto transversal en los derechos fundamentales de las personas —no únicamente de las víctimas que los «protagonizan»— y otros bienes jurídicos dignos de protección. Dependiendo del concreto contenido y contexto, el impacto de su difusión puede superar por mucho el ámbito individual, siendo capaz de afectar a las democráticas más asentadas o incluso a la estabilidad geopolítica.

Como es lógico, esta concreta manifestación puede enmarcarse en un ejercicio legítimo de la libertad de expresión y de información, así como de la libertad de las artes y de las ciencias, siguiendo la nomenclatura de la CDFUE. Así, su principal finalidad puede ser realizar una ajustada crítica o la sátira política —lo que siempre es deseable en el contexto democrático— o formar parte de una obra o creación intelectual.

Encontrar el justo equilibrio para garantizar una comunicación libre, combatiendo la desinformación y otros posibles daños aparejados que este tipo de contenido ultrafalso puede conllevar es vital ante el desarrollo de las nuevas tecnologías. El Reglamento de Servicios Digitales trata de crear un marco jurídico garantista para los derechos fundamentales que pueden resultar afectados en el ámbito de las plataformas en

---

565 Art. 16 Reglamento de Servicios Digitales.

566 Art. 23.2 Reglamento de Servicios Digitales.

línea, como también trata de hacer el Reglamento de IA en el ámbito que le es propio. Aún es pronto para valorar la idoneidad y efectividad de sendos textos como garantes regulatorios. En cualquier caso, nuevos retos emergerán. Ante ellos, el conjunto de la sociedad y los distintos agentes involucrados deben estar preparados para tratar de afrontarlos de la manera menos lesiva para los derechos más preciados de los hombres, pues sólo así la dignidad humana seguirá siendo el necesario eje gravitacional.

IV

LAS NEUROTECNOLOGÍAS Y LOS DERECHOS AFECTADOS

1. Una aproximación terminológica

Prácticas vistas como las de Neuralink a propósito del derecho a la protección de la salud están relacionadas con las denominadas «neurotecnologías», que engloban al conjunto de herramientas basadas en las neurociencias. La neurotecnología, siguiendo a la UNESCO[567], «hace referencia a los dispositivos y procedimientos utilizados para acceder, controlar, investigar, evaluar, manipular y/o emular la estructura y función de los sistemas neuronales de animales o seres humanos». Estas tecnologías pueden ser de dos clases, principalmente, dada su finalidad: (i) las herramientas que tratan de identificar las propiedades de la actividad del sistema nervioso, comprender su funcionamiento, diagnosticar estados patológicos o controlar dispositivos externos (neuroprótesis, «interfaces cerebro-máquina»), a través de la medición y análisis de señales químicas y eléctricas en el sistema nervioso para, comprender cómo funciona el cerebro; y (ii) herramientas que tratan de modificar la actividad del sistema nervioso, interactuando con él para, por ejemplo, restablecer un estímulo sensorial (v. g. implantes cocleares o la estimulación cerebral profunda). Así, la neurotecnología incluiría «el amplio y heterogéneo espectro de métodos, sis-

---

567 UNESCO, *Estudio preliminar sobre los aspectos técnicos y jurídicos relativos a la conveniencia de disponer de un instrumento normativo sobre la ética de la neurotecnología*, 216 EX/9 (6 de abril de 2023), UNESCO, París, Francia, 2023, p. 1.

temas e instrumentos que establecen una vía de conexión con el cerebro humano a través de la cual se puede registrar y/o alterar la actividad neuronal»[568].

Por su parte, tal y como afirman GAGO GALVAGNO y ELGIER[569], «las neurociencias nacen como un paraguas epistemológico que reúne a diferentes disciplinas (física, psicología, filosofía, medicina, biología, química, entre otras) con la intención de conocer la estructura, la función, el desarrollo, la bioquímica, el funcionamiento neuronal y la patología del sistema nervioso, así como la forma en que sus diferentes elementos interactúan, dando lugar a las bases biológicas de la conducta».

Desde el punto de vista de la técnica, los distintos desarrollos neurotecnológicos se pueden clasificar entre invasivos y no invasivos. Los primeros requerirán de una cirugía para incorporar emisores y receptores cerca del cerebro o de ciertas terminaciones nerviosas. Los segundos, por su parte, no precisarán tal intervención[570], con las ventajas que ello acarrea *a priori*, pero son más imprecisos[571].

A la luz de los desarrollos actuales, la integración de la persona y la máquina, de manera invasiva, se puede hacer a través de tres sistemas, fundamentalmente: (i) sistemas de conexión o interfaces que requieren una cirugía cerebral —intracraneales— y que realizan el intercambio de información entre la persona y la máquina a través de un cableado físico; (ii) sistemas que requieren un implante intracraneal como el anterior, pero en los que el intercambio de información se realiza por vías inalámbricas, a través de radiofrecuencia; y (iii) sistemas que

---

568   IENCA, M., *Common Human Rights challenges raised by different applications of neurotechnologies in the biomedical field,* Consejo de Europa, Estrasburgo, 2021, p. 5.

569   GAGO GALVAGNO, L. G.; ELGIER, Á. M., «Trazando puentes entre las neurociencias y la educación. Aportes, límites y caminos futuros en el campo educativo», en *Psicogente* , vol. 21, n.º 40, 2018, p. 477.

570   DÍAZ RODRÍGUEZ, V., «Retos sobre el tratamiento de los neurodatos», en *Derecho, Ética e Inteligencia Artificial*, Tirant lo Blanch, Valencia, 2023, p. 110.

571   PECILLER ROIG, Daniel (5 de diciembre de 2023). «Los expertos en Neuroderecho advierten sobre la Inteligencia Artificial». *National Geographic*. Recuperado de https://www.nationalgeographic.com.es/ciencia/expertos-neuroderechos-advierten-sobre-inteligencia-artificial_21170. Fecha última visita: marzo 2024.

acceden al cerebro a través de la vena yugular e igualmente se conectan externamente mediante radiofrecuencia[572].

Se debe tener en cuenta que estos interfaces cerebro-máquina o cerebro-computadora —también llamados IMC, de interfaz cerebro-máquina; o BCI de interfaz cerebro-máquina— no permiten necesariamente una comunicación unidireccional por la que el sujeto pueda enviar instrucciones a la máquina para que ésta las procese y, en su caso, ejecute. Estas conexiones permiten una comunicación bidireccional, por lo que la máquina puede mandar señales, estímulos o instrucciones al cerebro humano para que sea éste el que las procese/interprete y, en su caso, las ejecute.

Esta bidireccionalidad abre la puerta a grandes avances científicos en trastornos neurodegenerativos en los que artificialmente se pueden suplantar las carencias de las células que integran el sistema nervioso central del sujeto, a título de ejemplo. Las neurotecnologías prometen grandes avances en la lucha contra Alzheimer, el Parkinson, la esclerosis lateral amiotrófica (ELA), la epilepsia, la esquizofrenia o la demencia con cuerpos de Lewy. Pero también abre la puerta a un universo de vulnerabilidades para la persona conectada externamente con una máquina, susceptible de ser estimulada por un tercero con distintas finalidades —acordadas de antemano o no—, incluso dentro del propio ámbito terapéutico.

El progreso y la aplicación de neurotecnologías permiten un nivel de profundidad en la comprensión del cerebro y la conducta humana que hasta entonces no había sido instrumentalmente posible[573], ofreciendo grandes ventajas desde el punto de vista de la salud. Estas herramientas, sin embargo, también plantean nuevos debates acerca de los límites éticos del desarrollo biotecnológico, así como a nuevos riesgos para las personas derivados de los avances científicos. En este contexto, la convergencia entre los avances neurocientíficos y la IA hace que su desarrollo y posibilidades explosio-

---

572 González De La Garza, L. M., «Derechos digitales en el empleo de las neurotecnologías: los neuroderechos (XXVI)», en *La Carta de Derecho Digitales,* Tirant lo Blanch, Valencia, 2022, p. 330.

573 Díaz Rodríguez, V., «Retos sobre el tratamiento de los neurodatos», en *Derecho, Ética e Inteligencia Artificial*, Tirant lo Blanch, Valencia, 2023, p. 102.

nen, tanto desde el punto de vista positivo como negativo[574]. El libre desarrollo de la personalidad, la integridad física y moral, la libertad de ideológica o religiosa, la propia libertad o la intimidad, entre otros muchos derechos fundamentales pueden quedar comprometidos. Ante dichos riesgos, desde una nueva perspectiva, emergerán —¿nuevos?— bienes jurídicos, dignos de protección. Son los conocidos como bajo la expresión «neuroderechos», encuadrados, en su caso, en la cuarta generación de derechos fundamentales, para unos autores[575]; en la sexta generación para otros, si los enmarcamos en las tendencias transhumanistas[576].

2. Camino hacia los neuroderechos

Los neuroderechos, siguiendo al Consejo de Europa[577], se pueden definir como:

> «los principios éticos, legales, sociales o naturales de libertad o derecho relacionados con el dominio cerebral y mental de una persona; es decir, las reglas normativas fundamentales para la protección y preservación del cerebro y la mente humanos».

Básicamente, se relacionan con aquellas parcelas de los bienes más preciados para el hombre que pueden resultar

---

574 ANÓN. (19 de octubre de 2023), «La convergencia de la inteligencia artificial y la neurociencia: visiones del futuro», *Fundación Innovación Bankinter*, extraído de https://www.fundacionbankinter.org/noticias/neurociencia/?_adin=02021864894, fecha última visita: abril 2024.

575 MARTÍNEZ DE PISÓN CAVERO, J.M., *Los derechos humanos: historia, fundamento y realidad*, Zaragoza, Egido, 1997, pp. 156-157. GONZÁLEZ DE LA GARZA, L. M., «Derechos digitales en el empleo de las neurotecnologías: los neuroderechos (XXVI)», en *La Carta de Derecho Digitales*, Tirant lo Blanch, Valencia, 2022, p. 330.

576 MASFERRER, A. *Dignidad y derechos humanos. Un análisis retrospectivo de su formación en la tradición occidental*, Tirant lo Blanch, Valencia, 2022, p. 265. Sobre transhumanismo, véase LUMBRERAS SÁNCHO, S., *Respuestas al transhumanismo: cuerpo, autenticidad y sentido*, Digital Reasons, Madrid, 2020.

577 IENCA, M., *Common Human Rights challenges raised by different applications of neurotechnologies in the biomedical field*, Consejo de Europa, Estrasburgo, 2021, p. 44.

impactadas por ciertos desarrollos científico-tecnológicos ligados, de manera principal, a la exploración de la mente humana y su interacción técnicamente mediada desde el exterior. El campo de actuación de la tecnología no es el propio medio, como venía siendo hasta ahora habitual, sino que se aplicaría sobre el propio individuo desde diferentes aproximaciones.

Así, se vinculan con bienes jurídicos relacionados con derecho fundamentales u otros bienes jurídicos de relevancia ya recogidos en los principales tratados o declaraciones internacionales, así como en textos regionales o nacionales —como en la CE[578]— que son afectados por la IA, la bioingeniería, la biotecnología y cualesquiera prácticas neurocientíficas[579].

Cabría preguntarse si estamos ante un fenómeno de inflación de derechos, que pueda llevar a su devaluación, pues, como señala DÍEZ-PICAZO[580], «para que los derechos fundamentales sean efectivos, probablemente es menester que no sean demasiados». De lo contrario, se corre el riesgo de desnaturalizarlos[581], dislocando «un concepto y una categoría cuyo diseño ha costado mucho tiempo culminar», siguiendo a MARTÍNEZ DE PISÓN CAVERO[582]. Asimismo, también podríamos cuestionarnos si aún es pronto para establecer definiciones claras y soluciones prácticas, dada la novedad de la materia[583]. En cualesquier caso, conviene hacer un análisis

---

578 A título de ejemplo, la CE protege el libre desarrollo de la personalidad, en su artículo 10.1; la integridad física y moral, en su artículo 15; la libertad ideológica y religiosa, en el artículo 16; o el derecho a la intimidad y a la protección de datos, en el artículo 18.

579 GONZÁLEZ DE LA GARZA, L. M., «Derechos digitales en el empleo de las neurotecnologías: los neuroderechos (XXVI)», en *La Carta de Derecho Digitales,* Tirant lo Blanch, Valencia, 2022, p. 330.

580 DÍEZ-PICAZO, L. M., *Sistema de derechos fundamentales*, Tirant lo Blanch, Valencia, 2021, p. 28.

581 MASFERRER, A. *Dignidad y derechos humanos. Un análisis retrospectivo de su formación en la tradición occidental*, Tirant lo Blanch, Valencia, 2022, p. 255.

582 MARTÍNEZ DE PISÓN CAVERO, J. M., *Los derechos humanos: historia, fundamento y realidad*, Zaragoza, Egido, 1997, p. 178.

583 UNESCO, *Estudio preliminar sobre los aspectos técnicos y jurídicos relativos a la conveniencia de disponer de un instrumento normativo sobre la ética de la neurotecnología*, 216 EX/9 (6 de abril de 2023), UNESCO, París, Francia, 2023, p. 3.

del impacto que ciertas aplicaciones neurocientíficas pueden tener sobre los derechos fundamentales ya asentados —¿«clásicos»?— para poder valorar, paralelamente, si emergen nuevas necesidades regulatorias *ad hoc* ante un fenómeno casi desconocido o si, por el contrario, basta con una nueva aproximación a los bienes más básicos ya garantizados, sin perjuicio de que dicha nueva aproximación se articule a través de nuevos instrumentos jurídicos creados al efecto[584].

Entre unas voces más autorizadas en el ámbito de las neurotecnologías, sobresale la de Rafael Yuste, neurobiólogo español, director del Centro de Neurología de la Universidad de Columbia y líder del proyecto de investigación Brain, sobre el mapeo del cerebro. A pesar de los grandes aportes de las neurotecnologías en relación con las enfermedades mentales o neurológicas, el científico reconoce los peligros emergentes relacionados con la manipulación de la mente humana, que pueden generase con todas aquellas herramientas asociadas a las neurotecnologías, conectando una mente humana con una máquina. Existe la necesidad, a su juicio[585], de contar con barreras de seguridad, en forma de principios y políticas, salvaguardias tecnológicas y regulaciones nacionales e internacionales para proteger los derechos humanos. Y es que, a diferencia de las tecnologías predecesoras, la neurotecnología interactúa directamente con el cerebro y lo afecta, planteando preocupaciones éticas únicas hasta el momento, que, sin embargo, retomarán el conocido y clásico debate entre los defensores del conservadurismo y los del progresismo en el ámbito de las ciencias biológicas[586] bajo nuevas perspectivas.

---

584 Sobre el debate académico en la materia —o sobre la ausencia de éste, desde una perspectiva suficientemente amplia y profunda—, véase de Asis Roig, R., «Sobre la propuesta de neuroderechos», en *Derechos y libertades: Revista de Filosofía del Derecho y derechos humanos*, n.º 47, 2022, pp. 51-70.

585 Yuste, R; Genser, J.; Herrmann S.. «It's time for Neuro-Rights: New Human Rights for the Age of Neurotechnology», *Horizons*, n.º 18, 2021, pp. 158-159.

586 Ganuza Fernández, I., «El transhumanismo ciberéntico o de la singurlaridad: un reto para la ética», en *Inteligencia artificial: los derechos humanos en el centro*, Dykinson, Madrid, 2023, p. 62.

Además, se debe tener en cuenta la alta probabilidad de que la neurotecnología se aplique más allá del ámbito sanitario. Ya se sabe que en algunas escuelas primarias en China se exige a los estudiantes que usen dispositivos en forma de auriculares para registrar sus niveles de concentración, almacenando todos esos datos cerebrales en el ordenador del profesor, para posteriormente compartirlos con los padres. Por ello, no se deben descartar en un futuro próximo los usos de esta tecnología en otros ámbitos que incluso puedan comprometer la seguridad y defensa de un estado[587].

En línea con lo anterior, a título de ejemplo, estos desarrollos pueden emplearse para leer imágenes cerebrales proyectadas en el imaginario de un individuo, que hayan sido generadas como respuesta a ciertas preguntas. Ello, llegado el caso, podría usarse para obtener información de manera coercitiva a un interrogado, con el riesgo de convertirla en una herramienta apta incluso para procurar tratos inhumanos, doblegando la voluntad del sujeto en contra de su conciencia[588]. En este sentido, podría ser utilizada por gobiernos o por determinados grupos —delincuentes, políticos o terroristas— para obtener información secreta o confidencial de prisioneros, líderes políticos secuestrados o incluso ciudadanos comunes, lo que representa una grave amenaza a la seguridad individual y colectiva[589].

Otro escenario en el que se podría implementar esta tecnología sería el laboral. Piénsese en algoritmos de selección de personal que, a través de estas herramientas, interpretan erróneamente los datos neuronales de un candidato, resultando su automática exclusión del proceso, con los riesgos discriminatorios que ello supone para el derecho al trabajo. Sesgos similares a los que ya existen en la sociedad podrían igualmente generase, como la discriminación racial o de

---

587 YUSTE, R; GENSER, J.; HERRMANN S., «It's time for Neuro-Rights: New Human Rights for the Age of Neurotechnology», *Horizons*, n.° 18, 2021, pp. 158-159.

588 DÍEZ-PICAZO, L. M., *Sistema de derechos fundamentales*, Tirant lo Blanch, Valencia, 2021, p. 220.

589 YUSTE, R; GENSER, J.; HERRMANN S., «It's time for Neuro-Rights: New Human Rights for the Age of Neurotechnology», *Horizons*, n.° 18, 2021, pp. 158-159.

género, perpetuando o probablemente incrementando la desigualdad ya existente en la sociedad[590].

En 2019, la OCDE redactó la *Recomendación sobre innovación responsable en neurotecnología*[591] con la pretensión principal de guiar a los gobiernos y a los desarrolladores tecnológicos en la anticipación y aproximación a los desafíos éticos, legales y sociales que plantearían las nuevas neurotecnologías, promoviendo paralelamente la innovación en este campo.

Dicha recomendación, en la actualidad plenamente vigente, incorpora nueve principios fundamentales a tener en cuenta por los distintos agentes:

1. Promocionar de la innovación responsable;

2. Priorizar la evaluación de la seguridad;

3. Promover la inclusión;

4. Fomentar la colaboración científica;

5. Permitir la deliberación social;

6. Facilitar la capacidad de los órganos de supervisión y asesoramiento;

7. Salvaguardar los datos cerebrales personales y otra información;

8. Promover culturas de gestión y confianza en todo el sector público y privado; y

9. Anticipar y monitorear el posible uso involuntario y/o incorrecto.

En concreto, en relación al primer principio —Promocionar de la innovación responsable—, la OCDE pone el acento en la aplicación sanitaria de la tecnología, por medio de la investigación, el desarrollo y la financiación pública; y recalca la importancia de «evitar daños y mostrar el debido respeto por los derechos humanos y los valores sociales, especialmente la privacidad, la libertad cognitiva y la autonomía de las personas», así como «prevenir la innovación en neurotecnolo-

---

590 YUSTE, R; GENSER, J.; HERRMANN S., «It's time for Neuro-Rights: New Human Rights for the Age of Neurotechnology», *Horizons*, n.° 18, 2021, pp. 158-159.

591 OCDE, *Recommendation on Responsible Innovation in Neurotechnology*, OECD/LEGAL/0457, OCDE Legal Instruments, 11.12.2019.

gía que busque afectar la libertad y la autodeterminación, particularmente cuando esto fomente o exacerbe sesgos de discriminación o exclusión».

A propósito del séptimo principio —Salvaguardar los datos cerebrales personales y otra información—, relacionado estrechamente con lo que se suele denominar en el ámbito «privacidad mental», señala la necesidad de:

> «promover políticas que protejan los datos personales del cerebro de ser utilizados para discriminar o excluir inapropiadamente a ciertas personas o poblaciones, especialmente con fines comerciales o en el contexto de procesos legales, empleo o seguros».

Los datos personales del cerebro estarían integrados, siguiendo la Recomendación de la OCDE[592], por aquellos «relativos al funcionamiento o la estructura del cerebro humano de una persona identificada o identificable que incluye información única sobre su fisiología, salud o estados mentales». Esta definición, como bien apunta DÍAZ RODRÍGUEZ[593], resulta especialmente acertada al no condicionar la recolección de información a ninguna tecnología específica, a diferencia de otras definiciones dadas en el ámbito a propósito de esta tipología de derechos personales, como en Chile o Brasil[594]. Semejante aproximación tiene la UNESCO al definir los datos neurológicos, los datos cerebrales o los datos personales del cerebro, haciéndose eco de la definición dada por la OCDE[595].

Ciertamente, una regulación temprana de una ciencia o campo emergente genera frecuentemente reticencia entre

---

592 OCDE, *Recommendation on Responsible Innovation in Neurotechnology*, OECD/LEGAL/0457, OCDE Legal Instruments, 11.12.2019.

593 DÍAZ RODRÍGUEZ, V., «Retos sobre el tratamiento de los neurodatos», en *Derecho, Ética e Inteligencia Artificial*, Tirant lo Blanch, Valencia, 2023, pp. 116-117.

594 Sobre ello, véase DÍAZ RODRÍGUEZ, V., «Retos sobre el tratamiento de los neurodatos», en *Derecho, Ética e Inteligencia Artificial*, Tirant lo Blanch, Valencia, 2023, pp. 122-124.

595 UNESCO, Comité Internacional de Bioética. *Report of the International Bioethics Committee of UNESCO (IBC) on the ethical issues of neurotechnology,* SHS/BIO/IBC-28/2021/3 Rev (15 de diciembre de 2021), UNESCO, París, Francia, 2021, p. 6.

los algunos actores implicados, pues se corre el riesgo de frenar los avances tecnológicos con motivo de una sobrerregulación o regulación poco ajustada a los efectos prácticos. Baste reflexionar sobre las diferentes posturas acerca de la conveniencia —o no— de regular la IA, las opciones planteadas y las soluciones adoptadas por los distintos territorios. De ahí que la intención de la OCDE en el marco de las neurotecnologías sea la de enunciar una serie de principios promoviendo, a su vez, la innovación en el ámbito.

A nivel nacional, Chile se erigió como gran pionero. Fue el primer país en regular las neurotecnologías al máximo nivel, sancionando una moción de reforma constitucional el 25 de octubre de 2021, para modificar el número 1 del artículo 19 e incluir el siguiente literal:

> «el desarrollo científico y tecnológico estará al servicio de las personas y se llevará a cabo con respeto a la vida y a la integridad física y psíquica. La ley regulará los requisitos, condiciones y restricciones para su utilización en las personas, debiendo resguardar especialmente la actividad cerebral, así como la información proveniente de ella»[596].

Si bien el precepto no incluía —de forma prudente y acertada, a mi modo de ver— un desglose detallado de los neuroderechos, semejante a los identificados y enumerados por otros autores u organizaciones, qué duda cabe la relevancia de la iniciativa, partiendo de la dignidad humana.

En España, desde los borradores iniciales de la Carta de Derechos Digitales, se recogieron ciertas previsiones sobre el empleo de las neurotecnologías y los derechos asociados que debían quedar garantizados. Alegaciones sobre la superfluidad o la innecesaria regulación de este tipo de derechos surgieron en el debate público del texto bajo la sospecha de que resultaría más prudente evaluar el impacto de esta tecnología antes de establecer normativa alguna al respecto. De lo contrario, se correría el riesgo de afectar negativamente a su desarrollo, dado el estado de la cuestión entonces. Esta

---

596 Ley núm. 21.383. Modifica la carta fundamental, para establecer el desarrollo científico y tecnológico al servicio de las personas. Puede consultarse en https://www.bcn.cl/leychile/navegar?id-Norma=1166983, fecha última visita: abril 2024.

formulación era fruto, a juicio de González de la Garza[597], del desconocimiento de neurociencias, las herramientas en las que se apoya, su nivel de desarrollo y la velocidad a la que evolucionan. El precepto fue finalmente incluido en el artículo XXVI, conforme al siguiente literal:

1. Las condiciones, límites y garantías de implantación y empleo en las personas de las neurotecnologías podrán ser reguladas por la ley con la finalidad de:

   a) Garantizar el control de cada persona sobre su propia identidad.

   b) Garantizar la autodeterminación individual, soberanía y libertad en la toma de decisiones.

   c) Asegurar la confidencialidad y seguridad de los datos obtenidos o relativos a sus procesos cerebrales y el pleno dominio y disposición sobre los mismos.

   d) Regular el uso de interfaces persona-máquina susceptibles de afectar a la integridad física o psíquica.

   e) Asegurar que las decisiones y procesos basados en neurotecnologías no sean condicionadas por el suministro de datos, programas o informaciones incompletos, no deseados, desconocidos o sesgados.

2. Para garantizar la dignidad de la persona, la igualdad y la no discriminación, y de acuerdo en su caso con los tratados y convenios internacionales, la ley podrá regular aquellos supuestos y condiciones de empleo de las neurotecnologías que, más allá de su aplicación terapéutica, pretendan el aumento cognitivo o la estimulación o potenciación de las capacidades de las personas.

Entre los bienes jurídicos especialmente protegidos en el primer apartado del artículo encontramos esferas tradicionales, como puede ser el libre desarrollo de la personalidad, la intimidad y la protección de datos, o la integridad física y moral, aunque desde nuevas perspectivas derivadas de los riesgos del empleo de este tipo de tecnologías. El segundo apartado, por su parte, versa sobre la dignidad de la persona y el derecho a la igualdad para el caso de que los avances

---

597 González de la Garza, L. M., «Derechos digitales en el empleo de las neurotecnologías: los neuroderechos (XXVI)», en *La Carta de Derecho Digitales,* Tirant lo Blanch, Valencia, 2022, pp. 331-332.

tecnológicos sean aplicados con finalidades distintas a las terapéuticas.

3. Los neuroderechos: una pretendida propuesta sistemática al más alto nivel

La neurotecnología, al igual que la energía nuclear, posee un potencial inmenso para el progreso y el bienestar humano. Sin embargo, como contracara de su poder transformador, también presenta riesgos y desafíos sin precedentes para los derechos humanos; riesgos y desafíos «que nunca fueron previstos por los tratados internacionales de derechos humanos actuales», siguiendo a Rafael YUSTE[598],

> «En consecuencia, los tratados existentes no pueden ofrecer la protección sólida y completa de los derechos humanos que requiere un mundo neurotecnológico. En cambio, la era actual exige un marco de protección novedoso: los neuroderechos».

YUSTE y sus colegas[599] proponen el reconocimiento de cinco neuroderechos:

- El derecho a la identidad, o la capacidad de controlar la integridad física y mental de uno;
- El derecho a la agencia, o la libertad de pensamiento y libre albedrío para elegir las propias acciones;
- El derecho a la privacidad mental o la capacidad de mantener los pensamientos protegidos contra la divulgación;
- El derecho a un acceso justo al aumento mental, o la capacidad de garantizar que los beneficios de las mejoras a la capacidad sensorial y mental a través de la neurotecnología se distribuyen justamente en la población; y
- El derecho a la protección contra el sesgo algorítmico, o la capacidad de garantizar que las tecnologías no inserten prejuicios.

598 YUSTE, R; GENSER, J.; HERRMANN S., «It's time for Neuro-Rights: New Human Rights for the Age of Neurotechnology», *Horizons*, n.º 18, 2021, p. 155.

599 YUSTE, R; GENSER, J.; HERRMANN S., «It's time for Neuro-Rights: New Human Rights for the Age of Neurotechnology», *Horizons*, n° 18, 2021, pp. 160-161.

Un par de años atrás, YUSTE ya habría identificado semejantes necesidades, integrando los dos primeros derechos
referidos en uno: el derecho a la identidad y a la toma de
decisiones[600].

El Consejo de Europa, con fuerte —y reconocida— influencia del neurobiólogo español, identificó posteriormente una
serie de áreas temáticas a partir de las que desarrollar una
taxonomía conceptual de los neuroderechos: (i) la libertad
de pensamiento; (ii) la privacidad; (iii) la integridad mental; y,
con menor consenso, (iv) la identidad personal y continuidad
mental[601].

- La libertad de pensamiento se relaciona, fundamentalmente con (a) el derecho a la libertad cognitiva, al control autónomo y sin obstáculos de una persona sobre su
  mente; con (b) el derecho a la agencia y el libre albedrío,
  es decir, la capacidad de un agente o sujeto para actuar
  de manera independiente y para elegir entre diferentes
  acciones sin obstáculos, para tomar decisiones libremente; con (c) el derecho a la libertad mental o control
  consciente sobre la propia mente, de manera próxima a
  la libertad cognitiva; y, por último, (d) con el derecho a
  la libertad de pensamiento misma.

- La privacidad mental se relaciona con el derecho de las
  personas a evitar o impedir el acceso inconsentido, por
  parte de terceros, a sus datos personales mentales, así
  como a impedir la recogida y tratamiento no autorizado
  de dichos datos. Esta privacidad se extendería no sólo
  a aquellos datos de los que el titular es consciente, sino
  también a su universo inconsciente, que realmente está
  integrado por la mayoría de los datos a los que esta tecnología puede tener acceso. Hay que tener en cuenta
  que en el ámbito de la privacidad se pueden distinguir
  dos tipos de información: la mental, relacionada con los
  estados mentales (pensamientos, recuerdos, creencias,

---

600   Junto al (i) derecho a la privacidad mental y al consentimiento; (ii)
      derecho al aumento cognitivo justo y equitativo; (iii) derecho a la
      ausencia de sesgos. YUSTE, R. «Las nuevas neurotecnologías y su
      impacto en la ciencia, medicina y sociedad», en *Lecciones Cajal*. Uni-
      versidad de Zaragoza, 2019, pp. 27-30.

601   IENCA, M., *Common Human Rights challenges raised by different
      applications of neurotechnologies in the biomedical field,* Consejo de
      Europa, Estrasburgo, 2021, pp. 54-64.

percepciones y emociones); y la neuronal, a propósito del propio sistema nervioso. Ésta segunda aproximación suele denominarse «privacidad neuronal».

- La integridad mental, que, partiendo del concepto tradicional del derecho a la integridad de la persona e interpretándose de forma evolucionada, busca salvaguardar el derecho a ser protegidos de manipulaciones ilícitas y nocivas de su actividad mental. También una suerte de derecho contra la interferencia mental, próxima a la libertad cognitiva.

- La identidad personal y continuidad mental, entendida como el derecho de las personas a preservar su identidad personal y la continuidad de su vida mental de cualquier alteración externa inconsentida por parte de terceros; una suerte de requisito previo a la integridad física y mental.

Una (v) quinta taxonomía de derechos que pudiera integrarse en ese concepto paraguas de «neuroderechos» se relaciona con facultades no directamente vinculadas con la mente o el sistema nervioso, pero sí con otros bienes jurídicos y requisitos socio-técnicos necesarios: (a) el derecho a un acceso justo al aumento mental, de tal forma que los beneficios aparejados a la neurotecnología se distribuyan de manera justa en la población; y (b) el derecho a la protección contra el sesgo algorítmico, es decir, al derecho de las personas a no sufrir neurodiscriminación, ya provenga del propio algoritmo o de la propia persona que toma las decisiones[602].

A pesar de este desglose de taxonomías, como asimismo afirma el informe del Consejo de Europa[603], los neurodere-

---

602 Los riesgos que puede presentar un sistema de IA, arrojando resultados discriminatorios o sesgados por diferentes causas han sido abordados en detalle en páginas anteriores del presente trabajo. Para un estudio en profundidad en este marco conceptual, a propósito de la Carta de Derechos Digitales —que requiere que «las decisiones y procesos basados en neurotecnologías no sea condicionadas por el suministro de datos, programas o informaciones incompletos, no deseados, desconocidos o sesgados»—, véase GONZÁLEZ DE LA GARZA, L. M., «Derechos digitales en el empleo de las neurotecnologías: los neuroderechos (XXVI)», en *La Carta de Derecho Digitales,* Tirant lo Blanch, Valencia, 2022, pp. 346-358.

603 IENCA, M., *Common Human Rights challenges raised by different applications of neurotechnologies in the biomedical field,* Consejo de Europa, Estrasburgo, 2021, p. 44.

chos hunden sus raíces en la historia de la filosofía y del pensamiento jurídico-político, en los que se pueden identificar varios constructos conceptuales como antecedentes. En particular: la libertad de pensamiento y de conciencia, el derecho a la intimidad y el derecho a la integridad psíquica, así como el derecho a la identidad.

4. La UNESCO: la necesidad de una recomendación desde la ética

Por esta razón precisamente, se discute si los derechos afectados ya están suficientemente garantizadas a través de figuras tradicionales.

La división de bioética de la UNESCO es partícipe desde hace años del debate. Concretamente, el Comité Internacional de Bioética de la UNESCO se planteó en 2021[604], distintas opciones para reconocer y proteger los neuroderechos:

- Agregar protocolos a tratados internacionales (*v. g.* a la DUDH), para abordar los desafíos que plantean las neurotecnologías.

- Reforzar la DUDH, partiendo de la idea de que la neurotecnología cuestiona los derechos humanos existentes, siendo necesarias nuevas garantías basadas en la posibilidad de que se produzcan infracciones.

- Elaborar una Nueva Declaración Universal sobre Derechos Humanos y Neurotecnología.

Sin embargo, el órgano de Naciones Unidas consideró que los derechos afectados por estos avances científicos y aplicaciones técnicas ya estaban suficientemente amparados[605]. Así, como reitera el reciente *Estudio preliminar sobre los aspectos técnicos y jurídicos relativos a la conveniencia*

---

604 UNESCO, Comité Internacional de Bioética. *Report of the International Bioethics Committee of UNESCO (IBC) on the ethical issues of neurotechnology,* SHS/BIO/IBC-28/2021/3 Rev (15 de diciembre de 2021), UNESCO, París, Francia, 2021, p. 37, apdo. 184.

605 UNESCO, Comité Internacional de Bioética. *Report of the International Bioethics Committee of UNESCO (IBC) on the ethical issues of neurotechnology,* SHS/BIO/IBC-28/2021/3 Rev (15 de diciembre de 2021), UNESCO, París, Francia, 2021, p. 37, apdo. 185.

de disponer de un instrumento normativo sobre la ética de la neurotecnología[606],

«El CIB [Comité Internacional de Bioética] considera que los "neuroderechos" abarcan ciertos derechos humanos que ya están reconocidos en las legislaciones nacionales, el derecho internacional y los instrumentos universales de derechos humanos. Estos principios se basan en el reconocimiento de los derechos básicos de todas las personas a la integridad física y mental, la intimidad mental, la libertad de pensamiento y el libre albedrío, y el derecho a disfrutar de las ventajas del progreso científico, y en el reconocimiento de la necesidad de proteger y promover estos derechos en el ámbito de la aplicación de la neurotecnología. También incluyen el derecho a decidir de forma libre y responsable sobre cuestiones relacionadas con el uso de la neurotecnología, sin que medie ningún tipo de discriminación, coacción o violencia».

Ello no obsta para que se requiera un instrumento normativo que defina una orientación ética general y universal, a escala mundial, del desarrollo de esta tecnología. A juicio del Comité Internacional de Bioética[607], se debe elaborar un modelo de gobernanza dirigido a la formulación de políticas, a partir de la creación de un grupo multidisciplinar de expertos —dada la naturaleza transdisciplinar de la neurotecnología—, para identificar las deficiencias en los marcos jurídicos existentes y promover la elaboración de un nuevo instrumento normativo.

A la luz del éxito de otros marcos éticos adoptados por la UNESCO ante determinados avances habidos en otros ámbi-

---

606 UNESCO, *Estudio preliminar sobre los aspectos técnicos y jurídicos relativos a la conveniencia de disponer de un instrumento normativo sobre la ética de la neurotecnología*, 216 EX/9 (6 de abril de 2023), UNESCO, París, Francia, 2023, p. 3.

607 UNESCO, *Estudio preliminar sobre los aspectos técnicos y jurídicos relativos a la conveniencia de disponer de un instrumento normativo sobre la ética de la neurotecnología*, 216 EX/9 (6 de abril de 2023), UNESCO, París, Francia, 2023, p. 5.

tos[608] —incluido en el de la IA[609]—, el Comité Internacional de Bioética[610] propone la elaboración de un instrumento global normativo, no vinculante, en forma de recomendación, sobre la ética de la neurotecnología. Dicha recomendación contendría principios y normas, además de soluciones a temas concretos, resultando flexible y con suficiente capacidad de adaptación a la compleja naturaleza de las cuestiones éticas que se suscitan en torno a esta tecnología. Se trataría de primera norma mundial en el ámbito, dirigida a aprovechar los beneficios que brinda los avances de la neurotecnología, garantizando su acceso equitativo a nivel nacional e internacional, mitigando paralelamente los riesgos asociados para los derechos humanos.

De forma paralela a ese requerimiento y a petición del Consejo de Derechos Humanos de la UNESCO, desde octubre de 2022 está en marcha la elaboración de un informe «sobre los efectos, las oportunidades y los retos de la neurotecnología en relación con la promoción y la protección de todos los derechos humanos» para «abordar de manera coherente, integral, inclusiva y orientada a la práctica las oportunidades, los retos y las lagunas en materia de derechos humanos que se derivan de la neurotecnología». Para su redacción desde un adecuado marco de gobernanza, se deberán tener en cuenta las opiniones y aportaciones de la sociedad civil, el sector privado, la comunidad médica y técnica, y las instituciones académicas, además de los distintos Estados Miembros y órganos relacionados con la materia y cualesquiera otras partes interesadas competentes[611]. Dicho

---

608 Como el genoma humano y la ingeniería genética, o el cambio climático. Véase la Declaración Universal sobre el Genoma Humano y los Derechos Humanos, de 1997; la Declaración Internacional sobre los Datos Genéticos Humanos, de 2003; la Declaración Universal sobre Bioética y Derechos Humanos, de 2005; y el cambio climático la Declaración de Principios Éticos en relación con el Cambio Climático, de 2017.

609 UNESCO, *Recomendación sobre la Ética de la Inteligencia Artificial*, SHS/BIO/REC-AIETHICS/2021 (23 de noviembre de 2021), UNESCO, París, Francia, 2021.

610 UNESCO, *Estudio preliminar sobre los aspectos técnicos y jurídicos relativos a la conveniencia de disponer de un instrumento normativo sobre la ética de la neurotecnología*, 216 EX/9 (6 de abril de 2023), UNESCO, París, Francia, 2023, pp. 5 y 6.

611 CONSEJO DE DERECHOS HUMANOS DE LAS NACIONES UNIDAS, *La neurotecnología y los derechos humanos*, Resolución aprobada por el Con-

informe tiene prevista su presentación en la 57.ª reunión del Consejo de Derechos Humanos, que tendrá lugar en septiembre de 2024.

5. El marco actual de derechos humanos aplicados a la neurotecnología

Es innegable tanto la acuciante necesidad de abordar los retos que la neurotecnología propone, como la preocupación ya manifiesta de varias organizaciones internacionales —OCDE, Consejo de Europa, Comisión Interamericana de Derechos Humanos o Comité Jurídico Interamericano[612]— sobre los mismos.

En tal contexto, como no podía ser de otra manera, resulta necesario valorar las cuestiones éticas relativas a los sistemas de IA utilizados en las neurotecnologías y las interfaces cerebro-ordenador con el propósito de preservar la dignidad y la autonomía humanas[613], además del resto de derechos fundamentales y bienes jurídicos básicos para los hombres.

Asegurar el uso ético y accesibilidad de esta tecnología es fundamental. Cada escenario en el que se aplique presentará dilemas éticos y jurídicos distintos, derivados del potencial abuso intencional o accidental por parte de los usuarios[614].

El panorama jurídico ideal es que los riesgos para el hombre derivados del empleo de las neurotecnologías queden garantizados por textos internacionales o de validez universal, pues afecta a la esencia del ser humano poniendo en riesgo derechos fundamentales —ya sean nuevos o tradicio-

---

sejo de Derechos Humanos el 6 de octubre de 2022, A/HRC/RES/51/3 (6 de octubre de 2022), Naciones Unidas, Nueva York, 2022.

612 COMITÉ JURÍDICO INTERAMERICANO, *Declaración de principios interamericanos en materia de neurociencias, neurotecnologías y derechos humanos,* OEA/Ser. Q, CJI/RES. 281 (CII-O/23) corr.1 (9 de marzo de 2023), Río de Janeiro, Brasil, 2023.

613 UNESCO, *Recomendación sobre la Ética de la Inteligencia Artificial*, SHS/BIO/REC-AIETHICS/2021 (23 de noviembre de 2021), UNESCO, París, Francia, 2021, p. 27.

614 YUSTE, R; GENSER, J.; HERRMANN S., «It's time for Neuro-Rights: New Human Rights for the Age of Neurotechnology», *Horizons*, n° 18, 2021, p. 159.

nales revisados—. De lo contrario, de qué serviría un mosaico de regulaciones nacionales: aquellos sujetos que quisieran superar los límites de lo aceptable en el ámbito buscarían foros con regulaciones más laxas o inexistentes[615], como ha sucedido en otros ámbitos. Tanto en el ámbito de la IA, en general, como en la de los neuroderechos, en particular, se hace necesario un consenso internacional, acompañado de un compromiso real. La globalidad de la sociedad digital precisa la utilización de sistemas de protección supranacionales e incluso suprarregionales. Sin embargo, tal y como señala Rafael DE ASÍS ROIG[616],

> «todavía nos cuesta aceptar el papel de los sistemas de protección internacional de los derechos. Dudamos tanto del acuerdo internacional, del que en muchas ocasiones se salen las grandes potencias, como de la legitimidad de las instituciones internacionales».

A priori, los «clásicos» derechos fundamentales ya consagrados y desarrollados en diferentes tratados y constituciones, aún con distintas nomenclaturas —como el derecho a la vida y a la integridad física y moral; la libertad de pensamiento; el derecho a la intimidad o el derecho a la igualdad formal y material—, pueden parecer suficientes para cubrir las necesidades básicas de protección que despiertan las neurotecnologías, no siendo preciso un nuevo catálogo de derechos que pongan el riesgo la devaluación de los ya existentes. Ello impide, en línea con la UNESCO, desarrollar los instrumentos jurídicos necesarios que sean preciosos para garantizarlos a nivel internacional, regional y nacional.

El derecho a la integridad física de una persona[617] comprendería el «derecho a no sufrir lesión o menoscabo en su cuerpo o en su apariencia externa sin su consentimiento»[618],

---

615 GONZÁLEZ DE LA GARZA, L. M., «Derechos digitales en el empleo de las neurotecnologías: los neuroderechos (XXVI)», en *La Carta de Derecho Digitales,* Tirant lo Blanch, Valencia, 2022, pp. 332-333.

616 DE ASIS ROIG, R., «Inteligencia artificial y derechos humanos», en *Inteligencia artificial: los derechos humanos en el centro*, Dykinson, Madrid, 2023, p. 25.

617 En relación con este derecho, nos remitimos al desarrollo realizado a propósito del derecho a la protección de la salud en el capítulo 2 del presente trabajo.

618 STC 207/1996, de 16 de diciembre, FJ 2.

fundamentalmente. Una conculcación de esta prerrogativa podría derivarse de la propia implantación de interfaces cerebro-máquina, en cualquiera de sus formas, o del concreto uso o finalidad que se haga de esta tecnología, por ejemplo, a partir de ciertos estímulos sensoriales artificiales que puedan derivar —de forma premeditada o no— en una lesión o menoscabo de la persona. Un paso más allá podría suponer la vulneración del derecho a la vida del titular. Por supuesto, el derecho a la integridad física comprendería el derecho tanto a ser sujeto de aplicaciones neurotecnológicas como a dejar de serlo.

La integridad moral[619], por su parte, protegería «la esencia de la persona como sujeto con capacidad de decisión libre y voluntaria igual a todo ser humano»[620], la no profanación de su espíritu[621], comprendiendo cualquier limitación, predisposición o alteración de su consciente o subconsciente. Ello podría englobar el omnipresente libre albedrío, la libertad cognitiva o la autodeterminación mental, así como el denominado derecho a la continuidad mental o psicológica, que se identifica con el derecho a conservar la memoria, recuerdos y demás contenido mental. Piénsese en un enfermo de Alzheimer al que le fueran artificialmente volcadas en su mente remembranzas ajenas, que no correspondieran a su persona, a su pasado[622]. El derecho a la integridad moral está estrechamente relacionado con el derecho a la identidad, en el sentido mantener intacta la integridad de la persona y que ésta no pierda consciencia de su «yo».

De manera parecida, la libertad de pensamiento —fuertemente relacionada con la libertad de expresión[623]— protege

---

619 En relación con este derecho, nos remitimos al desarrollo realizado a propósito del derecho a la protección de la salud en el capítulo 2 del presente trabajo.

620 PÉREZ MANZANO, M., «Artículo 15», en *Comentarios a la Constitución Española*, tomo 1, Boletín Oficial del Estado (BOE), Tribunal Constitucional, Wolters Kluwer, 2018, p. 394.

621 DÍEZ-PICAZO, L. M., *Sistema de derechos fundamentales*, Tirant lo Blanch, Valencia, 2021, p. 220.

622 Por no entrar en las consecuencias de anular las prácticas disociativas o mecanismos del cerebro que hacen que las personas olviden o emborronen determinados episodios, recuerdos y vivencias sobre hechos pasados de naturaleza traumática.

623 RUIZ MIGUEL, A., «Artículo 16», en *Comentarios a la Constitución Espa-*

la libertad de conciencia de los seres humanos[624] y de sus creencias ideológicas, religiosas o de cualquier otra naturaleza. En su vertiente positiva, constituiría el derecho a que la formación o configuración de los pensamientos de una persona no fueran condicionados en cierta forma través de esta tecnología, por ejemplo, a través de la manipulación o la «inoculación» ideológica. En su vertiente negativa, el derecho a no declarar o exteriorizar los pensamientos de forma no consentida o involuntaria, lo que puede suceder a través de un acceso extralimitado y no consensuado a la mente de un sujeto por la neurotecnología.

El derecho a la intimidad o el más amplio derecho a la privacidad[625], en el ámbito de la neurotecnología, seguiría protegiendo un «ámbito propio y reservado» de las personas, necesario para alcanzar «una calidad de vida humana»[626], en estrecha vinculación con la dignidad humana. Comprende la facultad de excluir del conocimiento ajeno cualesquiera hechos que pertenezcan a dicho ámbito —y cuyo acceso puede facilitarse a través de estas tecnologías—, entendiéndose incluidos los tratamientos que pudieran hacerse de los datos personales mentales o neurológicos ya definidos, relacionados con la privacidad.

El derecho a la igualdad —tanto desde el punto de vista formal como material[627]— impediría una regulación o uso discrimi-

---

ñola, tomo 1, Boletín Oficial del Estado (BOE), Tribunal Constitucional, Wolters Kluwer, 2018, p. 414.

624   Díez-Picazo, L. M., *Sistema de derechos fundamentales*, Tirant lo Blanch, Valencia, 2021, p. 229.

625   A propósito del derecho a la privacidad, nos remitimos al desarrollo realizado *ex profeso*, del capítulo 2 del presente trabajo.

626   STC 231/1988.

627   Téngase en cuenta que el derecho a la igualdad formal se recoge en el artículo 14 de la CE, quedando excluido del catálogo estricto de derechos fundamentales, que comienza en el artículo 15. El artículo 14, no obstante, goza de la protección reforzada contenida en el artículo 53.2 del texto. El derecho a la igualdad material se entiende comprendido, entre otros, en el artículo 9.2, según el cual «corresponde a los poderes públicos promover las condiciones para que la libertad y la igualdad del individuo y de los grupos en que se integra sean reales y efectivas; remover los obstáculos que impidan o dificulten su plenitud y facilitar la participación de todos los ciudadanos en la vida política, económica, cultural y social», enmarcado en el Título Preliminar. Por su parte, este derecho se complementa con la declaración de España como Estado

natorio de esta tecnología. Este derecho a la no discriminación sería extensible a los sesgos que pudieran tener los algoritmos de los sistemas de IA (o la persona que tomara las decisiones.

Bien es cierto que un mismo impacto resultante de la aplicación de estas tecnologías puede ser reconducido o amparado por varios derechos fundamentales. Puede ser difícil encuadrar cada uno de los diferentes riesgos derivados en un único bien jurídico garantizado, por lo que no existen claras líneas divisorias. Ello no implica, claro está, una desprotección para los derechos de las personas. El libre albedrío, que busca la toma libre de decisiones y que tan recurrentemente es objeto de análisis entre los neuroderechos, puede ser garantizado a través del derecho a la integridad física y moral, del derecho a la libertad de pensamiento, del derecho a la intimidad o el derecho a la igualdad, a título de ejemplo, pues la capacidad de tomar autónomamente decisiones, en el marco de las neurotecnologías, puede afectar a todos esos bienes jurídicos, con mayor o menor intensidad. Dicho de otra manera: coartar el libre albedrío de una persona puede conllevar la vulneración previa o paralela de uno o varios derechos fundamentales. También es posible que mediante el uso de estas tecnologías puedan ponerse en riesgo otros derechos fundamentales no listados, pero igualmente garantizados, como el derecho a la tutela judicial efectiva, piénsese, ante interrogatorios forzados que sean mediados por esta tecnología, entre otras opciones.

Sin perjuicio de lo anterior, es de justicia reconocer que mayores inquietudes despierta la posible brecha social que puede generar el diferente acceso a esta tecnología, tanto cuando su uso tenga finalidad terapéutica, como —sobre todo— cuando no se persiga tal finalidad.

6. El aumento cognitivo o mental y la brecha social

A la hora de definir los límites del desarrollo y aplicación de la neurotecnología, debemos tener en cuenta que su uso

---

social, en el que el Estado debe jugar un papel asistencial tratando de minimizar las diferencias socioeconómicas de la población. En cualquier caso, en relación con este derecho, nos remitimos al desarrollo realizado *ex profeso*, del capítulo 2 del presente trabajo.

puede sobrepasar el terapéutico, medicinal o estrictamente necesario, a fin de cuentas. Se puede emplear, por ejemplo, para mejorar las capacidades intelectuales de los individuos, a través de un aumento cognitivo o mental, erigiéndose como un factor de discriminación altamente peligroso. Esta cuestión se encuadra en esa quinta taxonomía de derechos que identificaba el Consejo de Europa[628], con fuerte influencia de YUSTE, relacionada con las facultades que vinculadas a otros bienes jurídicos y requisitos socio-técnicos necesarios, ajenos propiamente a la mente o al sistema nervioso. Además del derecho a la protección contra los sesgos algorítmicos derivados del uso de sistemas de IA —que quedaría amparado por el derecho a la igualdad y a la no discriminación, sin gran complejidad jurídica—, surge para algunos sectores la necesidad de garantizar derecho a un acceso justo al aumento mental, de tal manera que los beneficios aparejados a la neurotecnología que persiga esa finalidad de mejora cognitiva se distribuyan de manera justa entre las personas.

Si sólo una parte de la población pudiera aumentar su neurocognición, con facilidad surgirá una suerte de élite social-tecnológica capaz de perpetuar o incrementar las brechas ya existentes, lo que derivará en que únicamente evolucione una parte de la sociedad[629]. Sólo podrían acceder a estos desarrollos quienes poseyeran los medios económicos o físicos para ello[630]. Este grupo «privilegiado» de personas progresará en distintos ámbitos de forma mucho más acusada que el resto: como norma general, ¿estarían en igualdad de condiciones para acceder al mismo puesto de trabajo una persona íntegramente natural —o no «neuro-intervenida»— y una persona cuyas habilidades cognitivas y la capacidad intelectual hubieran sido artificialmente incrementadas?

---

628 IENCA, M., *Common Human Rights challenges raised by different applications of neurotechnologies in the biomedical field,* Consejo de Europa, Estrasburgo, 2021, pp. 62-63.

629 RECHE TELLO, N., «Nuevos derechos frente a la neurotecnología: la experiencia chilena», *Revista de Derecho Político,* n.º 112, septiembre-diciembre 2021, UNED, 2021, p. 438.

630 BASTIDAS CID, Y. V., «Neurotecnología: Interfaz cerebro-computador y protección de datos cerebrales o neurodatos en el contexto del tratamiento de datos personales en la Unión Europea», en *Informática y Derecho: Revista Iberoamericana de Derecho Informático (segunda época),* n.º 11, Ratio Legis Librería Jurídica, 2022, p. 27.

Ante esta cuestión, YUSTE[631] propone garantizar como derecho universal —dentro de su catálogo de neuroderechos— el acceso equitativo a las neurotecnologías de mejora. Para el neurobiólogo, ya estamos parcialmente «aumentados» por la tecnología. Los teléfonos móviles son un claro ejemplo de ello. Permiten acceder a información y realizar acciones que antes eran imposibles o no tan sencillas de realizar, como moverse por una ciudad desconocida sin perderse. Esas capacidades cognitivas ampliadas son parte de nuestro presente. Si bien ahora dependemos de un dispositivo externo como el móvil, las neurotecnologías del futuro nos podrían conectar de una forma más eficiente y con mayor ancho de banda. Aunque estas tecnologías no serán baratas, es probable que un sector privilegiado de la población pueda acceder a ellas, creando una brecha con el resto, reflexiona YUSTE. Aquí surge un problema fundamental: la justicia. El científico entiende necesario un sistema justo y equitativo que garantice el derecho a la «aumentación» para todos. De lo contrario, se corre el riesgo de crear una sociedad con «superhumanos», con mayores oportunidades, y una población relegada por no poder acceder a estas mejoras. Evitar la desigualdad y construir un futuro donde la tecnología potencie a todas las personas es un desafío crucial[632].

La propuesta del neurobiólogo español gira en torno a la normalización de las neurotecnologías de mejora. No obstante, ¿no sería preciso un debate previo sobre su pertinencia e idoneidad?, ¿tal aproximación es lo más conveniente y necesario o se debería priorizar o restringir la neurociencia a aquellas aplicaciones que presentaran un enfoque terapéutico?[633]. De nuevo, podremos enmarcar aquí la clásica confrontación entre bioconservadores y bioprogresistas.

---

631 YUSTE, R; GENSER, J.; HERRMANN S., «It's time for Neuro-Rights: New Human Rights for the Age of Neurotechnology», *Horizons*, n.º 18, 2021, pp. 160-161. Yuste, R. «Las nuevas neurotecnologías y su impacto en la ciencia, medicina y sociedad», en *Lecciones Cajal*. Universidad de Zaragoza, 2019, pp. 28 y 29.

632 YUSTE, R., «Las nuevas neurotecnologías y su impacto en la ciencia, medicina y sociedad», en *Lecciones Cajal*, Universidad de Zaragoza, 2019, pp. 28 y 29.

633 BORBÓN RODRÍGUEZ, D.A.; BORBÓN RODRÍGUEZ, L.F.; LAVERDE PINZÓN, J., «Análisis crítico de los NeuroDerechos Humanos al libre albedrío y al acceso equitativo a tecnologías de mejora», *Ius et scientia*, vol. 6, n.º 2, Editorial Universidad de Sevilla, 2020, p. 152.

Como analizábamos líneas atrás, la Carta de Derechos Digitales española también preveía semejante aproximación, abriendo la posibilidad[634] a que una ley, alineada con los tratados y convenios internacionales, regulara «aquellos supuestos y condiciones de empleo de las neurotecnologías que, más allá de su aplicación terapéutica, pretendan el aumento cognitivo o la estimulación o potenciación de las capacidades de las personas», garantizando la dignidad de la persona, la igualdad y la no discriminación (apartado XXVI.2). Se trata de una perspectiva, sin embargo, más compleja de garantizar recurriendo a derechos como los citados.

Partiendo de la perspectiva oportuna, indudablemente se debe impulsar el desarrollo y la utilización de neurotecnologías inclusivas, aptas para todos los individuos y adaptadas a las particularidades de cada generación, bajo los principios de igualdad y no discriminación. En este contexto, según sostiene el Comité Jurídico Interamericano, los Estados deben asegurar el acceso equitativo a las neurotecnologías, considerando las características de cada grupo generacional, e implementar políticas públicas de innovación responsable que apunten a reducir las brechas de desigualdad y discriminación, prestado especial atención a los grupos más vulnerables[635].

Desde el punto de vista terapéutico, de la salud, huelga señalar, es primordial garantizar el acceso equitativo a estos desarrollos. Uno de los principios que la OCDE recogió en su

---

634 Siguiendo el literal del texto, «[...] la ley *podrá regular* aquellos supuestos y condiciones [...]». También, en atención al punto anterior, la «[...] implantación y empleo en las personas de las neurotecnologías *podrán ser reguladas* por la ley [...]». La Carta de Derechos Digitales no tiene fuerza normativa. No obstante, resulta llamativa la redacción de este concreto apartado en comparación con los restantes, pues mientras en otros se establecen aparentes mandatos a los poderes públicos, en el epígrafe dedicado al empleo de las neurotecnologías se recogen eventuales prescripciones o recomendaciones.

635 Ello, siendo el Principio 5 —Igualdad, No Discriminación y Acceso equitativo a las neurotecnologías— de la Declaración de Principios interamericanos en materia de Neurociencias, Neurotecnologías y Derechos Humanos, del Comité Jurídico Interamericano (Organización de los Estados Americanos). Comité Jurídico Interamericano, *Declaración de principios interamericanos en materia de neurociencias, neurotecnologías y derechos humanos,* OEA/Ser. Q, CJI/RES. 281 (CII-O/23) corr.1 (9 de marzo de 2023), Río de Janeiro, Brasil, 2023.

Recomendación sobre innovación responsable en neurotecnología[636], precisamente versaba sobre promover la inclusión en el ámbito de la salud. Para ello, los distintos actores implicados deberían (i) tratar de garantizar que la neurotecnología se desarrolle y esté al alcance de quienes la necesitan; (ii) fomentar políticas que incentiven la inclusión de grupos subrepresentados en el ámbito investigador y de desarrollo, como colectivos de diferentes niveles socioeconómicos, culturas, edades y género; y (iii) tener en cuenta la diversidad cultural, procurando minimizar las desigualdades relacionadas con el desarrollo y uso de esta tecnología, desde el respeto a las tradiciones y creencias de las diferentes comunidades.

7. Retos futuros

Habrá que estar a la evolución, desarrollo y análisis en profundidad de este tipo de soluciones y sus distintas implementaciones, por lo que sólo el tiempo dirá si nuevas necesidades en el ámbito de los derechos fundamentales emergen. No obstante, todo parece indicar que en el momento actual el catálogo ya existente protege los principales bienes jurídicos de los hombres de los riesgos derivados de esta tecnología.

En cualquier caso, estamos ante un auge vertiginoso de la neurotecnología de unos años a esta parte. A partir del año 2000, esta tecnología ha experimentado un crecimiento exponencial. Esta afirmación se ve respaldada por diversos indicadores. Así, entre 2010 y 2020, la inversión privada anual en empresas de neurotecnología se multiplicó por 22, alcanzando un total de 33.200 millones de dólares en 2020. En relación con la producción científica, el número de publicaciones relacionadas con este campo se multiplicó por 35 entre 2000 y 2021, llegando a 1,2 millones. Por su parte, las solicitudes de patentes relacionadas con la neurotecnología se multiplicaron por 20 entre 2000 y 2020. La neurotecnología presenta un panorama aún más concentrado que el que caracteriza la IA en general. Apenas cinco actores acaparan más del 80 por ciento de los avances en el mercado. Esta concentración —junto con la convergencia de la neurotec-

---

636 OCDE, *Recommendation on Responsible Innovation in Neurotechnology*, OECD/LEGAL/0457, OCDE Legal Instruments, 11.12.2019.

nología con la IA— genera importantes preocupaciones en cuanto a la accesibilidad, la equidad y su uso responsable[637]. En ninguno de los escenarios pueden quedar comprometidos o expuestos a vulneraciones los derechos fundamentales.

Precisamente el Reglamento de IA prohíbe ciertos sistemas de IA que pueden afectar al ámbito de aplicación de las neurotecnologías, de manera frontal, en relación con los peligros más acusados. La norma veda aquellos sistemas que esencialmente se sirvan de técnicas subliminales o deliberadamente manipuladoras o engañosas para alterar el comportamiento de las personas, llevándolos a tomar determinadas decisiones que puedan suponer un perjuicio para ellos o para otras personas[638]. Según reconoce en su considerando 29,

> «Esto podría facilitarse, por ejemplo, mediante interfaces cerebro-máquina o realidad virtual, dado que permiten un mayor grado de control acerca de qué estímulos se presentan a las personas, en la medida en que pueden alterar sustancialmente su comportamiento de un modo que suponga un perjuicio considerable».

El texto también prohíbe los sistemas de IA que exploten alguna de las vulnerabilidades de una persona o colectivo «derivadas de su edad o discapacidad, o de una situación social o económica específica» con el objetivo o efecto de alterar su comportamiento, siendo probable que se produzcan perjuicios personales[639], como en el caso anterior. De la misma forma, determinados sistemas de IA aplicables en los avances neurocientíficos pueden resultar de alto riesgo. En fin, se impone una revisión en profundidad del Reglamento de IA en el ámbito de las neurotecnologías para valorar la legalidad de distintas propuestas desde esta perspectiva, pues indudablemente se trata de un marco jurídico que

---

637 VV. AA, *Unveiling the neurotechnology landscape: scientific advancements innovations and major trends*, UNESCO, París, Francia, 2023, p. 18. Disponible en https://unesdoc.unesco.org/ark:/48223/pf0000386137. Fecha última visita: marzo 2024. UNESCO, *Estudio preliminar sobre los aspectos técnicos y jurídicos relativos a la conveniencia de disponer de un instrumento normativo sobre la ética de la neurotecnología*, 216 EX/9 (6 de abril de 2023), UNESCO, París, Francia, 2023, p. 3.

638 Art. 5.1.a) Reglamento de IA.

639 Art. 5.1.b) Reglamento de IA.

puede ofrecer fuertes garantías en el entorno de los denominados «neuroderechos» y los retos que están por venir.

La neurotecnología vive un momento de explosión sin precedentes, que no parece que vaya a detenerse en un futuro próximo, con un enorme potencial para mejorar nuestras vidas. A nivel mundial, uno de cada ocho individuos padece un trastorno mental o neurológico. Este dato se traduce en hasta un tercio del gasto sanitario total en los países desarrollados, y representa una carga cada vez mayor en las naciones de renta media-baja. Las oportunidades ofrecidas por la neurotecnología para fortalecer el derecho a la salud son indudables, ofreciendo esperanza a quienes sufren de trastornos neurológicos y mentales, disminuyendo la carga de sufrimiento y discapacidad causada por estas enfermedades, mejorando la calidad de vida de las personas afectadas y sus familias, y, a fin de cuentas, promoviendo un mayor bienestar social[640].

Desde la estricta perspectiva de los derechos fundamentales, también puede incluso fortalecer el ejercicio de otros derechos, como la libertad de expresión o información en aquellos individuos que no pueden expresarse a través de su voz o la escritura. Esto se puede lograr por medio de la decodificación del electrocorticograma con alta precisión e incluso al ritmo natural del habla de la persona[641]. Sin embargo, es crucial abordar las cuestiones éticas que acompañan a este desarrollo para garantizar un futuro responsable e inclusivo, no dejando a nadie atrás.

La unión entre la neurotecnología y la IA, a pesar de los beneficios referidos, reviste una importancia sin precedentes y entraña un potencial peligro nunca antes visto, pues los algoritmos pueden descifrar los procesos mentales de los individuos y aproximarnos a la capacidad de manipular los mecanismos cerebrales que sustentan las intenciones, las emociones y las decisiones. Y ello, fuera de un marco terapéutico. La neurociencia ya se está incorporando al diseño

---

640   UNESCO, *Estudio preliminar sobre los aspectos técnicos y jurídicos relativos a la conveniencia de disponer de un instrumento normativo sobre la ética de la neurotecnología*, 216 EX/9 (6 de abril de 2023), UNESCO, París, Francia, 2023, p. 1.

641   MAKIN, J.G.; MOSES, D.A.; CHANG, E.F., «Machine translation of cortical activity to text with an encoder–decoder framework», en *Nature Neuroscience*, vol. 23, 2020, pp. 575-582.

de herramientas de marketing. También se está implementando en el ámbito de la enseñanza, los juegos o el entretenimiento, tratando de influir en el cerebro de diferentes maneras[642]. Parece que pocos ámbitos van a quedar fuera de su influencia.

Si bien las nuevas tecnologías generan avances innegables, principalmente en el ámbito de la salud, también es determinante analizar y afrontar su lado negativo. Estas herramientas podrían exacerbar las desigualdades sociales, a través de esa élite social-tecnológica a la que nos referíamos. También podrían crear nuevas formas de explotación y manipulación de los individuos o debilitar la cohesión social, llegando a poner en riesgo las instituciones y los procesos democráticos. Incluso, podrían llegar a modificarse las características humanas fundamentales vinculadas a la libertad de pensamiento, la integridad mental y la capacidad de actuar de forma independiente o con autodeterminación. A título de ejemplo, el uso de datos personales cerebrales abre las puertas a la elaboración de perfiles y a la vigilancia masiva a una escala nunca antes vista, lo que representa un desafío ético y de derechos humanos de gran magnitud. Ante este panorama, en constante evolución, resulta tan urgente como necesario abordar desde el ámbito internacional unos mínimos que regulen y orienten el desarrollo tecnológico, como la propia UNESCO se propone[643] —y esperemos que logre—.

El contenido axiológico de los bienes jurídicos que pueden quedar en entredicho mediante el uso de las neurotecnologías son perfectamente compatibles con la dignidad humana, fundamento de los derechos humanos. Sin embargo, el catá-

---

642 En estos campos, por ejemplo, se debe prestar especial atención a niños y adolescentes, a la luz del inacabado desarrollo y plasticidad de su cerebro. UNESCO, Comité Internacional de Bioética. *Report of the International Bioethics Committee of UNESCO (IBC) on the ethical issues of neurotechnology,* SHS/BIO/IBC-28/2021/3 Rev (15 de diciembre de 2021), UNESCO, París, Francia, 2021, pp. 6 y 7, apdo. 14. UNESCO, *Estudio preliminar sobre los aspectos técnicos y jurídicos relativos a la conveniencia de disponer de un instrumento normativo sobre la ética de la neurotecnología*, 216 EX/9 (6 de abril de 2023), UNESCO, París, Francia, 2023, p. 2.

643 UNESCO, *Estudio preliminar sobre los aspectos técnicos y jurídicos relativos a la conveniencia de disponer de un instrumento normativo sobre la ética de la neurotecnología*, 216 EX/9 (6 de abril de 2023), UNESCO, París, Francia, 2023, p. 2.

logo actual de derechos humanos —y sus correspondientes derechos fundamentales constitucionalizados— parece resultar suficiente, en su contenido esencial, ante los nuevos retos planteados por estos desarrollos. Piénsese que los principales derechos afectados son los tradicionalmente encuadrados en la primera generación: la vida, la libertad, la seguridad, la libertad de expresión y de pensamiento —también relacionada con la religión—, etc., a salvo el derecho a la salud, perteneciente a la segunda generación. Desde la Revolución Francesa, dichos derechos se han ido revisando y adaptando al contexto social en el que han debido observarse. Nuevas aproximaciones a los tradicionales derechos humanos pueden ser requeridas, incluso a través de instrumentos jurídicos de distinta naturaleza que entren al detalle de su puesta en práctica en el presente contexto. Pero ello dista de precisar una nueva relación de derechos humanos que pueda terminar en poner en desvalor los ya fijados.

V

ALGUNAS SOLUCIONES
DESDE LA PRÁCTICA

Ante la multitud de riesgos que los sistemas de IA conllevan para los derechos fundamentales y otros bienes jurídicos dignos de protección, surgen no pocas iniciativas que pretenden anularlos o, al menos, minimizarlos.

La mayoría de estas soluciones o métodos no son de carácter técnico, sino que son herramientas externas al propio sistema de IA, destinadas a garantizar y mantener la fiabilidad en la tecnología. Varios de estos métodos han sido desarrollados por el Grupo de Expertos de Alto Nivel sobre IA, desde una perspectiva ética[644] y son instrumentos a tener en cuenta en la gobernanza de la tecnología.

1. Autorregulación

La autorregulación se trata de una forma de regulación no procedente del poder legislativo, como suele ser lo habitual, sino surgida de las organizaciones o asociaciones de un sector de la sociedad. Éstas crean las normas en las que recogen una serie de principios éticos o morales, hacen un seguimiento de su cumplimiento y toman medidas, en caso de inobservancia, entre sus propios miembros[645]. Esas normas

---

644 Grupo de Expertos de Alto Nivel sobre Inteligencia Artificial, *Directrices éticas para una IA fiable*, Comisión Europea, Bruselas, 2019, p. 25-30.

645 Eijlander, P., «Possibilities and Constraints in the Use of Self-Regulation and Co-Regulation in Legislative Policy: Experiences in the Netherlands-Lessons te Be Learned for the EU?», en *Electronic Journal of*

o códigos de conducta suelen ser un elemento alternativo o complementario a la regulación tradicional[646]. En el caso de ser complementarios, suelen elevar los estándares mínimos fijados por la norma jurídica aplicable.

Cada vez son más las entidades que optan por una autorregulación, desarrollando y desplegando los sistemas de IA de acuerdo a códigos de conducta y conjuntos de principios éticos, que tratan de preservar los derechos y libertades de las personas sin ser un freno a la innovación tecnológica[647]. La mayoría de los documentos existentes sobre la materia mencionan cuatro principios: transparencia; seguridad; equidad —igualdad y no discriminación—; y responsabilidad[648]; además de la imparcialidad[649] y la rendición de cuentas[650], lo que parece responder a los riesgos vistos sobre los derechos fundamentales.

En este contexto encontramos la denominada «ética por diseño», según la cual los principios éticos y legales —siguiendo el Reglamento General de Protección de Datos, el cumplimiento de la ley de competencia y procurando la ausencia de sesgo de datos— se implementan desde el inicio del proceso de diseño[651]. Esta perspectiva pretender evitar que surjan problemas éticos (y jurídicos) antes de que el sistema se haya des-

---

Comparative Law, *9.1* (enero de 2005), 2005, p. 2.

646 VILLAS OLMEDA, M., CAMACHO IBÁÑEZ, J., *Manual de ética aplicada en Inteligencia Artificial*, Anaya, Madrid, 2022, p. 125.

647 VILLAS OLMEDA, M., CAMACHO IBÁÑEZ, J., *Manual de ética aplicada en Inteligencia Artificial*, Anaya, Madrid, 2022, p. 55.

648 VILLAS OLMEDA, M., CAMACHO IBÁÑEZ, J., *Manual de ética aplicada en Inteligencia Artificial*, Anaya, Madrid, 2022, p. 61

649 ANEJA, U., «La gobernanza de la inteligencia artificial: de solucionar problemas a diagnosticarlos», en *Anuario Internacional CIDOB*, Fundación CIDOB, Barcelona, 2021, p. 29.

650 SALAZAR GARCÍA, I., «Retos actuales de la ética en la Inteligencia Artificial», en *Derechos y garantías ante la inteligencia artificial y las decisiones automatizadas*, Thomson Reuters Aranzadi, Cizur Menor (Navarra), 2022, p. 64.

651 COMISIÓN EUROPEA, *Comunicación de la Comisión, Plan coordinado sobre la inteligencia artificial*, COM(2018) 795 final, Bruselas, 7.12.2018.

plegado, desde un enfoque preventivo, en vez de detectar los conflictos *a posteriori*[652].

El Reglamento de IA presenta un marco regulatorio (Capítulo X)[653] para propiciar la elaboración de códigos de conducta con el principal propósito de que los proveedores de sistemas de IA que no sean de alto riesgo observen voluntariamente los requisitos exigidos a los proveedores de sistemas de IA de alto riesgo, así como otros compromisos adicionales[654].

Siguiendo la nueva norma, la Oficina Europea de IA u Oficina de IA —creada el 24 de enero de 2024 por la Comisión Europea[655]— junto a los Estados Miembros están llamados a promover la elaboración de códigos de conducta, con los correspondientes mecanismos de gobernanza, para que los sistemas que no sean considerados de alto riesgo se sujeten a las misas exigencias que éstos[656]. También se alienta la aplicación de ciertos requisitos específicos para todos los sistemas de IA basándose en objetivos claros[657] y útiles para proteger determinados intereses, de forma directa o indirecta, como «la evaluación y minimización de las repercusiones de los sistemas de IA en la sostenibilidad medioambiental» (letra b) o «la evaluación y prevención de los perjuicios de los sistemas de IA para las personas vulnerables» (letra e).

La autorregulación, partiendo de una base ética y garantista, tiene la virtud de tener una flexibilidad superior a la de la norma jurídica, solventando los problemas prácticos que presenta la creación del Derecho y su aplicación, al adaptarse con facilidad a la realidad social, en un mundo tan cambiante como es el tecnológico. Así, esta modalidad regulatoria es capaz de llegar donde la ley resulta insuficiente, inadecuada, rígida o anquilosada. Sin embargo, su puesta en práctica presenta un gran inconveniente: el suscribir un código de conducta y cumplirlo depende exclusivamente de la buena voluntad de cada uno de los agentes involucrados porque

---

652 Villas Olmeda, M., Camacho Ibáñez, J., *Manual de ética aplicada en Inteligencia Artificial*, Anaya, Madrid, 2022, p. 49.

653 Título IX en la Propuesta de Reglamento de IA.

654 Exposición de Motivos 5.2.7.

655 C(2024) 390 final. Véase art. 3.47) Reglamento de IA.

656 Art. 95.1 Reglamento de IA.

657 Art. 95.2 Reglamento de IA.

precisamente los textos surgidos de la autorregulación se caracterizan por no ser vinculantes ni obligatorios, salvo su expresa sumisión a los mismos. Aunque en determinados ámbitos, como el publicitario tradicional[658], ha sido una vía que ha demostrado ser bastante eficaz para evitar conflictos y resolver las controversias, en el ámbito de la IA puede parecer más una estrategia de la propia industria para evitar una regulación ordinaria (normativa) que les reste autonomía y control, tratando dar a entender a las autoridades que sus propios esfuerzos son suficientes para minimizar los riesgos de la IA[659].

2. Evaluación de impacto en los derechos humanos

La evaluación de impacto tiene el objetivo de identificar cuáles son los posibles efectos negativos que puede conllevar la puesta en marcha de un sistema de IA, para los derechos más básicos de los hombres, teniendo en cuenta las personas o colectivos a los éste puede afectar. Y ello, con la pretensión de abordar y combatir dichos efectos desde el desarrollo y despliegue del sistema[660].

A grandes rasgos, los sistemas de IA tienen que ser desarrollados de manera responsable, minimizando el riesgo que éstos suponen para los individuos y la sociedad, por un lado, y maximizando los beneficios que pueden conllevar, por otro lado. No se trata de elegir entre la protección de los seres

---

658 No así con determinadas fórmulas más «actuales», como las empleadas por los *influencers*, que han visto cómo en España sus actividades quedaban expresamente reguladas por un código de conducta, en primera instancia, y por el Derecho, posteriormente, ante la insuficiencia de la autorregulación, cuando debían haberse sujetado a los mismos principios publicitarios que el resto de anunciantes. Sobre ello, GUTIÉRREZ GARCÍA, E., «La publicidad encubierta a través de influencers; la urgencia de una regulación», en *Revista de derecho de la competencia y la distribución*, n.° 29, 2021.

659 ANEJA, U., «La gobernanza de la inteligencia artificial: de solucionar problemas a diagnosticarlos», en *Anuario Internacional CIDOB*, Fundación CIDOB, Barcelona, 2021, p. 29.

660 VILLAS OLMEDA, M., CAMACHO IBÁÑEZ, J., *Manual de ética aplicada en Inteligencia Artificial*, Anaya, Madrid, 2022, pp. 120-121.

humanos o el desarrollo de la IA —ni de que ésta avance a costa de aquélla—, sino de buscar un punto de equilibrio para que el riesgo a asumir en cada caso sea aceptable. Ello, a partir de la necesaria visión antropocéntrica sobre la tecnología[661]. Esta búsqueda de equilibrio se refleja en la proporcionalidad de la que partía la Propuesta de Reglamento de IA, que «sigue un enfoque basado en los riesgos y únicamente impone cargas normativas cuando es probable que un sistema de IA entrañe altos riesgos para los derechos fundamentales y la seguridad» (Exposición de Motivos 2.3). El Reglamento de IA refleja semejante idea en su Considerando 26:

> «Con el fin de establecer un conjunto proporcionado y eficaz de normas vinculantes para los sistemas de IA, es preciso aplicar un enfoque basado en los riesgos claramente definido, que adapte el tipo y contenido de las normas a la intensidad y el alcance de los riesgos que puedan generar los sistemas de IA en cuestión».

Así, el riesgo será distinto si el sistema de IA se utiliza para recomendar películas o series, que si se utiliza para identificar biométricamente a las personas u operar a corazón abierto.

El despliegue de estos sistemas puede conllevar efectos negativos para los derechos fundamentales, tanto de los sujetos directamente afectados, como de la sociedad en su conjunto. Anticiparse a los posibles riesgos de impacto mediante una evaluación ajustada al caso concreto —en vez de actuar de forma reactiva— es vital en materia de derechos fundamentales.

Conviene señalar en este punto que el análisis del impacto en los derechos fundamentales no debe ser visto desde la perspectiva individual o subjetiva, sino social o colectiva[662]. Ello no quiere decir que los derechos de cada sujeto no queden afectados, ni que sean articulados como derechos colectivos, sino que la dimensión grupal debe ser tenida en

---

661 VILLAS OLMEDA, M., CAMACHO IBÁÑEZ, J., *Manual de ética aplicada en Inteligencia Artificial*, Anaya, Madrid, 2022, p. 120.

662 COTINO HUESO, L., «Nuevo paradigma en las garantías de los derechos fundamentales y una nueva protección de datos frente al impacto social y colectivo de la inteligencia artificial», en *Derechos y garantías ante la inteligencia artificial y las decisiones automatizadas*, Thomson Reuters Aranzadi, Cizur Menor (Navarra), 2022, pp. 76-81.

cuenta, dado que el riesgo potencial supera el ámbito estrictamente individual[663], pues todos somos potenciales «víctimas» de esta tecnología, de manera directa o indirecta.

Las evaluaciones de impacto, según la Agencia de los Derechos Fundamentales de la Unión Europea, se suelen centrar en cuestiones técnicas, dada la falta de conocimiento generalizado sobre cómo la IA afecta a los derechos fundamentales; principalmente, en el sector privado. Estas evaluaciones pueden ser una herramienta importante para mitigar las consecuencias negativas de esta tecnología. Por ello, idealmente deberían ser obligatorias siempre que un derecho fundamental pueda quedar afectado[664], aunque el Reglamento de IA únicamente las prescribe para los sistemas de IA de alto riesgo, con carácter previo a su puesta en funcionamiento[665].

Las evaluaciones de impacto, en combinación con el principio de responsabilidad y la rendición de cuentas que más adelante abordaremos, son un mecanismo muy poderoso para luchar contra las prácticas que lesionan bienes jurídicos de las personas, como los derechos fundamentales[666].

3. Estandarización o normalización

En el contexto de la IA también se desarrollan estándares generales por distintas organizaciones, como IEEE, ISO, IEC o UNE[667]. Estas organizaciones y las normas que crean pueden

---

663 SORIANO ARNANZ, A., «Discriminación algorítmica: garantías y protección jurídica», en *Derechos y garantías ante la inteligencia artificial y las decisiones automatizadas*, Thomson Reuters Aranzadi, Cizur Menor (Navarra), 2022, p. 163.

664 AGENCIA DE LOS DERECHOS FUNDAMENTALES DE LA UNIÓN EUROPEA (EUROPEAN UNION AGENCY FOR FUNDAMENTAL RIGHTS), *Getting the future right – Artificial intelligence and fundamental rights*, Oficina de Publicaciones de la Unión Europea, Luxemburgo, 2020, pp. 8-9.

665 Considerando 96 y art. 27 Reglamento de IA.

666 Para un estudio en profundidad sobre la evaluación de impacto y su metodología, véase SIMÓN CASTELLANO, P., *La evaluación de impacto algorítmico en los derechos fundamentales*, Aranzadi, Cizur Menor (Navarra), 2023.

667 Acrónimos de *Institute of Electrical and Electronics Engineers* (Instituto de Ingenieros Eléctricos y Electrónicos), *Internacional Organization for*

aumentar la confianza de los consumidores y velar por el desarrollo y despliegue ético de la tecnología, además de ayudar a las empresas a beneficiarse de una ventaja competitiva[668].

A finales del 2019, dos de las organizaciones citadas, ISO e IEC, se percataron la necesidad de desarrollar estándares en el ámbito de la IA que beneficiaran al conjunto de la sociedad. Para afrontar este reto y abordar los aspectos éticos y sociales del uso de la IA, se creó un subcomité (Subcomité SC 42 sobre IA) especializado en esta tecnología, lo que dio lugar al primer ecosistema para la creación de estándares y normalización de la IA[669].

La Comisión Europea, a través de su servicio *AI Watch*, monitorea la labor de normalización en IA de este tipo de organismos desde 2021[670], de la que da formalmente cuenta[671].

A día de hoy, las normas o estándares creados por este tipo de organizaciones son útiles como sistema de gestión de la calidad para los gobiernos, las organizaciones, los destinatarios de la IA u otros agentes afectados, fomentando conductas éticas en el entorno de la IA. Sin embargo, según apunta la Comisión Europea[672], en el futuro puede resultar adecuado ir un paso más allá y crear un sello de «IA fiable» o «IA confiable», de manera semejante a los sellos de con-

---

Standardization (Organización Internacional de Normalización), *International Electrotechnical Commission* (Comisión Electrónica Internacional); y Una Norma Española, respectivamente. VILLAS OLMEDA, M., CAMACHO IBÁÑEZ, J., *Manual de ética aplicada en Inteligencia Artificial*, Anaya, Madrid, 2022, pp. 126-127.

668   COMISIÓN EUROPEA, *Comunicación de la Comisión: Inteligencia artificial para Europa*, COM(2018) 237 final, Bruselas, 25.4.2018, p. 18.

669   MUÑOZ VELA, J. M., *Retos, riesgos, responsabilidad y regulación de la inteligencia artificial. Un enfoque de seguridad física, lógica, moral y jurídica*, Thomson Reuters Aranzadi, Cizur Menor (Navarra), 2022, p. 148.

670   ÁLVAREZ GARCÍA, V.; TAHIRÍ MORENO, J., «La regulación de la inteligencia artificial en Europa a través de la técnica armonizadora del nuevo enfoque», en *Revista General de Derecho Administrativo*, n.° 63, 2023.

671   VV.AA., *AI Watch: Artificial Intelligence Standardisation Landscape Update,* Comisión Europea, Oficina de Publicaciones de la Unión Europea, Luxemburgo, 2023.

672   GRUPO DE EXPERTOS DE ALTO NIVEL SOBRE INTELIGENCIA ARTIFICIAL, *Directrices éticas para una IA fiable*, Comisión Europea, Bruselas, 2019, p. 28.

fianza *online* que se usan en Internet[673]. Este sello partiría
de las normas técnicas especificadas y aseguraría que un
sistema de IA cumple determinados requisitos, como el de
seguridad, solidez técnica y explicabilidad, a título de ejemplo. Ello promovería tanto la efectiva adopción de esos estándares como la confianza de los destinatarios de los sistemas
de IA a través de un lenguaje «accesible». Dentro de la UE, la
estandarización o normalización es básica para no fragmen-
tar en el mercado único mientras se garantiza un enfoque
de la IA centrado en las personas dentro de la región, ase-
gurando que esta tecnología resulte beneficiosa para el conjunto de la sociedad[674]. Por ello, el Reglamento le reconoce
un «papel fundamental» a esta práctica para proporcionar
soluciones técnicas a los proveedores y que cumplan la normativa en la materia[675].

4. Certificaciones

En línea con lo dicho sobre el sello de «IA fiable», las certificaciones en materia de IA buscan asegurar la calidad de
los sistemas que implementen esta tecnología, así como una
gestión de los riesgos que suponen, a través de su evaluación
y control. Sirven como garantía acerca del cumplimiento de
ciertos estándares y criterios establecidos por asociaciones
profesionales, entidades de normalización o gubernamenta-
les, en relación con los sistemas que utilicen esta tecnología[676].

---

673 Iniciativas semejantes comienzan a aparecer en regulaciones nacionales, como en la Ley 15/2022, de 12 de julio, integral para la igualdad de
trato y la no discriminación, cuyo artículo 23.4 señala que «se promo-
verá un sello de calidad de los algoritmos». También en normativas de
las comunidades autónomas, como en el Decreto-ley 2/2023, de 8 de
marzo, de medidas urgentes de impulso a la inteligencia artificial en
Extremadura, que, como principio general, requiere que la Administración pública autonómica favorezca «el empleo de sistemas de IA que
incorporen sellos o certificados de calidad y acrediten su conformidad
a las exigencias de seguridad exigidas por la Unión Europea» (art. 3.2).

674 COMISIÓN EUROPEA, *Comunicación de la Comisión: Inteligencia artificial
para Europa*, COM(2018) 237 final, Bruselas, 25.4.2018, p. 18.

675 Considerando 121 Reglamento de IA.

676 VILLAS OLMEDA, M., CAMACHO IBÁÑEZ, J., *Manual de ética aplicada en
Inteligencia Artificial*, Anaya, Madrid, 2022, p. 127.

Las certificaciones se sujetan al cumplimiento de determinadas normas desarrolladas para diferentes ámbitos de aplicación y técnicas de IA, que idealmente deben estar alineadas con normas industriales y sociales del concreto contexto del que se trate. Las organizaciones que expiden estas certificaciones acreditan ante el público que un sistema de IA es transparente, responsable y equitativo, entre otros extremos. Dado que no todos los sujetos que puedan ser afectados por sistemas de IA conocen su funcionamiento y efectos, las certificaciones son buenas herramientas para generarles confianza hacia la tecnología, además de —lo que es más importante— un incentivo para la observancia de esas normas industriales y sociales por parte del resto de los agentes involucrados en el diseño y despliegue de los sistemas[677], aunque sólo sea con la intención de mejorar su imagen corporativa.

5. Auditorías

Asimismo, en el ámbito de la IA pueden resultar de provecho las auditorías en lo que respecta a la explicabilidad y transparencia de los sistemas de IA. También son útiles en relación con la rendición de cuentas, por la que los efectos y consecuencias de los sistemas de IA deben ser atribuibles a las partes involucradas, según la función que hayan desempeñado en el ciclo de vida del sistema de IA[678], garantizando el principio de responsabilidad sobre los resultados. Poder exigir esta responsabilidad es necesaria para velar por un uso responsable de la IA.

La auditabilidad es definida por el Grupo de Expertos de Alto Nivel sobre IA[679] como la capacidad para evaluar los algoritmos, los datos y los procesos de diseño de los siste-

---

677 Grupo de Expertos de Alto Nivel sobre Inteligencia Artificial, *Directrices éticas para una IA fiable*, Comisión Europea, Bruselas, 2019, p. 28.

678 UNESCO, *Proyecto de recomendación sobre la ética de la inteligencia artificial*, 41 C/73 (14 de septiembre de 2021), UNESCO, París, Francia, 2021, p. 25.

679 Grupo de Expertos de Alto Nivel sobre Inteligencia Artificial, *Directrices éticas para una IA fiable*, Comisión Europea, Bruselas, 2019, p. 24.

mas de IA. Esto no implica que siempre deba disponerse de toda la información sobre los modelos de negocio y la propiedad intelectual del sistema de IA, de manera inmediata, pues determinados límites pueden ser aplicables. Pero sí disponer de aquella información necesaria para garantizar su correcto uso.

Las auditorías —internas y externas—, así como la disponibilidad de los correspondientes informes de evaluación pueden contribuir a la fiabilidad de esta tecnología. Ahora bien, cuando los sistemas de IA afecten a los derechos fundamentales, éstos deberían poder someterse a auditorías independientes[680] para ofrecer mayores garantías.

6. Regulación

La experiencia en determinados ámbitos demuestra que la autorregulación basada en fuertes principios éticos muchas veces no es suficiente; sobre todo, ante espacios regulatorios novedosos o fuertemente cambiantes. La autorregulación, basada en la propia voluntad del agente que podría ser sancionado por la vía legal ordinaria, que debe adherirse voluntariamente a un código de conducta para que a éste le resulte de aplicación, es ignorada o simplemente empleada en su justa medida para evitar una regulación al uso y proyectar una imagen hacia el exterior comprometida con valores fundamentales. Es necesaria una regulación normativa que evite la experiencia vivida con Internet, donde la ausencia de normas en sus inicios y posterior regulación tardía, tratando de aplicar el derecho tradicional al nuevo entorno, creó un espacio de «ilegalidad masiva» que relegó a un segundo plano los pilares básicos de la convivencia social y los fundamentos de los sistemas políticos más avanzados. La situación fue aprovechada por las grandes empresas tecnológicas para lograr una posición de dominio capaz hacer peligrar la efectividad de la aplicación del Derecho[681]. En

---

680   GRUPO DE EXPERTOS DE ALTO NIVEL SOBRE INTELIGENCIA ARTIFICIAL, *Directrices éticas para una IA fiable*, Comisión Europea, Bruselas, 2019, p. 24.

681   COTINO HUESTO, L., «Riesgos e impactos del Big Data, la inteligencia artificial y la robótica. Enfoques, modelos y principios de la respuesta del Derecho», en *Revista General de Derecho Administrativo*, n.º 50, Iustel, Madrid, 2019, p. 17.

palabras de Zuboff, «se dejó un vacío donde debería haber estado la democracia, un vacío que se llenó rápidamente con un sistema de "capitalismo de vigilancia" construido sobre la extracción a escala industrial de datos generados por el ser humano»[682].

La flexibilidad predicada de la ética o de la autorregulación, como una de sus fundamentales virtudes frente a la regulación legal, puede observarse también en los principios generales del Derecho y su aplicación. Éstos resultan mucho más necesarios cuanto más novedosa es la materia a ordenar[683].

Así, no se tratará de hacer normas ajustadas hasta el extremo a la casuística en materia de IA, lo que puede generar inseguridad jurídica en ciertas ocasiones, sino de crear un marco legal garantista, que se sepa adaptar a los cambios que están por venir. El derecho no debe ser un freno al desarrollo y la innovación, pero tampoco se deben sacrificar o maltratar por el camino derechos y libertades fundamentales de los ciudadanos.

La regulación de la IA debe adoptarse desde un enfoque preventivo; anticiparse, tratando de evitar el daño, como se ha advertido líneas atrás a propósito de la «ética por diseño» y como recientemente se ha dispuesto en el ámbito de la protección de datos, donde se exigen unas determinadas cautelas «por defecto» para garantizar el derecho a la privacidad *(privacy by design and by default o «privacidad desde el diseño y por defecto*»[684] [685]). Ello, en vez de ser reactivo o limitarse a actuar *a posteriori*, es decir, una vez que el sistema de IA ha impactado negativamente en los destinatarios. Como ya sucedió hace años en materia de medio ambiente y con-

---

682   La traducción es propia. Zuboff, S. (2 de mayo de 2022), «The EU has fired the starting gun in the fightback against Big Tech», *Financial Times*, extraído de ft.com/content/31f49915-0f85-48b0 -bf81-131960318967, fecha última visita: abril 2024.

683   Piñar Mañas, J. L., «Identidad y persona en la sociedad digital», en *Sociedad Digital y Derecho*, Ministerio de Industria, Comercio y Turismo, Madrid, 2018, p. 107

684   Véase art. 25 Reglamento General de Protección de Datos.

685   La normativa en materia de datos puede resultar interesante como punto de partida para la afrontar ciertos retos regulatorios de la IA, dada la entidad y cualidad del impacto colectivo que una vulneración en su ámbito regulatorio puede suponer, haciendo preferible la adopción de medidas preventivas en vez de punitivas.

sumo, en vez de un derecho enfocado en el «daño», se debe desarrollar un derecho centrado en el «riesgo», siendo absolutamente desaconsejable esperar a que se genere el daño que afecte al individuo o a la colectividad para reaccionar[686].

Desde el punto de vista normativo y sin perjuicio de todo lo señalado anteriormente, se hace especialmente valioso regular la responsabilidad y la rendición de cuentas —*accountability*— sobre los impactos, consecuencias y resultados del despliegue de los sistemas de IA para procurar un correcto uso de los mismos. Ello fomentaría la «ética por diseño», la práctica de la evaluación de riesgos e impacto, y otras herramientas al alcance de los distintos agentes que aumentarían las garantías del uso de esta tecnología.

La responsabilidad siempre tiene que recaer en un sujeto que pueda ser titular de derechos y obligaciones. Así, una acción desarrollada por un algoritmo puede generar responsabilidades jurídicas, pero el algoritmo no será el responsable, sino el agente moral en el que recaiga la culpa, el responsable del hecho que originó el daño en última instancia.

La Asamblea Parlamentaria del Consejo de Europa[687] llama la atención sobre este hecho y pide reforzar la responsabilidad de los distintos operadores. En concreto, señala que:

> «la responsabilidad y la rendición de cuentas de un acto recaen en el ser humano, sean cuales sean las circunstancias. Las referencias a la toma de decisiones independiente por parte de los sistemas de inteligencia artificial no pueden eximir a los creadores, propietarios y gestores de estos sistemas de la responsabilidad por las violaciones de los derechos humanos cometidas con el uso de estos sistemas».

---

686 Cotino Hueso, L., «Nuevo paradigma en las garantías de los derechos fundamentales y una nueva protección de datos frente al impacto social y colectivo de la inteligencia artificial», en *Derechos y garantías ante la inteligencia artificial y las decisiones automatizadas*, Thomson Reuters Aranzadi, Cizur Menor (Navarra), 2022, p. 80.

687 Committee on Culture, Science, Education and Media (Consejo de Europa), *Technological convergence, artificial intelligence and human rights,* Recomendación 2102 (28 de abril de 2017), Asamblea Parlamentaria, Estrasburgo, 2017, p. 1.

Y ello, aunque el acto causante del daño no fuera intencionado. En los sistemas de IA, la cadena de sujetos involucrados se amplía en relación con la tradicional, formada por fabricante-distribuidor-consumidor. Ahora emergen nuevas figuras y figuras intermedias: el diseñador, el desarrollador, el fabricante del sistema, el fabricante del *hardware* donde se despliega el sistema de IA, el ingeniero de datos, el entrenador, el comercializador, el distribuidor, el operador, el propietario, o el usuario[688], entre otras. Sin embargo, es importante resaltar que la responsabilidad no desaparece, aunque pueda ser compartida[689]. De hecho, en el ámbito de la robótica se alude al problema de *many hands*[690] para reflejar precisamente este asunto.

La UNESCO[691] también pone el acento en la importancia de elaborar, examinar y adaptar marcos reguladores para que el contenido y los resultados de los sistemas de IA en las diferentes etapas de su ciclo de vida estén sujetos a la rendición de cuentas y la responsabilidad.

El principio de responsabilidad es el más adecuado para garantizar la correcta aplicación de los sistemas de IA, alienada con el respeto a los derechos fundamentales[692.] No en vano, el legislador europeo está centrando fuertemente su atención en la exigencia de responsabilidades en materia de IA, como la propuesta de Directiva sobre la adaptación de las normas de responsabilidad civil no contractual a la inteligen-

---

688 Muñoz Vela, J. M., *Retos, riesgos, responsabilidad y regulación de la inteligencia artificial. Un enfoque de seguridad física, lógica, moral y jurídica*, Thomson Reuters Aranzadi, Cizur Menor (Navarra), 2022, pp. 55-56.

689 Villas Olmeda, M., Camacho Ibáñez, J., *Manual de ética aplicada en Inteligencia Artificial*, Anaya, Madrid, 2022, p. 109.

690 Van Wynsberghe, A. (2021). «Responsible Robotics and Responsibility Attribution». In: von Braun, J., S. Archer, M., Reichberg, G.M., Sánchez Sorondo, M. (eds) *Robotics, AI, and Humanity*. Springer, Cham. https://doi.org/10.1007/978-3-030-54173-6_20

691 UNESCO, *Recomendación sobre la Ética de la Inteligencia Artificial*, SHS/BIO/REC-AIETHICS/2021 (23 de noviembre de 2021), UNESCO, París, Francia, 2021, p. 17.

692 Pérez Estrada, M. J., *Fundamentos jurídicos para el uso de la inteligencia artificial en los órganos judiciales*, Tirant lo Blanch, Valencia, 2022, p. 122.

cia artificial[693], o propuesta de Directiva relativa a la responsabilidad por los daños causados por productos defectuo-
sos[694]; ambas del 29 de septiembre de 2022.

7. *Sandboxes* regulatorios

Los *sandboxes* regulatorios son entornos que no están
(aún) reglamentados en los que se prueban nuevos modelos empresariales[695]. Son espacios aislados de regulación o
campos de pruebas que permiten a las empresas testar nuevas ideas, productos e iniciativas, en un contexto seguro, sin
verse obligadas a cumplir el conjunto de normas y reglamen-
tos que debieran ser aplicables de cualquier otra forma o en
condiciones normales[696].

Con esta medida, el regulador pretende fomentar la innovación reduciendo las barreras y los costes regulatorios para
probar tecnologías innovadoras disruptivas, garantizando al
mismo tiempo que los destinatarios de los sistemas de IA no
se vean afectados negativamente[697].

El Grupo de Expertos de Alto Nivel sobre IA de la UE ya
advirtió sobre esta posible solución a propósito del apoyo a
las infraestructuras de IA en todos los Estados Miembros.
Según señaló, sería conveniente organizar una red interco-
nectada de instalaciones de pruebas y *sandboxes*, que resulten adecuados para establecer normas legales y éticas. De
manera controlada, los grandes centros de investigación y
laboratorios de IA —los denominados Centros de Excelen-

---

693 COM (2022) 496 final. Puede consultarse el estado del procedimiento aquí: https://eur-lex.europa.eu/legal-content/ES/HIS/?uri=CE-
LEX:52022PC0496, fecha última visita: abril 2024.

694 COM (2022) 495 final. Puede consultarse el estado del procedimiento aquí: https://eur-lex.europa.eu/legal-content/ES/HIS/?uri=CE-
LEX:52022PC0495, fecha última visita: abril 2024.

695 COMISIÓN EUROPEA, *Comunicación de la Comisión: Inteligencia artificial
para Europa*, COM(2018) 237 final, Bruselas, 25.4.2018, p. 11.

696 FENWICK, M.; KAAL, W. A.; VERMEULEN, E.P. M., «Regulation Tomorrow: What Happens When Technology is Faster than the Law?», en
American University Business Law Review, vol. 6, n.º 3, 2017, p. 591.

697 FENWICK, M.; KAAL, W. A.; VERMEULEN, E.P. M., «Regulation Tomorrow: What Happens When Technology is Faster than the Law?», en
American University Business Law Review, vol. 6, n.º 3, 2017, p. 592.

cia— pueden permitir que las aplicaciones de IA se desplieguen y prueben en «*sandboxes*» que crean entornos seguros, bajo condiciones bien definidas[698].

La creación de *sandboxes* regulatorios puede ayudar a estimular la innovación sin crear riesgos inaceptables para los hombres. Estos espacios aislados de regulación deben permitir una evaluación rápida de la viabilidad de las nuevas innovaciones y modelos de negocio, sin obstaculizar el interés público y la protección de las personas. Debe implicar a múltiples partes interesadas, públicas y privadas (incluidas las ONG), en pro de la buena gobernanza que resulta necesaria en IA. En su uso, debe garantizarse la transparencia y la rendición de cuentas para aumentar las garantías. Esta herramienta puede ayudar a desarrollar capacidades de evaluación del impacto, lo que facilita la evaluación del impacto en los derechos fundamentales de las implementaciones experimentales de IA[699].

A finales del 2023, España se convirtió en el país pionero en implementar un *sandbox*[700], en colaboración con la Comisión Europea[701], como parte de la Agenda España Digital 2026[702]. Tal y como afirma la norma habilitadora, el objeto es

---

698 Grupo de Expertos de Alto Nivel sobre Inteligencia Artificial, *Policy and Investment Recommendations for Trustworthy AI*, Comisión Europea, Bruselas, 2019, p. 41, Recomendación 17.2.

699 Grupo de Expertos de Alto Nivel sobre Inteligencia Artificial, *Policy and Investment Recommendations for Trustworthy AI*, Comisión Europea, Bruselas, 2019, p. 41, Recomendación 29.2.

700 En virtud del Real Decreto 817/2023, de 8 de noviembre, que establece un entorno controlado de pruebas para el ensayo del cumplimiento de la propuesta de Reglamento del Parlamento Europeo y del Consejo por el que se establecen normas armonizadas en materia de inteligencia artificial (Real Decreto 817/2023).

701 Anón. (27 de junio de 2022), «El Gobierno de España presenta, en colaboración con la Comisión Europea, el primer piloto del *sandbox* de regulación de Inteligencia Artificial en la UE», *Ministerio de Economía, Comercio y Empresa*, extraído de https://portal.mineco.gob.es/es-es/comunicacion/Paginas/20220627-PR_AI_Sandbox.aspx, fecha última visita: abril 2024.

702 Anón. (7 de noviembre de 2023), «España, pionera en el impulso de la regulación de Inteligencia Artificial, pone en marcha el entorno controlado de pruebas del Reglamento Europeo de Inteligencia Artificial», *Ministerio de Economía, Comercio y Empresa*, extraído de https://portal.mineco.gob.es/es-es/comunicacion/Paginas/entorno-controla-

«establecer un entorno controlado de pruebas para ensayar el cumplimiento de ciertos requisitos por parte de algunos sistemas de inteligencia artificial que puedan suponer riesgos para la seguridad, la salud y los derechos fundamentales de las personas [...]»[703].

Será deseablemente uno de tantos otros que se habilitarán entre los Estados Miembro; pues no dejan de ser mecanismos que procuran evitar el menoscabo, entre otras cuestiones, de los derechos fundamentales de todos aquellos que pudieran quedar afectados, de forma directa o indirecta, lo que siempre se debe poner en valor.

A propósito de lo anterior, conviene igualmente señalar la creación y puesta en funcionamiento de la Agencia Española de Supervisión de la Inteligencia Artificial en España (AESIA), bajo el marco de la Agenda España Digital 2026 y contemplada Estrategia Nacional de Inteligencia Artificial, como entidad de supervisión de la tecnología emergente, pionera entre los Estados Miembro[704].

8. Otros

Algunas de las citadas cautelas, como la evaluación de impacto, se alinean con la práctica anglosajona del *compliance* o cumplimiento normativo. Esta herramienta trata de estimular todos los mecanismos preventivos y otras prácticas proactivas a disposición de la empresa para evitar los posibles riesgos y daños que pudiera sufrir, identificándolos con antelación. Para ello se establecen paralelamente controles y una supervisión y evaluación continua que permita iden-

---

do-de-pruebas-sandbox-del-Reglamento-Europeo-de-Inteligencia-Artificial.aspx, fecha última visita: abril 2024.

703   Art. 1 Real Decreto 817/2023.

704   ANÓN. (13 de septiembre de 2022), «El Gobierno inicia el proceso para elegir la sede de la Agencia Española de Supervisión de la Inteligencia Artificial», *Ministerio de Economía, Comercio y Empresa*, extraído de https://portal.mineco.gob.es/ca-es/comunicacion/Pagines/agencia-espa%C3%B1ola-de-supervisi%C3%B3n-de-inteligencia-artificial.aspx, fecha última visita: abril 2024. Sobre el estado actual de la Agencia Española de Supervisión de la Inteligencia Artificial, véanse https://espanadigital.gob.es/lineas-de-actuacion/agencia-espanola-de-supervision-de-la-inteligencia-artificial, fecha última visita: abril 2024.

tificar tempranamente cualquier desviación de lo deseado y reaccionar a tiempo. Esta práctica, que puede conllevar cambios en la propia entidad y su gobernanza[705], es fácilmente trasladable al ámbito de la IA para identificar riesgos y evitar daños a los derechos de las personas.

Entre otras herramientas o posibles soluciones, también se habla de «políticas experimentales» o «legislación experimental», dirigida a probar distintos esquemas reguladores, en un mismo país o diferentes territorios, y comparar después los resultados[706] para poder así optar por la vía más adecuada y garantista. O de las *sunset clauses*, normas establecidas para un periodo predeterminado de tiempo y sujetas a una posible prórroga si resulta necesario, tras una evaluación de su eficacia hasta ese momento[707]. Este tipo de normas sirven para definir objetivos adaptables y permitir el ajuste de las leyes y demás normativa en función de las circunstancias[708].

Sin perjuicio de las anteriores, otras medidas o garantías también pueden tenerse en cuenta. Por ejemplo, en materia del derecho a la privacidad —transversal a toda la IA—, medidas dirigidas a minimizar datos, a establecer claros periodos de conservación o la aplicación de técnicas de anonimización y seudoanonimización en relación con la creación de perfiles. También establecer garantías contractuales que

---

705　Cotino Hueso, L., «Nuevo paradigma en las garantías de los derechos fundamentales y una nueva protección de datos frente al impacto social y colectivo de la inteligencia artificial», en *Derechos y garantías ante la inteligencia artificial y las decisiones automatizadas*, Thomson Reuters Aranzadi, Cizur Menor (Navarra), 2022, p. 92. Villas Olmeda, M., Camacho Ibáñez, J., *Manual de ética aplicada en Inteligencia Artificial*, Anaya, Madrid, 2022, pp. 91-92.

706　Fenwick, M.; Kaal, W. A.; Vermeulen, E.P. M., «Regulation Tomorrow: What Happens When Technology is Faster than the Law?», en *American University Business Law Review*, vol. 6, n.º 3, 2017, p. 575.

707　Ponce, J. (26 de noviembre de 2017), «Regulatory sandboxes y empresas Fintech: innovación regulatoria y derecho a una buena administración», *Hay Derecho*, extraído de hayderecho.com/2017/11/26/regulatory-sanboxes-y-empresas-fintech-innovacion-regulatoria-y-derecho-a-una-buena-administracion/, fecha última visita: abril 2024.

708　Guihot, M.; Matthew, A. F.; Suzor, N., «Nudging Robots: Innovative Solutions to Regulate Artificial Intelligence», en *Vanderbilt Journal of Entertainment & Technology Law*, vol. 20, Vanderbilt University Law School, 2017, p. 443.

garanticen comprobaciones y el cumplimiento normativo de los algoritmos de terceros; formas de permitir al afectado expresar su punto de vista e impugnar decisiones automatizadas o semiautomatizadas por sistemas de IA, y que éstas sean revisadas por una persona con la autorización y capacidad suficiente para modificar la decisión[709]; la creación de comités de ética, etc.[710].

---

709 Cotino Hueso, L., «Derecho y garantías ante el uso público y privado de inteligencia artificial, robótica y big data», en *El Derecho de las TIC en Iberoamérica*, La Ley Thompson Reuters, Madrid, 2019, p. 134-135. Véase también Grupo de Trabajo Sobre Protección de Datos del Artículo 29, *Directrices sobre decisiones individuales automatizadas y elaboración de perfiles a los efectos del Reglamento 2016/679*, adoptadas el 3 de octubre de 2017, revisadas el 6 de febrero de 2018, 17/ES, WP251rev.01, Bruselas, 2018, pp. 30-31.

710 Amoni Reverón, G. A., «Libertad, presunción de inocencia y defensa ante la irrupción de la inteligencia artificial en el ámbito policial y judicial penal», en *Derechos y garantías ante la inteligencia artificial y las decisiones automatizadas*, Thomson Reuters Aranzadi, Cizur Menor (Navarra), 2022, pp. 222-223.

VI

EXPERIENCIAS EN EL DERECHO COMPARADO: ESTADOS UNIDOS Y CHINA

Las iniciativas y políticas desarrolladas por la UE en materia de IA contrastan con las desarrolladas por los dos líderes mundiales en el ámbito: Estados Unidos y China. Las tres zonas geográficas —UE, Estados Unidos y China— representan las distintas perspectivas desde las que aproximarse a esta tecnología, con grandes diferencias en cuanto a la legislación y políticas desarrolladas en torno la IA y su despliegue desde el respeto —o no— a los derechos fundamentales.

El desarrollo y uso de la IA en el continente europeo pretende tener el sello «Made in Europe», que se asiente sobre tres pilares: (i) aumentar las inversiones públicas y privadas en IA; (ii) prepararse para los cambios socioeconómicos; y (iii) garantizar un marco ético y legal adecuado. Dos principios serán clave en esta IA «Made in Europe»: la «ética por diseño», vista líneas atrás, y la «seguridad por diseño», según la cual a ciberseguridad, la protección de las víctimas y la facilitación de actividades de aplicación de la ley deben tenerse en cuenta desde el inicio del proceso de diseño[711]. Y ello, con el propósito de desarrollar una IA ética, segura y vanguardista, en contraposición con Estados Unidos y China.

Como en la mayoría de los ámbitos económicos, Estados Unidos tiene un política muy liberal y focalizada en el beneficio del sector privado. El país ha prestado gran atención

---

711 COMISIÓN EUROPEA, *Comunicación de la Comisión, Plan coordinado sobre la inteligencia artificial*, COM(2018) 795 final, Bruselas, 7.12.2018.

al impulso y desarrollo de la IA, pero desde una perspectiva poco ética[712]; al menos, hasta un pasado reciente. De hecho, no fue hasta febrero de 2022 cuando se anunció que la ética de la IA pasaría a formar parte de la estrategia nacional[713] a través de la *Artificial Intelligence Capabilities and Transparency (AICT) Act* (Ley de Capacidades y Transparencia de la Inteligencia Artificial)[714] y la *Artificial Intelligence for the Military (AIM) Act*[715] (Ley de Inteligencia Artificial para las Fuerzas Armadas). Ambas leyes fueron dictadas con el ánimo de proteger la seguridad nacional y los intereses económicos del país; sobre todo, frente a China. Esta aproximación está lejos de los estándares europeos y anhelados por muchos de los expertos en ética de la IA, pero sin duda, es un gran avance[716].

Hacía dos años, Estados Unidos había desarrollado diez principios para la regulación de la IA a colación de la publicación y consulta pública de un memorándum «sobre orientaciones para la regulación de las aplicaciones de IA»[717]. Estas orientaciones pretendían apoyar «el enfoque estadounidense del capitalismo de libre mercado, el federalismo y las buenas prácticas reguladoras»[718]. Entre los principios se incluía

---

712 Villas Olmeda, M., Camacho Ibáñez, J., *Manual de ética aplicada en Inteligencia Artificial*, Anaya, Madrid, 2022, p. 64.

713 Villas Olmeda, M., Camacho Ibáñez, J., *Manual de ética aplicada en Inteligencia Artificial*, Anaya, Madrid, 2022, p. 23.

714 Disponible en: congress.gov/bill/117th-congress/senate-bill/1705/text?r=82&s=1. Fecha última visita: marzo 2023.

715 Disponible en: congress.gov/bill/117th-congress/senate-bill/1776/text?q=%7B%22search%22%3A%5B%22s1776%22%5D%7D&r=1&s=1. Fecha última visita: marzo 2023.

716 Griffin, W. (15 de febrero de 2022), «America must win the race for A.I. ethics», *Frotune*, extraído de fortune.com/2022/02/15/america-must-win-the-race-for-a-i-ethics-tech-artificial-intelligence-politics-biden-dod-will-griffin/, fecha última visita: abril 2024.

717 Disponible en: whitehouse.gov/wp-content/uploads/2020/01/Draft-OMB-Memo-on-Regulation-of-AI-1-7-19.pdf. Fecha última visita: marzo 2023.

718 Management and Budget Office (Executive Office of the President) (1 de marzo de 2020), *Request for Comments on a Draft Memorandum to the Heads of Executive Departments and Agencies, «Guidance for Regulation of Artificial Intelligence Applications»*, Federal Register, extraído de federalregister.gov/documents/2020/01/13/2020-00261/

la «equidad y no discriminación»; la «divulgación y transparencia»; así como la necesidad de desarrollar aplicaciones de IA fiables, sólidas y dignas de confianza, dentro del principio de «confianza pública en la IA» [719]. La amplitud que, por definición, caracterizan a los principios hace que su puesta en práctica o materialización legislativa pueda presentar niveles más o menos garantistas para los derechos fundamentales. De hecho, éstos sólo eran mencionados expresamente en la parte introductoria del memorándum.

Posteriormente, en 2021 se creó el Consejo de Comercio y Tecnología de la UE y Estados Unidos con el propósito de coordinar los enfoques de ambos territorios sobre cuestiones globales clave del comercio, la economía y la tecnología, así como para intensificar sus relaciones comerciales y económicas sobre la base de valores democráticos compartidos. Para la cooperación en materia de normas tecnológicas, se creó un grupo específico de trabajo que, entre otras tecnologías emergentes, se ocuparía de la IA[720]. Este grupo publicó su primera hoja de ruta para una IA fiable y la gestión de riesgos a comienzos de diciembre del año 2022[721], así como un estudio sobre el impacto de esta tecnología en el ámbito laboral en sendos territorios[722]. Entre los grupos de trabajo creados por el Consejo es interesante destacar el dedicado al «Uso indebido de la tecnología que ponga en peligro la

request-for-comments-on-a-draft-memorandum-to-the-heads-of-executive-departments-and-agencies, fecha última visita: abril 2024.

719 ANÓN. (14 de enero de 2020), «AI Update: White House Issues 10 Principles for Artificial Intelligence Regulation», *Convigton*, extraído de insidetechmedia.com/2020/01/14/ai-update-white-house-issues-10-principles-for-artificial-intelligence-regulation/, fecha última visita: abril 2024.

720 ANÓN. (15 de junio de 2021), «La UE y los Estados Unidos ponen en marcha el Consejo de Comercio y Tecnología para liderar la transformación digital mundial basada en valores», *Comisión Europea*, extraído de ec.europa.eu/commission/presscorner/detail/es/IP_21_2990, fecha última visita: abril 2024.

721 CONSEJO DE COMERCIO Y TECNOLOGÍA UE-EE.UU. (US-EU Trade and Technology Council), *TTC Joint Roadmap for Trustworthy AI and Risk Management*, Comisión Europea, 2022.

722 CONSEJO DE COMERCIO Y TECNOLOGÍA UE-EE.UU. (US-EU Trade and Technology Council), *The Impact of Artificial Intelligence on the Future of Workforces in the European Union and the United States of America*, Comisión Europea, 2022.

seguridad y los derechos humanos», además del dedicado al «Clima y tecnologías limpias». Desde su creación, se han celebrado numerosas reuniones ministeriales, estando la quinta de ellas prevista para la primavera de 2024[723].

A finales de octubre de 2023, el presidente Joe BIDEN, aprobó una orden ejecutiva, adelantándose a cualquier legislación originada en el poder legislativo. Para dictar dicha orden se basó en una norma promulgada durante la Guerra Fría que daba ciertas potestades al Gobierno federan ante cuestiones que pudieran comprometer la seguridad del país[724]. Con esta se busca alcanzar ocho objetivos: crear nuevos estándares para la seguridad de la IA —establecidos por el Instituto Nacional de Estándares y Tecnología—; proteger la privacidad; promover la equidad y los derechos civiles; defender a los consumidores, pacientes y estudiantes, como grupos especialmente vulnerables; apoyar a los trabajadores; promover la innovación y la competencia; promover el liderazgo estadounidense en tecnologías de IA; y garantizar el uso gubernamental responsable y eficaz de la tecnología[725].

En el mes de julio ya había anunciado la adopción de medidas para controlar esta tecnología, con el consenso de grandes plataformas tecnológicas, como OpenAI, Alphabet —empresa matriz de Google—, Meta —antiguamente Facebook—, Amazon o Microsoft: los sistemas de IA serían suficientemente seguros, sometiéndose a pruebas antes de su despliegue; sus resultados deberían ser suficientemente

---

723 Sobre los avances y documentación relacionada con el Consejo de Comercio y Tecnología de la Unión Europea y Estados Unidos, véase https://commission.europa.eu/strategy-and-policy/priorities-2019-2024/stronger-europe-world/eu-us-trade-and-technology-council_es, fecha última consulta: abril 2024.

724 JIMÉNEZ, M., (30 de octubre de 2023), «Biden aprueba una orden ejecutiva para impulsar una IA más segura y mitigar sus riesgos», *Cinco Días*, extraído de https://cincodias.elpais.com/companias/2023-10-30/biden-aprueba-una-orden-ejecutiva-para-impulsar-una-ia-mas-segura-y-fiable.html, fecha última visita: abril 2024.

725 DAVID, E. (30 de octubre de 2023), «Biden releases AI executive order directing agencies to develop safety guidelines», *The Verge*, extraído de https://www.theverge.com/2023/10/30/23914507/biden-ai-executive-order-regulation-standards, fecha última visita: abril 2024.

transparentes; y el contenido generado por IA debería ser etiquetado como tal[726].

Coincidiendo con la aprobación de la orden ejecutiva, Estados Unidos participó en el denominado «Proceso de IA de Hiroshima», como parte integrante en el G7. En éste se acordaron 11 principios rectores para «promover una IA segura y digna de confianza en todo el mundo», así como para «proporcionar orientación voluntaria para las acciones de las organizaciones que desarrollen los sistemas de IA más avanzados, incluidos los modelos fundacionales y la IA generativa». se recogieron así unos principios más laxos que los que habrían preferido los países europeos, dada la preferencia de Estados Unidos por establecer políticas poco intervencionistas en relación con los desarrolladores, como norma general[727]. Frente a la orden ejecutiva de BIDEN, hay que tener en cuenta el carácter supranacional de este acuerdo y el recelo consiguiente.

El 21 de marzo de 2024, la ONU aprobó la primera resolución para la regulación internacional de la IA; un proyecto de resolución precisamente liderado por Estados Unidos, que recibió el apoyo de más de 120 Estados miembros. En dicha resolución —que excluye la IA militar— se ensalza el papel que esta tecnología puede desempeñar en la promoción y consecución de los Objetivos de Desarrollo sostenible, bajo un marco de respeto a los derechos humanos. Así, la Asamblea requirió a los Estados miembro y demás partes interesadas que prescindieran del uso de sistemas de IA «que no puedan funcionar de conformidad con las normas internacionales de derechos humanos o que planteen riesgos inde-

---

726 JIMÉNEZ, M., (21 de julio de 2023), «Siete tecnológicas se comprometen con Biden a adoptar medidas para una IA más segura y transparente», *Cinco Días*, https://cincodias.elpais.com/companias/2023-07-21/siete-tecnologicas-se-comprometen-con-biden-en-hacer-una-inteligencia-artificial-mas-segura-y-transparente.html, fecha última visita: abril 2024. ANÓN. (21 de julio de 2023), «Estados Unidos lanza nuevas reglas para la inteligencia artificial», *El País*, extraído de https://elpais.com/internacional/2023-07-21/estados-unidos-lanza-nuevas-reglas-para-la-inteligencia-artificial.html, fecha última consulta: abril 2024.

727 DEL CASTILLO, C. (30 de octubre de 2024), «"El Proceso de IA de Hiroshima": así es el primer código de conducta global de la inteligencia artificial», *El Diario*, extraído de https://www.eldiario.es/tecnologia/proceso-ia-hiroshima-primer-codigo-conducta-global-inteligencia-artificial_1_10642176.html, fecha última visita: abril 2024.

bidos para el disfrute de los derechos humanos», pues «los mismos derechos que tienen las personas fuera de línea deben protegerse también en línea, incluso durante todo el ciclo de vida de los sistemas de inteligencia artificial»[728]. La importancia de este acuerdo, así como la iniciativa y liderazgo de Estados Unidos para poner establecer límites a esta tecnología es crucial.

La generalizada creencia de que la regulación de la IA puede ser un freno a la innovación y al desarrollo debe ser desterrada; especialmente, en un territorio como Estados Unidos, que alberga las principales empresas tecnológicas que lideran el mercado mundial: Apple, Alphabet, Meta, Amazon y Microsoft. Gran parte de su negocio descansa en la IA y, sobre todo, en la ingente cantidad de datos que disponen de sus usuarios —y de los que no son sus usuarios—, que sirven para entrenar y alimentar sus algoritmos. Prestan servicio a nivel global, por lo que sus usuarios —y suministradores de datos— no son únicamente ciudadanos norteamericanos, sino del mundo entero. Ello, salvo en aquellos territorios que carezcan de conexión a Internet o cuyo acceso a la red o a determinados prestadores esté prohibido, como los cortes recurrentes de India o la censura dirigida de Rusia o China[729], lo que —huelga señalar— atenta gravemente contra la libertad de expresión y el derecho a la información.

La UE ha roto en varias ocasiones los acuerdos marco que permitían la transferencia de datos de los ciudadanos de la región a Estados Unidos al no resultar suficientemente garantista la legislación sobre privacidad[730]. Los datos eran

728   ANÓN. (21 de marzo de 2024), «La Asamblea General adopta una resolución histórica sobre la IA», *Naciones Unidas*, extraído de https://news.un.org/es/story/2024/03/1528511, fecha última visita: abril 2024.

729   FELDSTEIN, S. (31 de marzo de 2022), «Government Internet Shutdowns Are Changing. How Should Citizens and Democracies Respond?», *Carnegie Endowment for International Peace*, extraído de carnegieendowment.org/2022/03/31/government-internet-shutdowns-are-changing.-how-should-citizens-and-democracies-respond-pub-86687, fecha última visita: abril 2024.

730   ANÓN. (9 de junio de 2021), «El Tribunal de Justicia de la Unión Europea declara inválido el Escudo de Privacidad para la realización de transferencias internacionales de datos a EEUU», *Agencia Española de Protección de Datos*, extraído de aepd.es/es/derechos-y-deberes/

usados para finalidades que excedían de lo que razonablemente contemplaba la norma europea. La invalidación de estos acuerdos marco sobre transferencia internacional de datos suponía que empresas como las citadas —Apple, Microsoft, Amazon, Alphabet y Meta— quedaban sin un sustento legal que permitiera disponer en Norteamérica de los datos personales de sus usuarios del continente europeo.

Partiendo del transversal derecho a la privacidad, Estados Unidos, excesivamente centrado en políticas liberales que beneficien al sector privado, debe desarrollar políticas y adoptar cualesquiera otras medias sociales y que garanticen el estricto respeto a los derechos fundamentales de todos los sujetos que puedan verse afectados por los sistemas de IA, dentro y fuera de sus fronteras.

Por su parte, China representa el extremo opuesto al nivel de garantías que pretende ofrecer la UE en materia de IA. El país de Asia Oriental está centrado en obtener el liderazgo mundial en el ámbito, por un lado, y el control absoluto de sus ciudadanos, por otro, lo que deja poco lugar a desarrollos o enfoques éticos y respetuosos con los derechos humanos.

En 2017 se elaboró un plan estratégico llamado «Plan de Desarrollo de Inteligencia Artificial de Nueva Generación» para convertirse en el líder mundial en IA en 2030[731] y que la IA fuera la principal fuerza impulsora de la modernización industrial y de la transformación económica de China. De hecho, a día de hoy, un considerable número de las compañías emergentes más importantes del mundo en el ámbito de IA son chinas —si bien el 73 por ciento son estadounidenses[732] [733]—. Además, China es el país que más datos

---

cumple-tus-deberes/medidas-de-cumplimiento/transferencias-internacionales/comunicado-privacy-shield, fecha última visita: abril 2024.

731   VV.AA. «The Chinese approach to artificial intelligence: an analysis of policy, ethics, and regulation», en *AI & Society*, n.° 36, Springer, 2021, p. 59.

732   A la cabeza, Google, OpenAI, Nvidia, IBM y BAIDU. HERNÁNDEZ, J.A. (23 de junio de 2023), «¿Cuáles son las empresas líderes en Inteligencia Artificial en el 2023?», *Think big/empresas – Movistar*, recuperado de https://empresas.blogthinkbig.com/cuales-son-las-empresas-lideres-en-inteligencia-artificial-en-el-2023/, fecha última visita: abril 2024.

733   ANÓN. (14 de mayo de 2022), «AI 100: The most promising artificial intelligence startups of 2022», *CBInsights*, extraído de cbinsights.com/

tiene del mundo[734], como consecuencia del escaso respeto al derecho a la privacidad, sobre todo, cuando el beneficiario de los datos es el Gobierno o las empresas implícitamente respaldadas por el Gobierno[735]. Esto le sitúa en una posición aventajada desde la perspectiva industrial, pero intolerable desde el derecho, en general, y desde el respeto a los derechos fundamentales, en particular.

En junio de 2019, un comité de expertos creado por el Ministerio de Ciencia y Tecnología de China, el Comité Nacional de Expertos en Gobernanza de la Inteligencia Artificial de Nueva Generación, publicó un documento en el que se esbozaban una serie de principios que debían guiar el desarrollo y aplicación de la IA. Esta tecnología debía ser segura, fiable y controlable, y servir para promover el desarrollo sostenible desde el punto de vista económico, social y ecológico, según la declaración de intenciones que precedía a dichos principios. Así, el primero de los principios, «armonía y amabilidad», abogaba por mejorar el bienestar común de la humanidad. Según éste, el desarrollo de la IA debía ajustarse a los valores humanos, la ética y la moralidad y salvaguardar la seguridad de la sociedad, respetando los derechos humanos y evitando cualquier mal uso que se pudiera hacer. También destacaba el principio de «equidad y justicia», por el que se habrían de proteger los derechos e intereses de las partes interesadas y fomentar la igualdad de oportunidades, evitando cualquier tipo de discriminación en el diseño de los algoritmos y su aplicación. También destacaba el principio de «respetar la privacidad», protegiendo vida personal de cada uno y protegiendo plenamente el derecho del individuo a saber y a elegir; y mejorando los mecanismos para evitar robos de datos o suplantaciones de identidad[736].

---

research/report/artificial-intelligence-top-startups-2022/, fecha última visita: abril 2024.

734   Villas Olmeda, M., Camacho Ibáñez, J., *Manual de ética aplicada en Inteligencia Artificial*, Anaya, Madrid, 2022, pp. 63-64.

735   VV.AA., «The Chinese approach to artificial intelligence: an analysis of policy, ethics, and regulation», en *AI & Society*, n.º 36, Springer, 2021, p. 77.

736   Laskai, L.; Webster, G. (17 de junio de 2019), «Translation: Chinese Expert Group Offers "Governance Principles" for "Responsible AI"», *New America*, extraído de newamerica.org/cybersecurity-initiative/digichina/blog/translation-chinese-expert-group-offers-gover-

Sin embargo, estos principios esbozados en gruesas líneas carecen prácticamente de aplicación en la actualidad. Los impactos positivos que pudieran derivarse de la IA van de la mano de un mayor control sobre el comportamiento de los individuos, con una gobernanza que se extiende al ámbito del comportamiento moral y que conllevan una mayor erosión de la privacidad[737].

Así, en lo que se refiere al control de sus ciudadanos, China emplea las técnicas más avanzadas de IA para desarrollar dicho control con herramientas de reconocimiento facial, de voz, etc., creando una gran red de videovigilancia. No en vano, más de la mitad de las cámaras de vigilancia que existen en el mundo están en China[738], las cuales son empleadas, entre otras cosas, para vigilar si los ciudadanos cruzan de forma correcta la calle. En caso de no ser así, su imagen será difundida en pantallas públicas, buscando su avergonzamiento[739]. Semejante uso de la tecnología, así como otras aplicaciones alejadas de la idea de Estado de Derecho[740], puede suponer un riesgo en los regímenes autoritarios y para las democracias, cuyas instituciones pueden quedar socavadas por el uso de esta tecnología en manos de terceros Estados. Estas prácticas dan lugar a lo que se ha venido denominando «tecno-autoritarismo»[741].

---

nance-principles-responsible-ai/, fecha última visita: abril 2024.

737 VV.AA. «The Chinese approach to artificial intelligence: an analysis of policy, ethics, and regulation», en *AI & Society*, n.º 36, Springer, 2021, p. 77.

738 BISCHOFF. P. (11 de julio de 2022), «Surveillance camera statistics: which cities have the most CCTV cameras?», *Comparitech*, extraído de comparitech.com/vpn-privacy/the-worlds-most-surveilled-cities/, fecha última visita: abril 2024.

739 SALAZAR GARCÍA, I., «Privacidad e Inteligencia Artificia, ¿es posible su convivencia?», en *Derecho, Ética e Inteligencia Artificial*, Tirant lo Blanch, Valencia, 2023, p. 182.

740 WANG, M. (8 de abril de 2021), «China's Techno-Authoritarianism Has Gone Global», *Foreign Affairs*. extraído de foreignaffairs.com/articles/china/2021-04-08/chinas-techno-authoritarianism-has-gone-global, fecha última visita: abril 2024.

741 RYAN, T. (20 de diciembre de 2021), «China está exportando sus métodos y tecnologías de vigilancia por el mundo», *MIT Technology Review*. extraído de technologyreview.es/s/13870/china-esta-exportando-sus-metodos-y-tecnologias-de-vigilancia-por-el-mundo, fecha

Con carácter añadido, el Gobierno se ha atribuido la «noble» la tarea de que sus ciudadanos mejoren su integridad moral a través de la creación de un «estándar moral mínimo». Éste afecta a la regulación de su comportamiento y resulta gestionable a través de la IA, a juicio de la autoridad. La medida que mejor encarna este propósito gubernamental es el Sistema de Crédito Social, cuyo origen se remonta a 2014, aunque es una extensión del sistema de calificación crediticia financiera de 1980[742]. En esta ocasión, el Sistema de Crédito Social trata de regular el comportamiento social de los individuos y las empresas para luchar contra la corrupción, las estafas en las telecomunicaciones, la evasión fiscal, la publicidad engañosa, el plagio académico, la falsificación de productos o la contaminación, entre otros ámbitos. Una mala puntuación puede significar la publicación de sus datos, la prohibición para participar en licitaciones públicas, consumir artículos de lujo, inscribir a los hijos en escuelas privadas, viajar en avión o salir del país[743]. En el futuro, apuntan los expertos, herramientas como la citada pueden someter los derechos de los ciudadanos a una fuerte presión devaluadora[744].

Bajo la perspectiva tecnológica —no necesariamente desde la IA— y a propósito del derecho a la libertad de expresión y de información previamente desarrollado, conviene apuntar la imperante censura que sufre el país desde la implantación del Gran Cortafuegos o Proyecto Escudo Dorado745,

---

última visita: abril 2024.

742 REILLY, J.; LYU, M.; ROBERTSON, M. (30 de marzo de 2021), «China's Social Credit System: Speculation vs. Reality», *The Diplomat*, recuperado de thediplomat.com/2021/03/chinas-social-credit-system-speculation-vs-reality/, fecha última visita: abril 2024.

743 YANG, Z. (22 de noviembre de 2022), «China just announced a new social credit law. Here's what it means», *MIT Technology Review*. extraído de technologyreview.com/2022/11/22/1063605/china-announced-a-new-social-credit-law-what-does-it-mean/, fecha última visita: abril 2024.

744 VV.AA., «The Chinese approach to artificial intelligence: an analysis of policy, ethics, and regulation», en *AI & Society*, n.º 36, Springer, 2021, p. 67.

745 WU, J; LAM, O.; SADA, L. (5 de septiembre de 2017), «Evolución del Gran Cortafuegos chino: 21 años de censura», *GlobalVoices*, extraído de es.globalvoices.org/2017/09/05/evolucion-del-gran-cortafuegos-chino-21-anos-de-censura/, fecha última visita: abril 2024.

que impide a los ciudadanos y cualesquiera otras entidades del país asiático el acceso a numerosas páginas web y plataformas, en función de los intereses de los gobernantes, y que ha precisado ser recientemente revisado a propósito del auge de la IA[746]. Todo ello, sin perjuicio de la vigilancia constante desarrollada por la llamada «policía de internet» en páginas o plataformas que pudieran no estar inicialmente prohibidas, como su gigante internacional TikTok[747].

Existen tres áreas de especial relevancia en el ámbito de la IA en China: la competitividad internacional en busca de un liderazgo internacional; el crecimiento económico, siendo la IA el motor que impulse la transformación; y la gobernanza social para aparentemente tratar de mejorar la vida de las personas[748]. Sin embargo, desarrolla una política centrada en el control absoluto de sus ciudadanos a través de toda la información y medios a su disposición, implementando las técnicas de IA más avanzadas para ello.

Durante los meses de julio y agosto del 2023, China tomó importantes medidas regulatorias. Como fruto del XX Congreso Nacional del Partido Comunista de China, que tuvo lugar en octubre del 2022, y en el marco del Plan de Trabajo Legislativo del 2023, aprobó una ley general aplicable a la IA. Según se afirma en su artículo 4,

> «Las actividades relacionadas con la investigación y el desarrollo, el suministro o el uso de la IA deben estar centradas en las personas y dirigir la inteligencia hacia el bien. Garantizar que los humanos puedan supervisar y controlar continuamente la IA, con el objetivo último de promover siempre el bienestar de la humanidad»[749].

---

746   Anón., (26 de diciembre de 2023), «China is shoring up the great firewall for the AI age», *The Economist*, disponible en https://www.economist.com/business/2023/12/26/china-is-shoring-up-the-great-firewall-for-the-ai-age, fecha última visita: abril 2024.

747   De la Cal, L. (25 de marzo de 2023), «Así censura y recopila datos TikTok en China: 'Prohibido el contenido que dañe la imagen nacional», *El Mundo*, extraído de https://www.elmundo.es/economia/empresas/2023/03/25/641df73121efa091608b45b9.html, fecha última visita: abril 2024.

748   VV.AA., «The Chinese approach to artificial intelligence: an analysis of policy, ethics, and regulation», en *AI & Society*, n.º 36, Springer, 2021, p. 72.

749   Fernández, C.B. (31 de agosto de 2023), «China aprueba una regula-

En paralelo a dicha ley, promulgó otra centrada en la IA generativa[750], con la intención de «salvaguardar la seguridad nacional», «proteger los intereses y derechos de los ciudadanos chinos» y «respetar los valores fundamentales del socialismo» entre otros objetivos[751], estableciendo férreas restricciones entre las que difícilmente cabe el ejercicio de la libertad de expresión[752]. A comienzos del 2024, China ha publicado el primer borrador sobre la estandarización de la IA, que pretende implementar en el año 2026[753].

El país asiático desarrolla políticas muy influenciadas por la batalla por el liderazgo económico que mantiene con Estados Unidos, pero de espaldas a los derechos fundamentales de sus ciudadanos. Estos derechos deben ser universalmente aceptados por los distintos Estados, con independencia de las perspectivas culturales imperantes en cada territorio y las diferentes situaciones políticas. China no puede ser una excepción.

La relación entre ambos países se desarrolla también en el ámbito de los suministros de componentes necesarios para la fabricación los sistemas de IA. Desde el año 2022, Estados Unidos está restringiendo la venta de chips al país orien-

---

ción de la inteligencia artificial y de la inteligencia artificial generativa», *Diariolaley*, extraído de https://diariolaley.laleynext.es/dll/2023/09/01/china-aprueba-una-regulacion-de-la-inteligencia-artificial-y-de-la-inteligencia-artificial-generativa, fecha última consulta: abril 2024.

750 HE, L. (14 de julio de 2023), «China da un gran paso en la regulación de la IA», *CNN*, extraído de https://cnnespanol.cnn.com/2023/07/14/china-regulacion-ia-trax/, fecha última vistia: abril 2024.

751 BUTTICE, C. (19 de marzo de 2024), «El Gobierno chino establece normas sobre IA generativa: ¿le seguirán otros países?», *Technopedia*, recuperado de https://www.techopedia.com/es/gobierno-chino-normas-ia, fecha última visita: abril 2024.

752 GAMVROS, A.; YAU (HK); E; CHONG, S. (25 de julio de 2024), «China finalises its Generative AI Regulation», *Data Protection Report*, extraído de https://www.dataprotectionreport.com/2023/07/china-finalises-its-generative-ai-regulation/, fecha última visita: abril 2024.

753 ANÓN. (25 de enero de 2024), «China da un nuevo paso hacia la estandarización de la inteligencia artificial», *Legal Army*, recuperado de https://www.legalarmy.net/en/blog/china-da-un-nuevo-paso-hacia-la-estandarizacion-de-la-inteligencia-artificial, fecha última visita: abril 2024.

tal[754], de cuya tecnología depende en gran parte. Ello está llevando a intensificar los esfuerzos de China para salvar esta situación. Un estudio recientemente publicado por un grupo de investigadores chinos en la prestigiosa revista *Nature*[755] advierte de la fabricación de un procesador 3,7 veces más rápidos que los suministrados por la empresa NVIDIA, una de las principales empresas norteamericanas afectadas por las restricciones de ventas[756].

En cualquier caso, ambos países participaron junto a muchos otros en la primera cumbre mundial de seguridad de la IA, el 1 de noviembre de 2023, con el propósito de garantizar una IA «centrada en el ser humano, confiable y responsable», afrontando los riesgos asociados a estos desarrollos desde la «cooperación internacional», según señala el texto resultante, la «Declaración Bletchley». En dicha cumbre participaron representantes de la industria, como Sam Altman (OpenAI) Elon Musk y Demis Hassabis (DeepMind, Google)[757]. También China apoyó la resolución para la regulación internacional de la IA de finales de marzo de 2024, que había sido propuesta por Estados Unidos. Deseablemente, ambos países deberán poner freno a desarrollos y prácticas indeseables en la IA, en ese contexto de lucha por liderar el sector.

754 Plana Bou, C. (17 de octubre de 2023), «Estados Unidos restringe la venta a China de chips avanzados para inteligencia artificial», *El Público*, extraído de https://www.elperiodico.com/es/internacional/20231017/estados-unidos-restringe-acceso-china-chips-semiconductores-inteligencia-artificial-tecnologia-93445024, fecha última visita: abril 2024.

755 VV.AA., «All-analog photoelectronic chip for high-speed vision tasks», en *Nature*, n.º 623 (octubre, 2023), 2023.

756 López, J.C. (6 de noviembre de 2023), «La advertencia de NVIDIA ya es real: China ha diseñado un chip para visión artificial extremadamente potente», *Xataka*, extraído de https://www.xataka.com/empresas-y-economia/advertencia-nvidia-real-china-ha-disenado-chip-para-vision-artificial-extremadamente-potente, fecha última visita: abril 2024.

757 Jiménez, M., (1 de noviembre de 2023), «EE. UU., China y otros 26 países acuerdan cooperar en el desarrollo de una IA "confiable y responsable"», *Cinco Días*, disponible en https://cincodias.elpais.com/companias/2023-11-01/ee-uu-china-y-otros-26-paises-acuerdan-cooperar-en-el-desarrollo-de-una-ia-confiable-y-responsable.html, fecha última visita: abril 2024.

VII

CONCLUSIONES

La IA es clave dentro de la revolución digital e, igual que sucede con otras tecnologías, tiene impactos positivos y negativos en los derechos fundamentales de las personas y otros bienes jurídicos dignos de protección.

Algunos autores[758] han llevado a cabo estudios centrados en la contribución positiva y negativa de la IA en los Objetivos de Desarrollo Sostenible, llegando a establecer una cuantificación de las mismas: en un 79 por ciento las positivas, y en un 35 por ciento las negativas. Esto nos deja un escenario de esperanza. Sin embargo, también se reconoce con claridad la necesidad de estudios de impacto en los derechos humanos.

Tal como ya se ha puesto de manifiesto recientemente, son muchos los impactos positivos de la IA en los bienes jurídicos básicos de las personas, como los derechos a la participación política, salud, educación, entre otros[759]. La se ha convertido en una herramienta poderosa con un amplio abanico de aplicaciones en diversos sectores, incluyendo la esfera pública y la privada.

En el ámbito de las políticas públicas, la IA puede ser fundamental en la toma de decisiones basadas en evidencia

---

758 VV.AA., «The role of artificial intelligence in achieving the Sustainable Development Goals», en *Nature Communications*, 11, n.º 233, 2020.

759 FERNÁNDEZ-ALLER, C.; ROVERI, C.; NARDINI, S., «El uso ético de la inteligencia artificial y las neurotecnologías», en *Derechos digitales en Iberoamérica: situación y perspectivas*, Fundación Carolina-Telefónica, Madrid, 2023, pp. 45 y 46, disponible en www.fundacioncarolina.es/publicacion-del-libro-derechos-digitales-en-iberoamerica-situacion-y-perspectivas-editado-por-fundacion-carolina-y-telefonica/, fecha última consulta: abril 2024.

empírica. Su capacidad para analizar grandes cantidades de datos permite identificar las intervenciones más apropiadas, implementar programas de manera eficiente y medir con precisión el impacto de las medidas tomadas.

Un área particularmente interesante para el despliegue de la IA es la educación. Si bien se ha hecho mucho trabajo para educar a la población sobre esta tecnología, aún queda mucho por explorar en cuanto a cómo puede mejorar y potenciar la formación en las distintas etapas del aprendizaje. Esto incluye el uso de herramientas de enseñanza, el apoyo fuera del aula o la evaluación adaptativa, que se ajusta al nivel de cada estudiante, entre otras cuestiones. Países como China, India, Italia, Kenia, Malta, Singapur, Corea del Sur, España y Estados Unidos han reconocido el potencial de la IA en la educación y la han incluido en sus estrategias educativas. Concretamente, India, Kenia, Singapur y España son los que han desarrollado las aplicaciones más avanzadas en este campo. Es precioso, además, alfabetizar y formar a las nuevas generaciones en el ámbito de la IA —incluyendo las limitaciones que la caracterizan y los riesgos que conllevan— para que el día de mañana exista suficiente mano de obra cualificada para ocupar los puestos de trabajo que están por venir.

En el campo de la salud, la IA ofrece un sinfín de posibilidades, como hemos visto líneas atrás. No sólo se utiliza como apoyo al diagnóstico médico, sino que también está presente en el desarrollo de exoesqueletos, prótesis inteligentes y dispositivos que mejoran las capacidades cognitivas. Esta última cuestión entronca con las neurotecnologías, sumamente prometedoras, pero con manifiestos riesgos que han llevado incluso a un sector de la sociedad a reclamar un nuevo catálogo de derechos de derechos fundamentales bajo el paraguas de los «neuroderechos».

La IA también tiene un impacto significativo en áreas como medioambiente, la energía, la agricultura sostenible, la movilidad, las políticas de asilo y migración o la ayuda humanitaria, entre otras cuestiones.

Presenta paralelamente muchos peligros para derechos fundamentales, como todos los anteriormente vistos, que será preciso no descuidar. De hecho, a propósito del derecho a la igualdad, ya es manifiesto que la IA reproduce estereotipos de género, como ha advertido recientemente la

UNESCO[760]: los contenidos generados por IA presentan una acusada tendencia a asignar trabajos más diversos y prestigioso a los hombres, frente a los tradicionalmente infravalorados o estigmatizados, que eran asociados a las mujeres. También los sistemas de IA se manifiestas homófobas y racistas.

Si bien existen investigaciones en curso sobre el impacto de la IA en los derechos humanos, se requiere una perspectiva paciente a mediano y largo plazo para comprender completamente los efectos positivos y negativos que tendrá el uso generalizado de algoritmos en estos derechos[761].

Hasta el momento, las iniciativas y políticas desarrolladas por la UE en materia de IA pretenden aproximarla a sus dos grandes competidores, Estados Unidos y China, en cuanto desarrollo industrial y beneficios aparejados. Pero, a diferencia de sendos países, desde una perspectiva ética, antropocéntrica y garantista para el ser humano y sus derechos fundamentales. Aun así, ciertos derechos fundamentales como los analizados, parecen estar expuestos a numerosos riesgos derivados de la IA. Los estudios y desarrollos legislativos de la Unión hasta la fecha no parecen poner toda la atención que debieran en los derechos más básicos de las personas, por la prisa de no perder la carrera de la innovación tecnológica. La IA no debe ser un fin en sí misma, sino que debe ser empleada con responsabilidad suficiente y al servicio de las personas, individualmente consideradas y como colectivo.

Piénsese en el debate público en torno ChatGPT, GPT-4 y la Carta Abierta originada en el *Future of Life Institute*, como llamamiento a detener los sistemas de IA más avanzados[762].

---

760 VV. AA., *Challenging systematic prejudices: an investigation into bias against women and girls in large language models*, CI/DIT/2024/GP/01, UNESCO, París, Francia, 2024, disponible en https://unesdoc.unesco.org/ark:/48223/pf0000388971, fecha última visita abril 2024.

761 Fernández-Aller, C.; Roveri, C.; Nardini, S., «El uso ético de la inteligencia artificial y las neurotecnologías», en *Derechos digitales en Iberoamérica: situación y perspectivas*, Fundación Carolina-Telefónica, Madrid, 2023, p. 47, disponible en www.fundacioncarolina.es/publicacion-del-libro-derechos-digitales-en-iberoamerica-situacion-y-perspectivas-editado-por-fundacion-carolina-y-telefonica/, fecha última consulta: abril 2024.

762 Véase la iniciativa en https://futureoflife.org/open-letter/pause-giant-ai-experiments/. fecha última visita: abril 2024.

En ella se vuelve a insistir en los Principios de IA Asilomar o las 23 pautas a seguir para lograr un desarrollo beneficioso de la IA.

La transición digital debe ser respetuosa con los derechos humanos. Debe poner a la persona, su dignidad y los derechos que le son inherentes en el centro de cualquier propuesta. El diseño y despliegue de los sistemas de IA debe partir de su escrupuloso respeto. Los bienes más preciados para los hombres deben estar presentes en todas las incitativas que se desarrollen en el ámbito de la IA. De esta forma, no deberían implementarse proyectos tecnológicos ni iniciarse políticas públicas que no incorporasen la participación de todos los grupos de interés. No debería tener cabida el despliegue de sistemas de IA que no incorporen a toda la sociedad, entendiéndose incluidos los colectivos vulnerables (personas con diversidad funcional, mujeres, menores, colectivos LGTBI, migrantes...). Desde un enfoque de derechos humanos, se superarán las limitaciones de la autorregulación. Dicha solución, como hemos advertido, puede ayudar, pero nunca sustituir el marco exigible, consensuado y universal que supone el catálogo de los derechos humanos[763]. Confiar exclusivamente en la ética —sin restarle un ápice de importancia— puede ser desastroso, a la luz de la falta de consenso en los valores éticos, la instrumentalización de la ética, la incoherencia en la interpretación de los principios[764], entre otras cosas.

A grandes rasgos, se debe desarrollar una IA fiable y segura, teniendo en cuenta determinadas líneas maestras o principios, recogidos por numerosos códigos éticos de organizaciones de todo el mundo y sintetizados por la Comisión Europea[765]. Los aspectos fundamentales a considerar para

---

763 SALGADO-CRIADO, J.; FERNÁNDEZ-ALLER, C., «A Wide Human-Rights Approach to Artificial Intelligence Regulation in Europe», en *IEEE Technology and Society Magazine*, vol. 40, n.º 2, 2021, pp. 55-65.

764 PASCUAL, M. G. (28 de marzo 2023), «Un grupo de expertos en inteligencia artificial rompe con el Gobierno por discrepancias éticas», *El País*, extraído de https://elpais.com/tecnologia/2023-03-28/un-grupo-de-expertos-en-inteligencia-artificial-rompe-con-el-gobierno-por-discrepancias-eticas.html, fecha última visita: abril 2024.

765 GRUPO DE EXPERTOS DE ALTO NIVEL SOBRE INTELIGENCIA ARTIFICIAL, *Directrices éticas para una IA fiable*, Comisión Europea, Bruselas, 2019.

evitar consecuencias negativas y errores en el uso de los sistemas de IA son los siguientes: (i) supervisión humana, protegiendo los derechos fundamentales y no limitando la autonomía humana; (ii) robustez y seguridad, para que los algoritmos sean suficientemente seguros y los errores se puedan enmendar; (iii) privacidad y gobernanza de datos, siendo los ciudadanos los que ostenten el control de sus propios datos, una autodeterminación informativa; (iv) transparencia, para poder explicar la toma de decisiones; (v) diversidad, no discriminación y equidad, considerando las distintas realidades y garantizando la accesibilidad; (vi) bienestar social y ambiental, para un desarrollo social positivo, una amento de la sostenibilidad y responsabilidad ecológica; y (vii) rendición de cuentas, estableciendo mecanismos que garanticen la depuración de responsabilidades[766].

Tales aspectos han de ser tenidos en cuenta no sólo por el poder público en el desarrollo de sus políticas e iniciativas, sino por los distintos agentes que ostentan una posición privilegiada para su observancia, incluidas las empresas digitales en relación con sus modelos de negocio. El hábitat natural de este tipo de mercantiles es el digital —a diferencia de las empresas tradicionales que ofertan sus servicios a través de la web[767]—. La IA les ofrece una fuerte ventaja competitiva para aportar valor a la prestación de sus servicios, dado el «conocimiento» que puede generar sobre los usuarios actuales y potenciales, y sus necesidades dirigidas. Pero en la misma medida, el uso de esta tecnología puede poner en riesgo o lesionar los derechos de sus destinatarios,

---

766 SALAZAR GARCÍA, I., «Retos actuales de la ética en la Inteligencia Artificial», en *Derechos y garantías ante la inteligencia artificial y las decisiones automatizadas*, Thomson Reuters Aranzadi, Cizur Menor (Navarra), 2022, p. 63. Tales principios son relacionados en el Considerando 27 del Reglamento de IA, con expresa mención a las *Directrices éticas para una IA fiable*, de 2019, del Grupo Independiente de Expertos de Alto Nivel sobre IA, de la Comisión Europea.

767 Éstas quedan frecuentemente a merced de los intimidadores tecnológicos y de los motores de búsqueda, en el seno de la economía de plataformas, dando lugar a lo que CASTILLO PARRILLA denomina la «proletarización de los empresarios». CASTILLO PARRILLA, J. A., «Derechos y garantías concretas del uso de la inteligencia artificial por intermediarios y grandes plataformas», en *Derechos y garantías ante la inteligencia artificial y las decisiones automatizadas*, Thomson Reuters Aranzadi, Cizur Menor (Navarra), 2022, p. 264.

como su privacidad o el derecho a la igualdad y a la no discriminación. Piénsese en el escándalo de Facebook-Cambridge Analytica o en el referido perfilado de Facebook y la posibilidad de que sus anunciantes excluyeran a determinadas etnias como público objetivo[768].

Por su parte, en relación con el consumidor o usuario, la adaptación de una concreta oferta comercial a un sujeto específico por parte del empresario es una práctica habitual en distintos ámbitos, tanto en el mundo analógico como en el digital. Generar ofertas diferentes en función de las circunstancias específicas del potencial cliente no es un problema. El problema es que dicha generación no se produzca de forma aséptica e imparcial; que «la diferenciación se base en cuestiones que además de quebrar el principio de igualdad, se vinculen a aspectos que pudieran ser discriminatorios o contrarios a la dignidad de la persona», en palabras de ÁLVAREZ RUBIO[769]. Estas prácticas emergen de forma alarmante a raíz del uso de la IA por las empresas digitales o incluso entre aquellas que prestan sus servicios a través de la web, sin ser nativamente digitales.

Los efectos negativos de algunos modelos de negocio en el ámbito digital son aún más perniciosos. La digitalización de la sociedad y la economía está teniendo un fuerte y desigual impacto para las democracias, afectando al compromiso cívico en la toma de decisiones y a las barreras a la participación pública en los procesos democráticos. La convergencia de tecnologías y su interacción —analizadas al comienzo del presente trabajo—, junto al «capitalismo de vigilancia» —que ocupó el lugar que le debía haber correspondido a la democracia para ZUBOFF[770], en los inicios de la *World Wide Web*—,

---

768 SORIANO ARNANZ, A., «La aplicación del marco jurídico europeo en materia de igualdad y no discriminación al uso de aplicaciones de Inteligencia Artificial», en *Nuevas normatividades: inteligencia artificial, derecho y genero*, Thomson Reuters Aranzadi, Cizur Menor (Navarra), 2021, pp. 68-69.

769 ÁLVAREZ RUBIO, J., «Inteligencia artificial y protección jurídica de los consumidores», en *Dimensiones éticas y jurídicas de la inteligencia artificial en el marco del Estado de Derecho*, Universidad de Alcalá de Henares, Madrid, 2020, p. 282.

770 La traducción es propia. ZUBOFF, S. (2 de mayo de 2022), «The EU has fired the starting gun in the fightback against Big Tech», *Financial Times*, extraído de ft.com/content/31f49915-0f85-48b0 -bf81-131960318967, fecha última visita: abril 2024.

han hecho posible recopilar, combinar, analizar y almacenar indefinidamente volúmenes masivos de datos.

Desde comienzos del presente siglo, ha surgido un modelo de negocio dominante en el entorno virtual que se basa en el seguimiento de las personas en la red y en la recopilación de datos de índole personal, como su carácter, salud, relaciones, opiniones o creencias con el propósito de sacar rédito de ellos a través de distintas estrategias publicitarias. Estos mercados digitales se han concentrado en torno a unas pocas empresas que hacen las veces de eficaces guardianes de Internet, cuyo valor en bolsa es muy superior al que podían tener empresas análogas décadas atrás. A día de hoy, más de la mitad de la población mundial tiene acceso a Internet[771]. Este avance ha ido acompañado de una brecha digital, en términos geográficos, de riqueza y de género, que no ha hecho sino aumentar las desigualdades basadas en factores tradicionales.

El desarrollo de Internet y de las redes sociales tras la llegada de la Web 3.0 parecía ofrecer grandes oportunidades para enriquecer el debate público y el compromiso cívico, reforzando así la democracia y los valores que ésta representa, a través de un proceso de comunicación libre. Esta idílica visión recientemente ha dado paso a la preocupación por la manipulación de los usuarios en el ámbito digital a través de la recopilación masiva de información y del control del contenido que consumen en la red.

Sin perjuicio de lo ya señalado acerca a la privacidad y a la libertad de expresión y de información, el modelo de negocio de estas plataformas se basa en ofrecer productos y aplicaciones diseñados para maximizar la atención y la adicción de sus usuarios, de manera que puedan rentabilizar el tiempo que éstos pasan frente a las pantallas. Cuanto más, mejor. En este contexto, abunda el contenido falso o engañoso, que en ocasiones resulta intrascendente o banal, como aquél que persigue con fines humorísticos. Sin embargo, en otras ocasiones este contenido toma forma de *fake news, deepfakes* u otro tipo de representación, tratando de influir en el discurso político y en los procesos democráticos, con consecuencias

---

771 Fernández, R. (4 de marzo de 2024), «El uso de Internet a nivel mundial– Datos estadísticos», *Statista*, extraído de https://es.statista.com/temas/9795/el-uso-de-internet-en-el-mundo/#topicOverview, fecha última visita: abril 2024.

tan relevantes como las aparentemente derivadas del escándalo Facebook-Cambridge Analytica.

Las soluciones se han centrado en medidas de transparencia en la UE, como se ha señalado en relación con el Reglamento de Servicios Digitales. No obstante, no debe dejar de ponerse el acento en la responsabilidad de los actores del ecosistema digital que se benefician de comportamientos perjudiciales[772].

Sin perjuicio del necesario y adecuado desarrollo jurídico de la responsabilidad civil —contractual y extracontractual— que funcione de contrapeso a los posibles excesos, como medida represiva, estas empresas deben de diseñar sus estrategias de negocio prestando especial atención a los derechos y libertades fundamentales, tratando de evitar cualquier daño o puesta en riesgo sobre éstos que pudiera derivarse de su actividad, de manera proactiva o preventiva, a partir de las líneas maestras o principios anteriormente listados.

La transparencia de los algoritmos es básica para detectar sesgos, fallos en el diseño y otras cuestiones que pongan el riesgo un despliegue de los sistemas de IA respetuoso con los derechos de las personas. Debemos partir de garantizar el acceso a los algoritmos cuando sus consecuencias vayan a tener efectos jurídicos inmediatos en un sujeto[773].

Pero, más allá de eso, se deben reconocer nuevas potestades de control a autoridades independientes[774], como a la Agencia Española de Protección de Datos o el Consejo de Transparencia y Buen Gobierno, para poder garantizar el

---

772 SUPERVISOR EUROPEO DE PROTECCIÓN DE DATOS (EUROPEAN DATA PROTECTION SUPERVISOR), *Opinion 3/2018 EDPS. Opinion on online manipulation and personal data*, Supervisor Europeo de Protección de Datos, Bruselas, 2018, p. 3.

773 AMONI REVERÓN, G. A., «Libertad, presunción de inocencia y defensa ante la irrupción de la inteligencia artificial en el ámbito policial y judicial penal», en *Derechos y garantías ante la inteligencia artificial y las decisiones automatizadas*, Thomson Reuters Aranzadi, Cizur Menor (Navarra), 2022, pp. 228-230.

774 COTINO HUESO, L., «Big data e inteligencia artificial. Una aproximación a su tratamiento jurídico desde los derechos fundamentales», en *Dilemata*, n.º 24 (Ejemplar dedicado a: Ética de datos, sociedad y ciudadanía), 2017, p. 139.

respeto a los derechos fundamentales en el ámbito de las nuevas tecnologías. En concreto, se les debería reconocer la facultad de acceso y conocimiento de los algoritmos, de sus bases de datos y de su funcionamiento, al fin y al cabo, tanto en el ámbito de las empresas privadas como públicas[775]. Deberían velar por el cumplimiento normativo con el paralelo respeto a los derechos que, en su caso, pudieran amparar a los titulares de los algoritmos o sistemas, como la confidencialidad, los secretos comerciales, la propiedad industrial, etc.[776]. Para la garantía de los derechos frente a la IA habrá que confiar en los Defensores del Pueblo, el Comité Europeo de Inteligencia Artificial y los tribunales ordinarios y constitucionales[777].

Sería recomendable fortalecer el canal de protección del informante, implantado en la Agencia Española de Protección de Datos, tras la entrada en vigor de la Ley 2/2023, de 20 de febrero, reguladora de la protección de las personas que informen sobre infracciones normativas y de lucha contra la corrupción. A través de este texto, España se ha adaptado la conocida como directiva europea «de *whistleblowers*» o denunciantes[778] para que se pueda identificar a tiempo si una organización desarrolla tecnología con impactos negativos en los derechos de las personas. También asegurar que la tecnología se desarrolla en entornos multidisciplinares, respetando la ética y la privacidad desde el diseño; e impulsar la legislación de debida diligencia —tal y como ya han hecho otros países como Francia, Alemania o Países Bajos—, que obligue a las empresas y organizaciones que desarrollen IA a rendir cuentas con mecanismos de exigibilidad jurídica.

---

775 Cotino Huesto, L., «Riesgos e impactos del Big Data, la inteligencia artificial y la robótica. Enfoques, modelos y principios de la respuesta del Derecho», en *Revista General de Derecho Administrativo*, n.º 50, Iustel, Madrid, 2019, p. 33.

776 Pérez Estrada, M. J., *Fundamentos jurídicos para el uso de la inteligencia artificial en los órganos judiciales*, Tirant lo Blanch, Valencia, 2022, p. 124.

777 Presno Linera, M.A (2022) *Derechos fundamentales e Inteligencia Artificial*, Marcial Pons, p. 130.

778 Directiva (UE) 2019/1937 del Parlamento Europeo y del Consejo, de 23 de octubre de 2019, relativa a la protección de las personas que informen sobre infracciones del Derecho de la Unión.

Especial atención merecen las pequeñas y medianas empresas del sector digital, que están llamadas a generar tejido social y productivo de calidad en la UE. Se ha propuesto ya la creación de un portal único de IA en todo el mercado único europeo, que permita a las PYME registrarse fácilmente en los *sandboxes* regulatorios, es decir, entornos en los que las empresas puedan probar nuevos servicios sin temor a sanciones.

También se debe adoptar un enfoque colectivo, tratando de abordar la protección de los derechos fundamentales desde una perspectiva supraindividual, más allá de las protecciones aisladas, pues la IA tiene una dimensión de tecnología social[779]. Todos somos potenciales sujetos de las decisiones y medidas adoptadas por la aplicación de sistemas de IA, aunque no utilicemos tecnologías de la información o nuestros datos no hayan sido empleados expresamente para que un sistema tome una concreta decisión que nos afecte[780].

Desde una perspectiva colectiva será más sencillo observar el daño que esta tecnología puede provocar en muchas ocasiones, pues frecuentemente los impactos individuales son tan «pequeños», considerados de manera aislada, que resulta complicado exigir responsabilidades legales o tomar otro tipo de medidas para garantizar los derechos fundamentales.

Es cierto que, como advierte la Asamblea Parlamentaria del Consejo de Europa[781], «a los legisladores les resulta cada vez más difícil adaptarse a la velocidad a la que evolucionan la ciencia y las tecnologías y elaborar las reglamentaciones y

---

779   Fernández-Aller, C. *et al.*, «An Inclusive and Sustainable Artificial Intelligence Strategy for Europe Based on Human Rights,» in *IEEE Technology and Society Magazine*, vol. 40, no. 1, pp. 46-54, March 2021, doi: 10.1109/MTS.2021.3056283, p.52

780   Cotino Hueso, L., «Nuevo paradigma en las garantías de los derechos fundamentales y una nueva protección de datos frente al impacto social y colectivo de la inteligencia artificial», en *Derechos y garantías ante la inteligencia artificial y las decisiones automatizadas*, Thomson Reuters Aranzadi, Cizur Menor (Navarra), 2022, p. 81.

781   Consejo de Europa, Asamblea Parlamentaria (2017). *Technological convergence, artificial intelligence and human rights* (Recomendación 2102, del 28 de abril). Consejo de Europa (Asamblea Parlamentaria), p. 1. Disponible en: pace.coe.int/pdf/15e0309a8e3d01c79348f6fae-a2fd578050adcc7f489fc472cf6de8a126f99d3/recommendation%20 2102.pdf.

normas necesarias». Por ello, la protección de la dignidad humana, como fundamento de los derechos humanos, en semejante contexto tecnológico,

> «implica el desarrollo de nuevas formas de gobernanza, nuevas formas de debate público abierto, informado y contradictorio, nuevos mecanismos legislativos y, sobre todo, el establecimiento de una cooperación internacional que permita abordar estos nuevos retos de la manera más eficaz».

Y es que qué duda cabe de que vivimos en un mundo globalizado; de que los riesgos derivados de la aplicación de los sistemas de IA no conocen de fronteras. En un entorno tan cambiante, la buena gobernanza y combinación de soluciones y herramientas para luchar contra los riesgos que implícita o explícitamente conllevan los sistemas de IA son imprescindibles; sobre todo, cuando son los derechos fundamentales los que quedan expuestos a los avatares de la tecnología, de su desarrollo y despliegue, y de la lucha internacional por liderar el sector.

La IA es una tecnología disruptiva. Es capaz de influir en la resolución de problemas, dentro de ámbitos específicos, de manera determinante[782]. Si bien la inteligencia artificial ofrece un sinfín de beneficios, también conlleva riesgos e impactos considerables —muchos de ellos aún por descubrir— que amenazan derechos humanos fundamentales. Abordar estos desafíos de manera proactiva y efectiva es crucial para evitar un futuro distópico donde la dignidad humana se torne un sueño inalcanzable.

---

782 CARBONERO REDONDO, J. J., «Retos de la inteligencia artificial aplicada a la defensa», en *El derecho y la Inteligencia Artificial*, Universidad de Granada (URG), Granada, 2022, p. 168.

REFERENCIAS BIBLIOGRÁFICAS

ADAMS, R.; WEALE, S.; BARR, C. (13 de agosto de 2020), «A-level results: almost 40 % of teacher assessments in England downgraded», *The Guardian*, extraído de theguardian.com/education/2020/aug/13/almost-40-of-english-students-have-a-level-results-downgraded, fecha última visita: abril 2024.

ADSUARA VARELA, B., «El derecho al pseudonimato. Entre la identificiación y el anonimato (IV)», en *La Carta de Derechos Digitales*, Tirant lo Blanch, Valencia, 2022, pp. 53-78.

AGENCIA DE LOS DERECHOS FUNDAMENTALES DE LA UNIÓN EUROPEA (EUROPEAN UNION AGENCY FOR FUNDAMENTAL RIGHTS), *Getting the Future Right – Artificial Intelligence and Fundamental Rights*, Oficina de Publicaciones de la Unión Europea, Luxemburgo, 2020.

AGENCIA ESPAÑOLA DE PROTECCIÓN DE DATOS, *Guía de privacidad desde el diseño*, Agencia Española de Protección de Datos, Madrid, 2019.

AGUSTINOY GUILAYN, A., *Aspectos legales de las redes sociales*, Wolters Kluwer, 2021.

ALBALADEJO GARCÍA, M., *Derecho civil I. Introducción y parte general*, Librería Bosch, Barcelona, 2002.

ALONSO DE ANTONIO, A. L.; ALONSO DE ANTONIO, J. A., *Derecho Constitucional Español*, Editorial Universitas, Madrid, 2002.

ALONSO-PARRA M.; C PUENTE ÁGUEDA, C.; LAGUNA PRADAS, A., «Analysis of Harassment Complaints to Detect Witness Intervention by Machine Learning and

Soft Computing Techniques», en *Applied Sciences*, vol. 11, n.º 17, 2021, pp. 1-16.

Álvarez García, V.; Tahirí Moreno, J., «La regulación de la inteligencia artificial en Europa a través de la técnica armonizadora del nuevo enfoque», en *Revista General de Derecho Administrativo*, n.º 63, 2023.

Álvarez Rodríguez, I., *Lecciones de derecho constitucional III. Derechos fundamentales*, Servicio de publicaciones Facultad de Derecho, Universidad Complutense de Madrid, 2022.

Álvarez Rubio, J., «Inteligencia artificial y protección jurídica de los consumidores», en *Dimensiones éticas y jurídicas de la inteligencia artificial en el marco del Estado de Derecho*, Universidad de Alcalá de Henares, Madrid, 2020, pp. 275-331.

Amoni Reverón, G. A., «Libertad, presunción de inocencia y defensa ante la irrupción de la inteligencia artificial en el ámbito policial y judicial penal», en *Derechos y garantías ante la inteligencia artificial y las decisiones automatizadas*, Thomson Reuters Aranzadi, Cizur Menor (Navarra), 2022, pp. 193-236.

Andersen, L., *Human rights in the age of artificial intelligence*, Access Now, 2018.

Aneja, U., «La gobernanza de la inteligencia artificial: de solucionar problemas a diagnosticarlos», en *Anuario Internacional CIDOB*, Fundación CIDOB, Barcelona, 2021, pp. 29-35.

Anón. (21 de marzo de 2024), «La Asamblea General adopta una resolución histórica sobre la IA», *Naciones Unidas*, extraído de https://news.un.org/es/story/2024/03/1528511, fecha última visita: abril 2024.

(21 de marzo de 2024), «Neuralink muestra a su paciente con un implante cerebral supuestamente jugando al ajedrez con la mente», *El Mundo*, extraído de https://www.elmundo.es/tecnologia/creadores/2024/03/21/65fbd914e85ececc758b45aa.html, fecha última visita: abril 2024.

(6 de marzo de 2024), «La Agencia ordena una medida cautelar que impide a Worldcoin seguir tratando datos personales en España», *Agencia Española de Protección de Datos*, extraído de https://www.aepd.es/prensa-y-comunicacion/notas-de-prensa/la-agencia-ordena-medida-cautelar-que-impide-a-worldcoin-seguir-tratando-datos-personales-en-espana, fecha última visita: abril 2024.

(11 de marzo de 2024), «La Audiencia Nacional confirma el bloqueo a la empresa que cambia datos del iris por criptomonedas», *El Diario*, extraído de https://www.eldiario.es/tecnologia/audiencia-nacional-confirma-bloqueo-empresa-compra-datos-iris-criptomonedas_1_10998320.html, fecha última visita: abril 2024.

(25 de enero de 2024), «China da un nuevo paso hacia la estandarización de la inteligencia artificial», *Legal Army*, recuperado de https://www.legalarmy.net/en/blog/china-da-un-nuevo-paso-hacia-la-estandarizacion-de-la-inteligencia-artificial, fecha última visita: abril 2024.

(26 de diciembre de 2023), «China is shoring up the great firewall for the AI age», *The Economist*, disponible en https://www.economist.com/business/2023/12/26/china-is-shoring-up-the-great-firewall-for-the-ai-age, fecha última visita: abril 2024.

(7 de noviembre de 2023), «España, pionera en el impulso de la regulación de Inteligencia Artificial, pone en marcha el entorno controlado de pruebas del Reglamento Europeo de Inteligencia Artificial», *Ministerio de Economía, Comercio y Empresa*, extraído de https://portal.mineco.gob.es/es-es/comunicacion/Paginas/entorno-controlado-de-pruebas-sandbox-del-Reglamento-Europeo-de-Inteligencia-Artificial.aspx, fecha última visita: abril 2024.

(19 de octubre de 2023), «La convergencia de la inteligencia artificial y la neurociencia: visiones del futuro», *Fundación Innovación Bankinter*, extraído de https://www.fundacionbankinter.org/noticias/neurociencia/?_adin=02021864894, fecha última visita: abril 2024.

(11 de septiembre de 2023), «Echan 'una mano' a los problemas de movilidad causados por el ictus», Roche, extraído de https://www.rocheplus.es/innovacion/inteligencia-artificial/guante-exoesqueleto.html, fecha última visita: abril 2024.

(21 de julio de 2023), «Estados Unidos lanza nuevas reglas para la inteligencia artificial», *El País*, extraído de https://elpais.com/internacional/2023-07-21/estados-unidos-lanza-nuevas-reglas-para-la-inteligencia-artificial.html, fecha última consulta: abril 2024.

(14 de febrero de 2023), «ChatGPT and the Turing Test: Evaluating the Natural Language Abilities of AI Language Models», *ChatGPT-FAQ*, extraído de chatgptfaq.com/does_chatgpt_pass_the_turing_test.php, fecha última visita: abril 2024.

(2 de febrero de 2023), «OpenAI desarrolla su propia herramienta para detectar plagios con Chat GPT», *La Vanguardia*, extraído de lavanguardia.com/tecnologia/20230202/8724846/chat-gpt-crea-propia-herramienta-detectar-textos-artificiales-ineficaz-docentes-pmv.html, fecha última visita: abril 2024.

(2023), *State of deepfakes 2023*, Home Security Heroes, extraído de www.homesecurityheroes.com/state-of-deepfakes/, fecha última visita: abril 2024.

(8 de noviembre de 2022), «El Gobierno distribuye a las comunidades autónomas 40 millones de euros para consolidar la medicina personalizada de precisión», *Ministerio de Sanidad*, extraído de https://www.sanidad.gob.es/gabinete/notasPrensa.do?id=5926, fecha última visita: abril 2024.

(13 de septiembre de 2022), «El Gobierno inicia el proceso para elegir la sede de la Agencia Española de Supervisión de la Inteligencia Artificial», *Ministerio de Economía*, Comercio y Empresa, extraído de https://portal.mineco.gob.es/ca-es/comunicacion/Pagines/agencia-espa%C3%B1ola-de-supervisi%C3%B3n-de-inteligencia-artificial.aspx, fecha última visita: abril 2024.

(27 de junio de 2022), «El Gobierno de España presenta, en colaboración con la Comisión Europea, el primer piloto del *sandbox* de regulación de Inteligencia Artificial en la UE», *Ministerio de Economía, Comercio y Empresa*, extraído de https://portal.mineco.gob.es/eses/comunicacion/Paginas/20220627-PR_AI_Sandbox.aspx, fecha última visita: abril 2024.

(14 de mayo de 2022), «AI 100: The most promising artificial intelligence startups of 2022», *CBInsights*, extraído de cbinsights.com/research/report/artificial-intelligence-top-startups-2022/, fecha última visita: abril 2024.

(24 de noviembre de 2021), «Ética de la Inteligencia Artificial», *UNESCO* extraído de unesco.org/es/artificial-intelligence/recommendation-ethics, fecha última visita: abril 2024.

(15 de junio de 2021), «La UE y los Estados Unidos ponen en marcha el Consejo de Comercio y Tecnología para liderar la transformación digital mundial basada en valores», *Comisión Europea*, extraído de ec.europa.eu/commission/presscorner/detail/es/IP_21_2990, fecha última visita: abril 2024.

(9 de junio de 2021), «El Tribunal de Justicia de la Unión Europea declara inválido el Escudo de Privacidad para la realización de transferencias internacionales de datos a EEUU», *Agencia Española de Protección de Datos*, extraído de aepd.es/es/derechos-y-deberes/cumple-tus-deberes/medidas-de-cumplimiento/transferencias-internacionales/comunicado-privacy-shield, fecha última visita: abril 2024.

(14 de enero de 2020), «AI Update: White House Issues 10 Principles for Artificial Intelligence Regulation», *Convigton*, extraído de insidetechmedia.com/2020/01/14/ai-update-white-house-issues-10-principles-for-artificial-intelligence-regulation/, fecha última visita: abril 2024.

(11 de noviembre de 2019). «Apple's 'sexist' credit card investigated by US regulator», *BBC News*, extraí-

do de bbc.com/news/business-50365609, fecha última visita: abril 2024.

(s.f.), «Big data en medicina: aplicaciones útiles», *Instituto de Ingeniería del Conocimiento (IIC)*, extraído de https://www.iic.uam.es/lasalud/big-data-en-medicina-aplicaciones-utiles/, fecha última visita: abril 2024.

ANWING, J.; PERRIS JR., T. (28 de octubre de 2016), «Facebook Lets Advertisers Exclude Users by Race», *ProPublica*, extraído de https://www.propublica.org/article/facebook-lets-advertisers-exclude-users-by-race, fecha última visita: abril 2024.

ATIENZA RODRÍGUEZ, M., *Sobre la dignidad humana*, Editorial Trotta, Madrid, 2022.

BANCO MUNDIAL, *Principios sobre la identificación para el desarrollo sostenible: hacia la era digital* (actualizados a febrero de 2021), Banco Mundial, Washington, Estados Unidos, 2021.

ID4D (Identification for Development) - Practitioner's guide, Banco Mundial, Washington, Estados Unidos, 2018.

BARRAGUÉ CALVO, B.; ARROYO JIMÉNEZ, L.; FERNÁNDEZ-ALLER, C., «La justificación normativa de la Renta Básica universal desde la filosofía política y el Derecho», en *Revista Diecisiete: Investigación Interdisciplinar para los Objetivos de Desarrollo Sostenible*, n.º 1, 2019, pp. 81-94.

BASTIDAS CID, Y. V., «Neurotecnología: Interfaz cerebro-computador y protección de datos cerebrales o neurodatos en el contexto del tratamiento de datos personales en la Unión Europea», en *Informática y Derecho: Revista Iberoamericana de Derecho Informático (segunda época)*, n.º 11, Ratio Legis Librería Jurídica, 2022, pp. 101-175.

BEAUREGARD, L. P. (1 de diciembre de 2022), «Elon Musk asegura que en seis meses se implantará el primer chip en un cerebro humano con Neuralink», *El País*, extraído de https://elpais.com/tecnologia/2022-12-01/elon-musk-asegura-que-en-seis-meses-se-implantara-el-primer-chip-en-un-cerebro-humano.html, fecha última visita: abril 2024.

Behr, M. (15 de abril de 2021), «Twitter to Search Algorithms for Bias and Side Effects», *DigitNews*, extraído de https://www.digit.fyi/twitter-to-search-algorithms-for-bias-and-side-effects/, fecha última visita: abril 2024.

Belloso Martín, N., «La problemática de los sesgos algorítmicos (con especial referencia a los de género). ¿Hacia un derecho a la protección contra los sesgos?», en *Derechos y garantías ante la inteligencia artificial y las decisiones automatizadas*, Thomson Reuters Aranzadi, Cizur Menor (Navarra), 2022, pp. 45-78.

«Entre la ciencia y la técnica del derecho. ¿Hacia una hermenéutica telemática?», en *Anales de la Cátedra Francisco Suárez*, n.º 47, Imprenta de Francisco Ventura y Sabatel, Madrid, 2013, pp. 139-161.

Benjamins, R., «Hacia una IA sostenible: una perspectiva 360 incluyendo negocio, sociedad, ética y cambio climático», en *El derecho y la Inteligencia Artificial*, Universidad de Granada (URG), Granada, 2022, pp. 115-129.

«Hacia una IA sostenible: una perspectiva 360 incluyendo negocio, sociedad, ética y cambio climático», en *Derecho, Ética e Inteligencia Artificial*, Tirant lo Blanch, Valencia, 2023, p. 23-26.

Berlanga de Jesús, A., «El camino desde la Inteligencia Artificial al Big Data», en *Índice: Revista de Estadística y Sociedad*, n.º 68, Universidad Autónoma de Madrid e Instituto Nacional de Estadística, 2016, pp. 9-11.

Bischoff. P. (11 de julio de 2022), «Surveillance camera statistics: which cities have the most CCTV cameras?», *Comparitech*, extraído de comparitech.com/vpn-privacy/the-worlds-most-surveilled-cities/, fecha última visita: abril 2024.

Borbón Rodríguez, D.A.; Borbón Rodríguez, L.F.; Laverde Pinzón, J., «Análisis crítico de los NeuroDerechos Humanos al libre albedrío y al acceso equitativo a tecnologías de mejora», *Ius et scientia*, vol. 6, n.º 2, Editorial Universidad de Sevilla, 2020, pp. 135-161.

Bracero Osuna, F., *Bicicletas para la mente*, Península, Barcelona, 2023.

Branco, A. (5 de febrero de 2019), «Una IA logra que amputados aprendan a caminar con su prótesis robótica en minutos», *El Español*, extraído de https://www.elespanol.com/omicrono/tecnologia/20190205/ia-amputados-aprendan-caminar-protesis-robotica-minutos/373963904_0.html, fecha última visita: abril 2024.

Brewster, T. (14 de octubre, 2014), «Fraudsters Cloned Company Director's Voice In $35 Million Bank Heist, Police Find», *Forbes*, extraído de forbes.com/sites/thomasbrewster/2021/10/14/huge-bank-fraud-uses-deep-fake-voice-tech-to-steal-millions/, fecha última visita: abril 2024.

Burrel, J., «How the machine "thinks": Understanding opacity in machine learning algorithms», en *Big Data & Society*, Data & Society Research Institute, University of California, Berkeley (School of Information), California, Estados Unidos, 2016, pp. 1-12.

Buttice, C. (19 de marzo de 2024), «El Gobierno chino establece normas sobre IA generativa: ¿le seguirán otros países?», *Technopedia*, recuperado de https://www.techopedia.com/es/gobierno-chino-normas-ia, fecha última visita: abril 2024.

Cadwalladr, C. (abril de 2019), «Facebook's role in Brexit – and the threat to democracy», *Carole Cadwalladr's TED talk*, TED, recuperado de ted.com/talks/carole_cadwalladr_facebook_s_role_in_brexit_and_the_threat_to_democracy, fecha última visita: abril 2024.

Carbonero Redondo, J. J., «Retos de la inteligencia artificial aplicada a la defensa», en *El derecho y la Inteligencia Artificial*, Universidad de Granada (URG), Granada, 2022, pp. 131-152.

Carpí Marín, R., «Evaluación de solvencia y calificación crediticia en el Reglamento europeo sobre inteligencia artificial (Ley de Inteligencia Artificial)», en *Derecho e inteligencia artificial. El jurista ante los retos de la era digital*, Aranzadi, Cizur Menor (Navarra), 2023, pp. 71-111.

CASTAÑÓN, N. (26 de mayo de 2023), «Elon Musk logra el permiso para probar sus implantes cerebrales en humanos: así funcionará Neuralink», *El Español*, extraído de https://www.elespanol.com/omicrono/tecnologia/20230526/elon-musk-permiso-implantes-cerebrales-funcionara-neuralink/766673448_0.html, fecha última consulta: abril 2024.

(11 de marzo de 2023), «El exoesqueleto con inteligencia artificial para caminar y correr más rápido sin cansarte», *El Español*, extraído de https://www.elespanol.com/omicrono/hardware/20230311/exoesqueleto-inteligencia-artificial-caminar-correr-sin-cansarte/747175491_0.html, fecha última visita: abril 2024.

CASTELLANOS CLARAMUNT, J., «Derechos y garantías concretas de los usos políticos y participativos de la Inteligencia Artificial», en *Derechos y garantías ante la inteligencia artificial y las decisiones automatizadas*, Thomson Reuters Aranzadi, Cizur Menor (Navarra), 2022, pp. 317-341.

«El derecho a la participación ciudadana por medios digitales (XVI)», en *La Carta de Derechos Digitales*, Tirant lo Blanch, Valencia, 2022, pp. 225-250.

CASTILLO PARRILLA, J. A., «Derechos y garantías concretas del uso de la inteligencia artificial por intermediarios y grandes plataformas», en *Derechos y garantías ante la inteligencia artificial y las decisiones automatizadas*, Thomson Reuters Aranzadi, Cizur Menor (Navarra), 2022, pp. 259-285.

CATALÁ LLORET, J., «Retos de la inteligencia artificial aplicada a la defensa», en *El derecho y la Inteligencia Artificial*, Universidad de Granada (URG), Granada, 2022, pp. 167-173.

CHEN, S. (27 de mayo de 2018), «China's schools are quietly using AI to mark students' essays... but do the robots make the grade?», *South China Morning Post*, recuperado de scmp.com/news/china/society/article/2147833/chinas-schools-are-quietly-using-ai-mark-students-essays-do, fecha última visita: abril 2024.

CITRON, D K.; CHESNEY, R., «Deep Fakes: A Looming Challenge for Privacy, Democracy, and National Security», en *107 California Law Review 1753*, 2019, pp. 1753-1819.

COLLANTES, S. (s.f.), «El Registro Civil: mucho más que un derecho», *UNICEF*, extraído de https://www.unicef.es/blog/infancia/el-registro-civil-mucho-mas-que-un-derecho, fecha última visita: abril 2024.

COLLINS, A., *Forged Authenticity: Governing Deepfake Risks*, Lausanne: EPFL International Risk Governance Center, Vaud, Suiza, 2019.

COMISIÓN ESPECIAL SOBRE INTELIGENCIA ARTIFICIAL EN LA ERA DIGITAL (ponente: Axel BOSS), *Informe sobre la inteligencia artificial en la era digital*, 2020/2266(INI), 5.4.2022, Parlamento Europeo, 2022.

COMISIÓN EUROPEA, *Final report of the Commission expert group on tackling disinformation and promoting digital literacy through education and training*, Oficina de Publicaciones de la Unión Europea, Luxemburgo, 2022.

The Strengthened Code of Practice on Disinformation 2022, Comisión Europea, Oficina de Publicaciones de la Unión Europea, Luxemburgo, 2022.

(Dirección General de Educación, Juventud, Deporte y Cultura), *Directrices éticas sobre el uso de la inteligencia artificial (IA) y los datos en la educación y formación para los educadores*, Oficina de Publicaciones de la Unión Europea, Luxemburgo, 2022

Libro Blanco sobre la inteligencia artificial. Un enfoque europeo orientado a la excelencia y la confianza, COM (2020) 65 final, Bruselas, 19.2.2020.

Comunicación de la Comisión, Plan de Acción de Educación Digital 2021-2027 – Adaptar la educación y la formación a la era digital, COM (2020) 624 final, Bruselas, 30.9.2020.

Generar confianza en la inteligencia artificial centrada en el ser humano, COM (2019) 168 final, Bruselas, 8.4.2019.

Comunicación de la Comisión, Plan coordinado sobre la inteligencia artificial, COM (2018) 795 final, Bruselas, 7.12.2018.

Comunicación de la Comisión: Inteligencia artificial para Europa, COM (2018) 237 final, Bruselas, 25.4.2018.

COMISIÓN EUROPEA PARA LA EFICIENCIA DE LA JUSTICIA (European Commission for the Efficiency of Justice) (CEPEJ), *European ethical Charter on the use of Artificial Intelligence in judicial systems and their environment*, Consejo de Europa, Estrasgurgo, 2018.

COMITÉ EUROPEO DE PROTECCIÓN DE DATOS, *Directrices 8/2020 sobre la focalización de los usuarios de medios sociales (Adoptadas el 13 de abril de 2021)*, Comité Europeo de Protección de Datos, Bruselas, 2021.

COMITÉ JURÍDICO INTERAMERICANO, *Declaración de principios interamericanos en materia de neurociencias, neurotecnologías y derechos humanos,* OEA/Ser. Q, CJI/RES. 281 (CII-O/23) corr.1 (9 de marzo de 2023), Río de Janeiro, Brasil, 2023.

COMMITTEE ON CULTURE, SCIENCE, EDUCATION AND MEDIA (CONSEJO DE EUROPA), *Technological convergence, artificial intelligence and human rights,* Recomendación 2102 (28 de abril de 2017), Asamblea Parlamentaria, Estrasburgo, 2017.

CONSEJO DE COMERCIO Y TECNOLOGÍA UE-EE.UU. (US-EU TRADE AND TECHNOLOGY COUNCIL), *TTC Joint Roadmap for Trustworthy AI and Risk Management*, Comisión Europea, 2022.

The Impact of Artificial Intelligence on the Future of Workforces in the European Union and the United States of America, Comisión Europea, 2022.

CONSEJO DE DERECHOS HUMANOS DE LAS NACIONES UNIDAS, *La neurotecnología y los derechos humanos*, Resolución aprobada por el Consejo de Derechos Humanos el 6 de octubre de 2022, A/HRC/RES/51/3 (6 de octubre de 2022), Naciones Unidas, Nueva York, 2022.

CONSULTATIVE COMMITTEE OF THE CONVENTION FOR THE PROTECTION OF INDIVIDUALS WITH REGARD TO AUTOMATIC PROCESSING OF PERSONAL DATA (CONSEJO DE EUROPA), *Guidelines on the protection of individuals with regard to the processing of personal data in a world of Big Data*, T-PD (2017)01, Consejo de Europa, 23.7.2017, Estrasburgo, 2017.

COTINO HUESO, L., «Nuevo paradigma en las garantías de los derechos fundamentales y una nueva protección de datos frente al impacto social y colectivo de la inteligencia artificial», en *Derechos y garantías ante la inteligencia artificial y las decisiones automatizadas*, Thomson Reuters Aranzadi, Cizur Menor (Navarra), 2022, pp. 69-105.

«Ética en el diseño para el desarrollo de una inteligencia artificial, robótica y big data confiables y su utilidad desde el Derecho», en *Revista catalana de dret públic*, n.º 58, 2019, pp. 29-48.

«Derecho y garantías ante el uso público y privado de inteligencia artificial, robótica y big data», en *El Derecho de las TIC en Iberoamérica*, La Ley Thompson Reuters, Madrid, 2019, pp. 917-952.

«Riesgos e impactos del Big Data, la inteligencia artificial y la robótica. Enfoques, modelos y principios de la respuesta del Derecho», en *Revista General de Derecho Administrativo*, n.º 50, Iustel, Madrid, 2019.

«Big data e inteligencia artificial. Una aproximación a su tratamiento jurídico desde los derechos fundamentales», en *Dilemata*, n.º 24 (Ejemplar dedicado a: Ética de datos, sociedad y ciudadanía), 2017, pp. 131-150.

DAVID, E. (30 de octubre de 2023), «Biden releases AI executive order directing agencies to develop safety guidelines», *The Verge*, extraído de https://www.theverge.com/2023/10/30/23914507/biden-ai-executi-ve-order-regulation-standards, fecha última visita: abril 2024.

DE ASIS ROIG, R., «Inteligencia artificial y derechos huma-nos», en *Inteligencia artificial: los derechos humanos en el centro*, Dykinson, Madrid, 2023, pp. 19-32.

«Sobre la propuesta de neuroderechos», en *Derechos y libertades: Revista de Filosofía del Derecho y derechos humanos*, n.º 47, 2022, pp. 51-70.

DE ESTEBAN ALONSO, J., GONZÁLEZ-TREVIJANO, P. J., *Trata-do de derecho constitucional* (edición puesta al día por Ángel J. SÁNCHEZ NAVARRO), Servicio de Publicacio-nes, Universidad Complutense Madrid, Madrid, 2004.

DE LA CAL, L. (25 de marzo de 2023), «Así censura y recopi-la datos TikTok en China: 'Prohibido el contenido que dañe la imagen nacional'», *El Mundo*, extraído de https://www.elmundo.es/economia/empresas/2023/03/25/641df73121efa091608b45b9.html, fecha última visita: abril 2024.

DE LA TORRE, I. (14 de marzo de 2024), «Sobre la ola de des-pidos provocada por la inteligencia artificial», *El Con-fidencial*, extraído de https://blogs.elconfidencial.com/economia/el-observatorio-del-ie/2024-03-14/ola-despi-dos-inteligencia-artificial_3848157/, fecha última visi-ta: abril 2024.

DE SALVADOR CARRASCO, L., «Aprendizaje automático y protección de datos», en *Inteligencia artificial: los de-rechos humanos en el centro*, Dykinson, Madrid, 2023, pp. 131-154.

DEL CASTILLO, C. (30 de octubre de 2024), «El Proceso de IA de Hiroshima': así es el primer código de conducta glo-bal de la inteligencia artificial», *El Diario*, extraído de https://www.eldiario.es/tecnologia/proceso-ia-hiroshi-ma-primer-codigo-conducta-global-inteligencia-artifi-cial_1_10642176.html, fecha última visita: abril 2024.

DELGADO CALVO-FLORES, M. *La Inteligencia Artificial. Realidad de un mito moderno,* Servicio de Publicaciones de la Universidad de Granada, Granada, 1996.

DÍEZ CATALÁN, L., *La participación del trabajo en la renta nacional en una economía de servicios,* Observatorio España, BBVA Research, 2018.

DÍEZ-PICAZO, L. M., *Sistema de derechos fundamentales*, Tirant lo Blanch, Valencia, 2021.

DÍAZ RODRÍGUEZ, V., «Retos sobre el tratamiento de los neurodatos», en *Derecho, Ética e Inteligencia Artificial*, Tirant lo Blanch, Valencia, 2023, pp. 101-137.

EIJLANDER, P., «Possibilities and Constraints in the Use of Self-Regulation and Co-Regulation in Legislative Policy: Experiences in the Netherlands-Lessons te Be Learned for the EU?», en *Electronic Journal of Comparative Law*, *9.1* (enero de 2005), 2005, pp. 1-9.

EMALDI CIRIÓN, A., «La normativa europea y española ante la tecnología del Big Data aplicada a la salud y a la investigación biomédica», en *Derecho e inteligencia artificial. El jurista ante los retos de la era digital*, Aranzadi, Cizur Menor (Navarra), 2023. pp. 113-167.

EUROPOL, *Facing Reality? Law Enforcement and the Challenge of Deepfakes*, European Union Agency for Law Enforcement Cooperation, Oficina de Publicaciones de la Unión Europea, Luxemburgo, 2022.

FARRIOLS SOLÁ, A.; FERNÁNDEZ-ALLER, C., «El derecho a la protección de los datos de carácter personal. Disposición adicional quinta de la Constitución Española», en *Los nuevos derechos sociales fundamentales: una propuesta de reforma constitucional* (coord. Diego LÓPEZ GARRIDO), Centro de Estudios Políticos y Constitucionales, Madrid, 2023, pp. 147-173.

FELDSTEIN, S. (31 de marzo de 2022), «Government Internet Shutdowns Are Changing. How Should Citizens and Democracies Respond?», *Carnegie Endowment for International Peace*, extraído de carnegieendowment.org/2022/03/31/government-internet-shutdowns-are-changing.-how-should-citizens-and-de-mocracies-respond-pub-86687, fecha última visita: abril 2024.

FENWICK, M.; KAAL, W. A.; VERMEULEN, E.P. M., «Regulation Tomorrow: What Happens When Technology is Faster than the Law?», en *American University Business Law Review*, vol. 6, n.° 3, 2017, pp. 561-594.

Fernández, C. B. (31 de agosto de 2023), «China aprueba una regulación de la inteligencia artificial y de la inteligencia artificial generativa», *Diariolaley*, extraído de https://diariolaley.laleynext.es/dll/2023/09/01/china-aprueba-una-regulacion-de-la-inteligencia-artificial-y-de-la-inteligencia-artificial-generativa, fecha última consulta: abril 2024.

FERNÁNDEZ, R. (4 de marzo de 2024), «El uso de Internet a nivel mundial– Datos estadísticos», *Statista*, extraído de https://es.statista.com/temas/9795/el-uso-de-internet-en-el-mundo/#topicOverview, fecha última visita: abril 2024.

FERNÁNDEZ, Y. (26 de marzo de 2024), «ChatGPT: qué es, cómo usarlo y qué puedes hacer con este chat de inteligencia artificial GPT», *Xataka*, extraído de https://www.xataka.com/basics/chatgpt-que-como-usarlo-que-puedes-hacer-este-chat-inteligencia-artificial, fecha última visita: abril 2024.

FERNÁNDEZ-ALLER, C., «Any chance for the enforceability of the human right to subsistence?», en *The Age of Human Rights Journal*, n.° 15, 2020, pp. 140-162.

«Salud digital, salud global y ética. Una mirada desde el enfoque de derechos humanos», en *Revista Diecisiete: Investigación Interdisciplinar para los Objetivos de Desarrollo Sostenible*, n.° 3, 2020, pp. 87-98.

FERNÁNDEZ-ALLER, M.C, SERRANO PÉREZ, M., «¿Es posible una inteligencia artificial respetuosa con la protección de datos?», en *Doxa, Cuadernos de Filosofía del Derecho*, n.° 45, 2022, pp. 307-336.

FERNÁNDEZ-ALLER, C.; ROVERI, C.; NARDINI, S., «El uso ético de la inteligencia artificial y las neurotecnologías», en *Derechos digitales en Iberoamérica: situación y perspectivas*, Fundación Carolina-Telefónica, Madrid, 2023, pp. 43-80. Disponible en www.fundacioncarolina.es/publicacion-del-libro-derechos-digitales-en-iberoamerica-situacion-y-perspectivas-editado-por-fundacion-carolina-y-telefonica/, fecha última consulta: abril 2024.

FERRAJOLI, L., *Derechos y garantías. La ley del más débil*, Editorial Trotta, Madrid, 2019.

FORTIS, S. (11 de agosto de 2023), «Reguladores en EEUU estudian reglamentar los "deep fakes" políticos de cara a las elecciones de 2024», *Cointelegraph*, extraído de https://es.cointelegraph.com/news/us-regulators-consider-regulating-political-deep-fakes, fecha última consulta: abril 2024.

GAGO GALVAGNO, L. G.; ELGIER, Á. M., «Trazando puentes entre las neurociencias y la educación. Aportes, límites y caminos futuros en el campo educativo», en *Psicogente*, vol. 21, n.º 40, 2018, pp. 476-494.

GAMVROS, A.; YAU (HK), E; CHONG, S. (25 de julio de 2024), «China finalises its Generative AI Regulation», *Data Protection Report*, extraído de https://www.dataprotectionreport.com/2023/07/china-finalises-its-generative-ai-regulation/, fecha última visita: abril 2024.

GANUZA FERNÁNDEZ, I., «El transhumanismo ciberéntico o de la singurlaridad: un reto para la ética», en I*nteligencia artificial: los derechos humanos en el centro*, Dykinson, Madrid, 2023, pp. 61-76.

GARCÍA MORILLO, J., «La cláusula general de igualdad», en *Derecho Constitucional. Volumen I. El ordenamiento constitucional. Derechos y deberes de los ciudadanos*, Tirant lo Blanch, Valencia, 2010, pp. 153-172.

«El derecho a la tutela judicial», en *Derecho Constitucional. Volumen I. El ordenamiento constitucional. Derechos y deberes de los ciudadanos*, Tirant lo Blanch, Valencia, 2010, pp. 307-327.

GARCÍA MURCIA, J., «Artículo 7», en *Comentarios a la Constitución Española*, tomo 1, Boletín Oficial del Estado (BOE), Tribunal Constitucional, Wolters Kluwer, 2018, pp. 119-135.

GARRIDO-MERCHÁN, E. C.; PUENTE ÁGUEDA C.; PALACIOS, R., «Fake news detection by means of uncertainty weighted causal graphs», en *International Conference on Hybrid Artificial Intelligence Systems*, Springer International Publishing, 2020, pp. 13-24.

GOLDHILL, O. (10 de junio 2017), «Artificial intelligence can now predict suicide with remarkable accuracy», *QUARTZ*, disponible en https://qz.com/1001968/artificial-intelligence-can-now-predict-suicide-with-remarkable-accuracy, fecha última visita: abril 2024.

GONZÁLEZ, M. A., «*Fake News*: desinformación en la era de la sociedad de la información», en *Ámbitos. Revista Internacional de Comunicación*, n.º 45, 2019, pp. 29-52.

GONZÁLEZ DE LA GARZA, L. M., «Derechos digitales en el empleo de las neurotecnologías: los neuroderechos (XXVI)», en *La Carta de Derecho Digitales,* Tirant lo Blanch, Valencia, 2022, pp. 327-361.

GONZÁLEZ-TREVIJANO SÁNCHEZ, P., *La libertad de expresión, una perspectiva de Derecho Comparado. España*, Parlamento Europeo, Bruselas, 2019.

GONZALO, M. (10 de marzo de 2021), «Deepfakes, mentiras y vídeo», *Newrtral*, extraído de https://www.newtral.es/que-son-deepfakes-inteligencia-artificial/20210310/, fecha última consulta: abril 2024.

GRANERO, H. R., «Derechos y garantías concretas frente al uso de la inteligencia artificial y decisiones automatizadas, especialmente en el ámbito judicial y de aplicación de la ley», en *Derechos y garantías ante la inteligencia artificial y las decisiones automatizadas*, Thomson Reuters Aranzadi, Cizur Menor (Navarra), 2022.

GRIFFIN, W. (15 de febrero de 2022), «America must win the race for A.I. ethics», *Frotune*, extraído de fortune.com/2022/02/15/america-must-win-the-race-for-a-i-ethics-tech-artificial-intelligence-politics-biden-dod-will-griffin/, fecha última visita: abril 2024.

GRUPO DE EXPERTOS DE ALTO NIVEL SOBRE INTELIGENCIA ARTIFICIAL, *Directrices éticas para una IA fiable*, Comisión Europea, Bruselas, 2019.

Policy and Investment Recommendations for Trustworthy AI, Comisión Europea, Bruselas, 2019.

GRUPO DE TRABAJO SOBRE PROTECCIÓN DE DATOS DEL ARTÍCULO 29, *Directrices sobre decisiones individuales automatizadas y elaboración de perfiles a los efectos del Reglamento 2016/679*, adoptadas el 3 de octubre de 2017, revisadas el 6 de febrero de 2018, 17/ES, WP251rev.01, Bruselas, 2018.

GUIHOT, M.; MATTHEW, A. F.; SUZOR, N., «Nudging Robots: Innovative Solutions to Regulate Artificial Intelligence», en *Vanderbilt Journal of Entertainment & Technology Law*, vol. 20, Vanderbilt University Law School, 2017, pp. 385-456.

GUTIÉRREZ GARCÍA, E., «La libertad de expresión y de información frente a la propiedad intelectual en el Mercado Único Digital: Sentencia del Tribunal de Justicia de la Unión Europea de 26 de abril de 2022 (Asunto C-401/19)», en *Revista Aranzadi de derecho patrimonial*, n.º 58, 2022.

«La publicidad encubierta a través de influencers; la urgencia de una regulación», en *Revista de derecho de la competencia y la distribución*, n.º 29, 2021.

HERNÁNDEZ, J.A. (23 de junio de 2023), «¿Cuáles son las empresas líderes en Inteligencia Artificial en el 2023?», *Think big/empresas – Movistar*, recuperado de https://empresas.blogthinkbig.com/cuales-son-las-empresas-lideres-en-inteligencia-artificial-en-el-2023/, fecha última visita: abril 2024.

HERRERA, F.; CORDÓN, O.; DEL JESÚS, M. J., «Una visión actual de la inteligencia artificial: recorrido histórico, datos y aprendizaje, y responsabilidad en el diseño y uso», en *El derecho y la Inteligencia Artificial*, Universidad de Granada (EUG), Granda, 2022, pp. 51-80.

HAO, K. (31 de diciembre de 2020), «El año que los 'deepfakes' salieron del lado oscuro y se masificaron», *MIT Technology Review*, extraído de https://www.technologyreview.es//s/13049/el-ano-que-los-deepfakes-salieron-del-lado-oscuro-y-se-masificaron, fecha última visita: abril 2024.

(6 de enero de 2019), «Training a single AI model can emit as much carbon as five cars in their lifetimes», *MIT Technology Review*, extraído de technologyreview.com/2019/06/06/239031/training-a-single-ai-model-can-emit-as-much-carbon-as-five-cars-in-their-lifetimes/, fecha última visita: abril 2024.

HE, L. (14 de julio de 2023), «China da un gran paso en la regulación de la IA», *CNN*, extraído de https://cnnespanol.cnn.com/2023/07/14/china-regulacion-ia-trax/, fecha última vistia: abril 2024.

HSU, J. (25 de enero de 2019), «AI Helps Amputees Walk With a Robotic Knee», *IEEE Spectrum*, extraído de https://spectrum.ieee.org/ai-helps-humans-walk-on-robot-prosthetic-knee, fecha última visita: abril 2024.

IENCA, M., *Common Human Rights challenges raised by different applications of neurotechnologies in the biomedical field,* Consejo de Europa, Estrasburgo, 2021.

JARA, I; OCHOA, J. M., «Usos y efectos de la inteligencia artificial en la educación», en *Sector Social división educación. Documento para discusión número IDB-DP-00-776*, Banco Interamericano de Desarrollo, 2020.

JIMÉNEZ CAMPO, J., «Artículo 10.1», en *Comentarios a la Constitución Española*, tomo 1, Boletín Oficial del Estado (BOE), Tribunal Constitucional, Wolters Kluwer, 2018, pp. 213-229.

JIMÉNEZ DE LUIS, A. (22 de septiembre de 2020), «¿Es racista el algoritmo de Twitter?», *El Mundo*, extraído de https://www.elmundo.es/tecnologia/2020/09/22/5f68efe3fc6c83b9088b465b.html, fecha última visita: abril 2024.

JIMÉNEZ, M., (1 de noviembre de 2023), «EE UU, China y otros 26 países acuerdan cooperar en el desarrollo de una IA "confiable y responsable"», *Cinco Días*, disponible en https://cincodias.elpais.com/companias/2023-11-01/ ee-uu-china-y-otros-26-paises-acuerdan-cooperar-en-el-desarrollo-de-una-ia-confiable-y-responsable.html, fecha última visita: abril 2024.

(30 de octubre de 2023), «Biden aprueba una orden ejecutiva para impulsar una IA más segura y mitigar sus riesgos», *Cinco Días*, extraído de https://cinco-dias.elpais.com/companias/2023-10-30/biden-aprue-ba-una-orden-ejecutiva-para-impulsar-una-ia-mas-se-gura-y-fiable.html, fecha última visita: abril 2024

(21 de julio de 2023), «Siete tecnológicas se compro-meten con Biden a adoptar medidas para una IA más segura y transparente», *Cinco Días*, https://cincodias. elpais.com/companias/2023-07-21/siete-tecnologi-cas-se-comprometen-con-biden-en-hacer-una-inteli-gencia-artificial-mas-segura-y-transparente.html, fe-cha última visita: abril 2024.

KAREN, H. (16 de septiembre de 2021), «La horrible 'app' de 'deepfakes' que coloca a mujeres en videos porno», *MIT Technology Review*, extraído de https://www.te-chnologyreview.es//s/13686/la-horrible-app-de-deep-fakes-que-coloca-mujeres-en-videos-porno, fecha últi-ma consulta: abril 2024.

KER, N. (12 de junio de 2019), *Is the Political Aide Viral Sex Video Confession Real or a Deepfake?,* MalayMail, extraído de https://www.malaymail.com/news/ma-laysia/2019/06/12/is-the-political-aide-viral-sex-video-confession-real-or-a-deepfake/1761422, fecha última visita: abril 2024.

LASKAI, L.; WEBSTER, G. (17 de junio de 2019), «Trans-lation: Chinese Expert Group Offers "Governance Principles' for 'Responsible AI"», *New America*, ex-traído de newamerica.org/cybersecurity-initiative/ digichina/blog/translation-chinese-expert-group-offers-governance-principles-responsible-ai/, fecha ultima visita: abril 2024.

LLANERAS, K. (2 de diciembre de 2016), «¿Qué pasó con las encuestas y Trump?», El País, extraído de elpais.com/política/2016/12/02/ratio/1480674682_178101.html, fecha última visita: abril 2024.

LLANEZA GONZÁLEZ, P., *Identidad digital*, Wolters Kluwer, 2021.

LLANO ALONSO, F. H., «Singularidad tecnológica, metaverso e identidad personal: del *homo faber* al *novo homo ludens*», en *Inteligencia artificial y filosofía del Derecho*, Ediciones Laborum, Murcia, 2022, pp. 189-216.

LLANOS MARTÍNEZ, H. (14 de noviembre de 2019), «De la parodia viral del Equipo E a los bulos: las dos caras de los vídeos «deepfake» que circulan por WhatsApp», El País, extraído de https://verne.elpais.com/verne/2019/11/12/articulo/1573550621_550329.html, fecha última visita: abril 2024

LERMAN, J., «Big Data and Its Exclusions», en *Stanford Law Review Online, 66 Stanford Law Review Online* 55, SSRN, 2013.

LÓPEZ, J.C. (6 de noviembre de 2023), «La advertencia de NVIDIA ya es real: China ha diseñado un chip para visión artificial extremadamente potente», *Xataka*, extraído de https://www.xataka.com/empresas-y-economia/advertencia-nvidia-real-china-ha-disenado-chip-para-vision-artificial-extremadamente-potente, fecha última visita: abril 2024.

LOURIDAS, P., *Algoritmos*, Melusina, Tenerife, 2023.

LUMBRERAS SÁNCHO, S., *Respuestas al transhumanismo: cuerpo, autenticidad y sentido*, Digital Reasons, Madrid, 2020.

MAKIN, J.G.; MOSES, D.A.; CHANG, E.F., «Machine translation of cortical activity to text with an encoder–decoder framework», en *Nature Neuroscience*, vol. 23, 2020, pp. 575-582

MARCHAL CORRALES, J. A., «Retos científicos, éticos y legales de la IA en salud», en *El derecho y la Inteligencia Artificial*, Universidad de Granada (URG), Granada, 2022, pp. 81-98.

MÁRQUEZ, J. (2 de marzo de 2024), «GPT-4: así es la IA más avanzada de OpenAI, cómo funciona y todas las novedades», *Xataka*, extraído de https://www.xataka.com/nuevo/gpt-4-que-cuando-sale-como-funciona-toda-informacion, fecha última consulta: abril 2024.

MARTÍNEZ DEVIA, A., «La inteligencia artificial, el Big Data y la era digital: ¿una amenaza para los datos personales?», en *Revista La Propiedad Inmaterial*, n.º 27, 2019, pp. 5-23.

MARTÍNEZ MARTÍNEZ, R., «Cuestiones de ética jurídica al abordar proyectos de Big Data. El contexto del Reglamento general de protección de datos», en *Dilemata*, n.º 24 (Ejemplar dedicado a: Ética de datos, sociedad y ciudadanía), 2017, pp. 151-164.

MARTÍNEZ DE PISÓN CAVERO, J. M., *Los derechos humanos: historia, fundamento y realidad*, Zaragoza, Egido, 1997.

MASFERRER, A., *Dignidad y derechos humanos. Un análisis retrospectivo de su formación en la tradición occidental*, Tirant lo Blanch, Valencia, 2022.

MAZA, C. (22 de marzo de 2018), «Antes de Trump, el Brexit: cómo Cambridge Analytica logró sacar a Reino Unido de la UE», *El Confidencial*, extraído de https://www.elconfidencial.com/mundo/2018-03-22/cambridge-analytica-brexit-trump-farage-bannon_1539452/, fecha última visita: abril 2024.

MCCARTHY, J.; MINSKY, M. L.; ROCHESTER, N.; SHANNON, C. E., *A Proposal for the Dartmouth Summer Research Project on Artificial Intelligence*, Standford, Estados Unidos, 1955.

MEGA, J.L.; SABATINE, M.S.; ANTMAN E.M., «Population and Personalized Medicine in the Modern Era», en *JAMA* (noviembre 2014), American Medical Association, 2014.

MIKLE, T. (7 de febrero de 2024), «¿Por qué siguen los recortes en las grandes empresas tecnológicas?», *NYTimes*, extraído de https://www.nytimes.com/es/2024/02/07/espanol/recortes-personal-sector-tecnologico.html, fecha última visita: abril 2024.

MIRANDA, D. (20 de marzo de 2024), «La inteligencia artificial podría ser clave para predecir las pandemias del futuro», *National Geographic España*, extraído de https://www.nationalgeographic.com.es/ciencia/asi-ayuda-la-inteligencia-artificial-a-detectar-las-pandemias-del-futuro_18703, fecha última visita: abril 2024.

MORENO BOBADILLA, Á., *Equilibrio entre información y vida privada en el entorno virtual*, Colex, Madrid, 2022.

MORETÓN SANZ, F., «Redes sociales y voluntades digitales. «Historia digital» y clausulado de las disposiciones testamentarias: privacidad, protección al honor y datos personales», en *Revista Crítica de Derecho Inmobiliario*, año n.º 95, n.º 772, 2019, pp. 955-977.

«Nuevos perfiles de la responsabilidad patrimonial de los entes locales según el Tribunal constitucional: prueba individualizada del ruido, adopción de medidas suficientes por el Ayuntamiento y doctrina del TEDH sobre intimidad personal y familiar en el ámbito domiciliario», en *Revista Crítica de Derecho Inmobiliario*, año n.º 88, n.º 729, 2012, pp. 483-515.

«Responsabilidad civil extracontractual e inmisiones medioambientales: los daños causados por inmisiones sonoras y electromagnéticas», en *Revista Crítica de Derecho Inmobiliario*, año n.º 86, n.º 722, 2010, pp. 2957-2977.

«Apuntes sobre la Constitución Europea y el Derecho a la no discriminación de las personas con discapacidad», en *RDUNED. Revista de derecho UNED*, n.º 1, 2006, pp. 247-274.

MUÑOZ VELA, J. M., *Retos, riesgos, responsabilidad y regulación de la inteligencia artificial. Un enfoque de seguridad física, lógica, moral y jurídica*, Thomson Reuters Aranzadi, Cizur Menor (Navarra), 2022.

NGIAM, K.Y.; KHOR, I.W., «Big data and machine learning algorithms for health-care delivery», en *Lancet Oncol* (mayo, 2019), 20, 2019, pp. 262-273.

OCDE, *Recommendation on Responsible Innovation in Neurotechnology*, OECD/LEGAL/0457, OCDE Legal Instruments, 11.12.2019.

OFICINA DEL ALTO COMISIONADO PARA LOS DERECHOS HUMANOS DE LAS NACIONES UNIDAS (UNITED NATIONS HIGH COMMISSIONER FOR HUMAN RIGHTS). *Best practices and specific measures to ensure access to birth registration, particularly for those children most at risk*, A/HRC/39/30, Asamblea General de Naciones Unidas, Nueva York, Estados Unidos, 2018

ONU, «¿Qué son los derechos humanos?», *Naciones Unidas*, extraído de https://www.ohchr.org/es/what-are-human-rights, fecha última visita: abril 2024.

«16. Paz, justicia e instituciones sólidas», extraído de https://www.un.org/sustainabledevelopment/es/peace-justice/, fecha última visita: abril 2024.

OVADYA, A., *Proposal: International Media Authenticity Council (v 0.8)*, 2019, disponible en https://docs.google.com/document/d/1yikBsB1sgYDyJCCHhbpKQRilOUR-XmDLzrIRxiP_puGs/edit?usp=sharing, fecha última visita: abril 2024.

PALMA ORTIGOSA, A., «El ciclo de vida de los sistemas de inteligencia artificial. Aproximación técnica de las fases presentes durante el diseño y despliegue de los sistemas algorítmicos», en *Derechos y garantías ante la inteligencia artificial y las decisiones automatizadas*, Thomson Reuters Aranzadi, Cizur Menor (Navarra), 2022, pp. 29-51.

PARDO FALCÓN, J., «Artículo 18.1. Los derechos al honor, a la intimidad personal y familiar y a la propia imagen», en *Comentarios a la Constitución Española*, tomo I, Boletín Oficial del Estado (BOE), Tribunal Constitucional, Wolters Kluwer, 2018, pp. 511-529.

PARISER, E., *El filtro burbuja. Cómo la red decide lo que leemos y lo que pensamos*, Taurus, 2023.

PASCUAL, M. G. (28 de marzo 2023), «Un grupo de expertos en inteligencia artificial rompe con el Gobierno por discrepancias éticas», *El País*, extraído de https://elpais.com/tecnologia/2023-03-28/un-grupo-de-expertos-en-inteligencia-artificial-rompe-con-el-gobierno-por-discrepancias-eticas.html, fecha última visita: abril 2024.

PÉREZ ESTRADA, M. J., *Fundamentos jurídicos para el uso de la inteligencia artificial en los órganos judiciales*, Tirant lo Blanch, Valencia, 2022.

PÉREZ MANZANO, M., «Artículo 15», en *Comentarios a la Constitución Española*, tomo 1, Boletín Oficial del Estado (BOE), Tribunal Constitucional, Wolters Kluwer, 2018, pp. 394-411.

PILAR, S. A. (19 de marzo de 2024), «Desafiando al envejecimiento: la carrera científica para revertir el reloj de la vida», *RTVE*, extraído de https://www.rtve.es/noticias/20240319/desafiando-envejecimiento-carrera-cientifica-para-revertir-reloj-vida/2470071.shtml, fecha última consulta: abril 2024.

PIÑAR MAÑAS, J. L., «Identidad y persona en la sociedad digital», en *Sociedad Digital y Derecho*, Ministerio de Industria, Comercio y Turismo, Madrid, 2018, pp. 95-112.

PLANA BOU, C. (17 de octubre de 2023), «Estados Unidos restringe la venta a China de chips avanzados para inteligencia artificial», *El Público*, extraído de https://www.elperiodico.com/es/internacional/20231017/estados-unidos-restringe-acceso-china-chips-semiconductores-inteligencia-artificial-tecnologia-93445024, fecha última visita: abril 2024.

PONCE, J. (26 de noviembre de 2017), «Regulatory sandboxes y empresas Fintech: innovación regulatoria y derecho a una buena administración», *Hay Derecho*, extraído de hayderecho.com/2017/11/26/regulatory-sanboxes-y-empresas-fintech-innovacion-regulatoria-y-derecho-a-una-buena-administracion/, fecha última visita: abril 2024.

PRESNO LINERA, M. Á., *Derechos fundamentales e inteligencia artificial*, Marcial Pons, Madrid, 2022, pp. 69-76.

PUENTE ÁGUEDA, C. (19 de febrero de 2024), «Cambios y oportunidades de la inteligencia artificial», *InfoLibre*, extraído de https://www.infolibre.es/opinion/plaza-publica/cambios-oportunidades-inteligencia-artificial_129_1717335.html, fecha última visita: abril 2024

«Causality in sciencie», en *Pensamiento Matemático*, 12, 2011, pp. 1-10.

PUENTE ÁGUEDA, C.; OLIVAS VARELA J.A.; SOBRINO CERDEIRIÑA, A., «Estudio de las relaciones causales», en *Anales de mecánica y electricidad*, vol. 87, n.º 5, 2010, pp. 54-59.

PUENTE ÁGUEDA, C.; SOBRINO CERDEIRIÑA, A.; OLIVAS VARELA J.A., «Summarizing information by means of causal sentences through causal graphs», en *Journal of Applied Logic*, vol. 24, 2017, pp. 3-14.

QUATTROCIOCCHI, W.; SCALA, A.; SUNSTEIN, C. R., «Echo chambers on Facebook», en *Discussion Paper N.º 877,* John M. Olin Center For Law, Economics, and Business, Harvard Law School, 2016.

RAMÓN Y CAJAL, R., *Charlas de café. Pensamientos, anécdotas y confidencias*, Centro Virtual Cervantes, extraído de cvc.cervantes.es, fecha última visita: abril 2024.

RECHE TELLO, N., «Nuevos derechos frente a la neurotecnología: la experiencia chilena», *Revista de Derecho Político*, n.º 112, septiembre-diciembre 2021, UNED, 2021, pp. 415-446.

Reilly, J.; Lyu, M.; Robertson, M. (30 de marzo de 2021), «China's Social Credit System: Speculation vs. Reality», *The Diplomat*, recuperado de thediplomat.com/2021/03/chinas-social-credit-system-speculation-vs-reality/, fecha última visita: abril 2024.

Rocher, L.; Hendrickx, J.M.; De Montjoye, Y. A., «Estimating the success of reidentifications in incomplete datasets using generative models», en *Nat Commun* 10, 3069, 2019, pp. 1-9.

Rodríguez de las Heras Ballell, T., «La fórmula de la DSA para resolver el "dilema de la responsabilidad de las plataformas": un equilibrio entre continuidad e innovación», en *La responsabilidad civil por servicios de sistemas de intermediación prestados por plataformas digitales,* Editorial Colex, Madrid, 2023, pp. 25-50.

Rossi, A., «¿Burbujas de filtro? Hacia una fenomenología algorítmica», en *Inmediaciones de la Comunicación*, *13*(1), 2018, pp. 263-281.

Ruiz Miguel, A., «Artículo 16», en *Comentarios a la Constitución Española*, tomo 1, Boletín Oficial del Estado (BOE), Tribunal Constitucional, Wolters Kluwer, 2018, pp. 413-431.

Ryan, T. (20 de diciembre de 2021), «China está exportando sus métodos y tecnologías de vigilancia por el mundo», *MIT Technology Review*. recuperado de technologyreview.es//s/13870/china-esta-exportando-sus-metodos-y-tecnologias-de-vigilancia-por-el-mundo, fecha última visita: abril 2024.

Sainz de Aja Tirapu, B., «Inteligencia artificial y propiedad intelectual», en *Derecho e inteligencia artificial. El jurista ante los retos de la era digital*, Aranzadi, Cizur Menor (Navarra), 2023, pp. 247-269.

Salazar García, I., «Privacidad e Inteligencia Artificia, ¿es posible su convivencia?», en *Derecho, Ética e Inteligencia Artificial*, Tirant lo Blanch, Valencia, 2023, pp. 177-185.

«Retos actuales de la ética en la Inteligencia Artificial», en *Derechos y garantías ante la inteligencia artificial y las decisiones automatizadas*, Thomson Reuters Aranzadi, Cizur Menor (Navarra), 2022, pp. 53-66.

Saldaña Díaz, M. N., *Aeropagitica. El discurso fundacional de la libertad de expresión en la tradición constitucional occidental*, Tirant lo Blanch, Valencia, 2022.

Salgado-Criado, J.; Fernández-Aller, C., «A Wide Human-Rights Approach to Artificial Intelligence Regulation in Europe», en *IEEE Technology and Society Magazine*, vol. 40, n.º 2, 2021, pp. 55-65.

Sánchez Lasheras, F.; Rodríguez Muiños, C.; Menéndez García, L.A., *Sistemas de aprendizaje automático*, Editorial Marcombo, Barcelona, 2022.

Sánchez Martínez, O., «La fragilidad de la verdad en la sociedad digital», en *Inteligencia artificial y filosofía del Derecho*, Laborum Ediciones, Madrid, 2022, pp. 115-139.

Sánchez-Rebollo C.; Puente, C.; Palacios, R., «Detection of jihadism in social networks using big data techniques supported by graphs and fuzzy clustering», en *Complexity* (1), 2019, pp. 1-14.

Sánchez Silva, C. (6 de marzo de 2024), «Las mujeres ocupan el 34,5 % de los puestos de los consejos de administración en las cotizadas», *El País*, extraído de https://elpais.com/sociedad/dia-de-la-mujer/2024-03-06/las-mujeres-ocupan-el-345-de-los-puestos-de-los-consejos-de-administracion-en-las-cotizadas.html, fecha última visita: abril 2024.

Santiago Redondo, K., «Artículo 43», en *Comentarios a la Constitución Española*, tomo 1, Boletín Oficial del Estado (BOE), Tribunal Constitucional, Wolters Kluwer, 2018, pp. 1345-1359.

Sanz Romero, M. (30 de enero de 2024), «Elon Musk implanta el primer chip de Neuralink en un humano: controla el móvil con la mente», *El Español*, extraído de https://www.elespanol.com/omicrono/tecnologia/20240130/neuralink-elon-musk-implanta-primer-chip-cerebral-controlar-movil-mente/828917119_0.html, fecha última visita: abril 2024.

Selim, L. (18 de diciembre de 2019), «¿Qué es el registro del nacimiento y por qué es importante? Sin una prueba legal de su identidad, los niños no cuentan y son invisibles», *UNICEF*, extraído de unicef.org/es/historias/registro-nacimiento-importante, fecha última visita: abril 2024.

Serrano Maillo, I., «Derecho al honor, intimidad, propia imagen y otros derechos colindantes» en *Derechos y libertades*, Universitas, 2021, pp. 301-342.

Sharevski, F.; Jachim, P.; Florek, K., «To tweet or not to tweet: Covertly manipulating a Twitter debate on vaccines using malware-induced misperceptions», en *Proceedings of the 15th International Conference on Availability, Reliability and Security*, 2020, pp. 1-12.

Shariatmadari, D. (16 de febrero de 2018), «An information apocalypse is coming. How can we protect ourselves?», *The Guardian*, extraído de theguardian.com/commentisfree/2018/mar/16/an-information-apocalypse-is-coming-how-can-we-protect-ourselves, fecha última visita: abril 2024.

Sigman, M.; Bilinkis, S., *Artificial. La nueva inteligencia y el contorno de lo humano*, Debate, Barcelona, 2023.

Simón Castellano, P., *La evaluación de impacto algorítmico en los derechos fundamentales*, Aranzadi, Cizur Menor (Navarra), 2023.

Singh, K. (22 de marzo de 2024), «Tennessee becomes first US state with law protecting musicians from AI», Reuters, extraído de https://www.reuters.com/legal/tennessee-becomes-first-us-state-with-law-protecting-musicians-ai-2024-03-21/, fecha última visita: abril 2024.

Soriano Arnanz, A., «Discriminación algorítmica: garantías y protección jurídica», en *Derechos y garantías ante la inteligencia artificial y las decisiones automatizadas*, Thomson Reuters Aranzadi, Cizur Menor (Navarra), 2022, pp. 139-169.

«La aplicación del marco jurídico europeo en materia de igualdad y no discriminación al uso de aplicaciones de Inteligencia Artificial», en *Nuevas normatividades: inteligencia artificial, derecho y genero*, Thomson Reuters Aranzadi, Cizur Menor (Navarra), 2021, pp. 63-88.

SOBRINO CERDEIRIÑA, A.; PUENTE ÁGUEDA, C.; OLIVAS VARELA J. A., «Extracting answers from causal mechanisms in a medical document», en *Neurocomputing*, vol. 135, 2014, pp. 53-60.

«Causality and imperfect causality from texts: A frame for causality in social sciences», en *International Conference on Fuzzy Systems*, IEEE, 2010, pp. 1-8.

STRICKLAND, E. (1 de mayo de 2017), «AI Predicts Heart Attacks and Strokes More Accurately Than Standard Doctor's Method», *IEEE Spectrum*, extraído de https://spectrum.ieee.org/ai-predicts-heart-attacks-more-accurately-than-standard-doctor-method, fecha última visita: abril 2024.

STRÚSTEGUI, M., «Derechos de ámbito laboral», en *Derecho Constitucional, volumen I. El ordenamiento constitucional. Derechos y deberes de los ciudadanos*, Tirant lo Blanch, Valencia, 2010, pp. 351-371.

SUPERVISOR EUROPEO DE PROTECCIÓN DE DATOS (EUROPEAN DATA PROTECTION SUPERVISOR), *Opinion 3/2018 EDPS. Opinion on online manipulation and personal data*, Supervisor Europeo de Protección de Datos, Bruselas, 2018.

SWEENEY, L., «Simple Demographics Often Identify People Uniquely», en *Data Privacy Working Paper 3,* Carnegie Mellon University, Pittsburgh, Estados Unidos, 2000.

TEGMARK, M., *Life 3.0. Being Human in the Age of Artificial Intelligence,* Knopf, Nueva York, Estados Unidos, 2017.

TERNOVSKI, J; KALLA, J; ARONO, P M., «Deepfake Warnings for Political Videos Increase Disbelief but Do Not Improve Discernment: Evidence from Two Experiments», en *OSF Preprints*, 2021, pp. 1-12.

THIMER, S. (6 de abril de 2023), «Cinco formas en las que la inteligencia artificial promete transformar los trasplantes de órganos», *Mayo Clinic*, extraído de https://newsnetwork.mayoclinic.org/es/2023/04/06/cinco-formas-en-las-que-la-inteligencia-artificial-promete-transformar-los-trasplantes-de-organos/, fecha última visita: abril 2024.

TODOLÍ SIGNES, A., «La reputación digital de los trabajadores: perfiles y decisiones automatizadas», en *Derechos y garantías ante la inteligencia artificial y las decisiones automatizadas*, Thomson Reuters Aranzadi, Cizur Menor (Navarra), 2022, pp. 301-315.

«Derechos en el ámbito laboral y la empresa en el entorno digital (XIX y XX)», en *La Carta de Derechos Digitales*, Tirant lo Blanch, Cizur Menor (Navarra), 2022, pp. 285-298.

TOMÁS-VALIENTE LANUZA, C., «Artículo 15», en *Comentarios a la Constitución Española*, tomo 1, Boletín Oficial del Estado (BOE), Tribunal Constitucional, Wolters Kluwer, 2018, pp. 375-394.

TURING, A. M., «Computing Machinery and Intelligence», en *Mind a quarterly review of psychology and philosophy*, vol. LIX, n.º 236, 1950, pp. 433-460.

UNESCO, *United for SDG4: the Global Education Coalition in action*, UNESCO, París, Francia, 2024.

Estudio preliminar sobre los aspectos técnicos y jurídicos relativos a la conveniencia de disponer de un instrumento normativo sobre la ética de la neurotecnología, 216 EX/9 (6 de abril de 2023), UNESCO, París, Francia, 2023.

Comité Internacional de Bioética. *Report of the International Bioethics Committee of UNESCO (IBC) on the ethical issues of neurotechnology,* SHS/BIO/IBC-28/2021/3 Rev (15 de diciembre de 2021), UNESCO, París, Francia, 2021.

Recomendación sobre la Ética de la Inteligencia Artificial, SHS/BIO/REC-AIETHICS/2021 (23 de noviembre de 2021), UNESCO, París, Francia, 2021.

Proyecto de recomendación sobre la ética de la inteligencia artificial, 41 C/73 (14 de septiembre de 2021), UNESCO, París, Francia, 2021.

International Conference on Artificial Intelligence and Education Planning Education in the AI Era: Lead the Leap. Concept note, 16-18 de mayo de 2019, UNESCO, Beijing, China, 2019.

VALLS PRIETO, J., *Inteligencia artificial, Derechos Humanos y bienes jurídicos,* Thomson Reuters Aranzadi, Cizur Menor (Navarra), 2021.

VAN DER SLOOT, B., *Regulating the Synthetic Society. Generative AI, Legal Questions and Societal Challenges,* Hart, Oxford, Gran Bretaña, 2024.

VELASCO, C., «Deepfakes como servicio. Un análisis desde la perspectiva del ciberdelito», en *Derecho, Ética e Inteligencia Artificial*, Tirant lo Blanch, Valencia, 2023, pp. 393-427.

VILICIC, F. (30 de septiembre de 2023), «Cómo puede ayudar la inteligencia artificial en la búsqueda de la eterna juventud», *BBC News Mundo*, extraído de https://www.bbc.com/mundo/articles/c3g3z7rdye3o, fecha última vista: abril 2024.

VILLAS OLMEDA, M., CAMACHO IBÁÑEZ, J., *Manual de ética aplicada en Inteligencia Artificial*, Anaya, Madrid, 2022.

VILLAVERDE MENÉNDEZ, I., «Artículo 20.1.a) y d), 20.2, 20.4 y 20.5. La libertad de expresión», en *Comentarios a la Constitución Española*, tomo I, Boletín Oficial del Estado (BOE), Tribunal Constitucional, Wolters Kluwer, 2018, pp. 581-516.

«Introducción histórica a las libertades de información y expresión», en *La libertad de información y expresión*, Tribunal Constitucional, Centro de Estudios Políticos y Constitucionales, Madrid, 2002.

VV.AA., *Challenging systematic prejudices: an investigation into bias against women and girls in large language models*, CI/DIT/2024/GP/01, UNESCO, París, Francia, 2024.

Unveiling the neurotechnology landscape: scientific advancements innovations and major trends, UNESCO, París, Francia, 2023.

AI Watch: Artificial Intelligence Standardisation Landscape Update, Comisión Europea, Oficina de Publicaciones de la Unión Europea, Luxemburgo, 2023.

«All-analog photoelectronic chip for high-speed vision tasks», en *Nature*, n.º 623 (octubre, 2023), 2023 pp. 48-57.

«Discovering small-molecule senolytics with deep neural networks», en *Nature Aging*, n.º 3, 2023, pp. 734-750.

The Global State of Democracy 2023, Instituto Internacional para la Democracia y Asistencia Electoral (International Institute for Democracy and Electoral Assistance), International IDEA, 2023.

The Global State of Democracy 2022, Instituto Internacional para la Democracia y Asistencia Electoral (International Institute for Democracy and Electoral Assistance), International IDEA, 2022.

«Autonomous robotic laparoscopic surgery for intestinal anastomosis», en Science *Robotics*, (enero, 2022), volumen 7, Issue 62, 2022, pp. 1-13.

«A Novel Hybrid Deep Learning Model for Metastatic Cancer Detection», en *Computational Intelligence and Neuroscience* (Natural Language Processing and Human Computer Interaction), vol. 2022, 2022, pp. 1-14.

(Panel for the Future of Science and Technology), *Tackling Deepfakes in European Policy*. PE 690.039, European Parliamentary Research Service [Scientific Foresight Unit (STOA)], Parlamento Europeo, 2021.

«The Chinese approach to artificial intelligence: an analysis of policy, ethics, and regulation», en *AI & Society*, n.º 36, Springer, 2021, pp. 59-77.

«Ciudades y digitalización: construyendo desde la ética», en *Revista Diecisiete: Investigación Interdisciplinar para los Objetivos de Desarrollo Sostenible*, n.º 4, 2021, pp. 201-210.

Hola, mundo: la inteligencia artificial y su uso en el sector público. Documentos de trabajo de la OCDE sobre gobernanza pública, n.º 36, OCDE, 2020.

«Principled Artificial Intelligence: Mapping Consensus in Ethical and Rights-based Approaches to Principles for AI», en *Berkman Klein Center for Internet & Society*, n.º 2020-1, 2020.

«AI-enabled future crime», en *Crime Science*, n.º 9, art. 14, Springer Nature, 2020.

«Bias goggles: Exploring the Bias of Web Domains Through the Eyes of Users», en *Bias and Social Aspects in Search and Recommendation*, Springer, 2020, pp. 66-71.

«The role of artificial intelligence in achieving the Sustainable Development Goals», en Nature Communications, 11, n.º 233, 2020, pp. 1-10.

«Algorithmic Profiling of Job Seekers in Austria: How Austerity Politics Are Made Effective», en *Frontiers in Big Data*, vol 3. 2020, 1-17.

The State of Deepfakes 2019. Landscape, Threats, and Impact, Deeptrace, Boston, Estados Unidos, 2019.

«Shared human–robot proportional control of a dexterous myoelectric prosthesis», en *Nature Machine Intelligence*, 1, 2019, pp. 400-411.

«Using a Deep Learning Algorithm and Integrated Gradients Explanation to Assist Grading for Diabetic Retinopathy», en *Ophthalmology,* volumen 126, issue 4, 2019, pp. 552-564.

«First-in-human study of the safety and viability of intraocular robotic surgery», en *Nature Biomedical Engineering*, volumen 2, 2018. pp. 649-656.

«Dermatologist-level classification of skin cancer with deep neural networks», en *Nature*, 542, 2017, pp. 115-118.

«Evaluating the diagnostic utility of applying a machine learning algorithm to diffusion tensor MRI measures in individuals with major depressive disorder», en *Psychiatry Res Neuroimaging*, 264, 2017, pp. 1-9.

«Development and Validation of a Deep Learning Algorithm for Detection of Diabetic Retinopathy in Retinal Fundus Photographs», en *JAMA* (diciembre, 2016), American Medical Association, 2016, pp. 2402-2410.

«Generative Adversarial Networks», *en Proceedings of the International Conference on Neural Information Processing Systems* (NIPS), 2014, pp. 2672-2680.

WANG, M. (8 de abril de 2021), «China's Techno-Authoritarianism Has Gone Global», Foreign Affairs. extraído de foreignaffairs.com/articles/china/2021-04-08/chinas-techno-authoritarianism-has-gone-global, fecha última visita: abril 2024.

WARDLE, C., *Information Disorder: Toward an interdisciplinary framework for research and policy making,* Informe del Consejo de Europa, DGI (2017)09, Consejo de Europa, Estraburgo, 2017.

WESTERLUND, M., «The Emergence of Deepfake Technology: A Review», en *Technology Innovation Management Review*, vol. 9, issue 11, Carleton University, 2019, pp. 29-52.

WIGGERS, K. (17 de enero de 2022), «New startup shows how emotion-detecting AI is intrinsically problematic», *VentureBeat*, extraído de venturebeat.com/uncategorized/new-startup-shows-how-emotion-detecting-ai-is-intrinsically-problematic/, fecha última visita: abril 2024.

WU, J; LAM, O.; SADA, L. (5 de septiembre de 2017), «Evolución del Gran Cortafuegos chino: 21 años de censura», *GlobalVoices*, extraído de es.globalvoices. org/2017/09/05/evolucion-del-gran-cortafuegos-chi-no-21-anos-de-censura/, fecha última visita: abril 2024.

YUSTE, R., «Las nuevas neurotecnologías y su impacto en la ciencia, medicina y sociedad», en *Lecciones Cajal*, Universidad de Zaragoza, 2019, pp. 41-51.

YUSTE, R; GENSER, J.; HERRMANN S. «It's time for Neu-ro-Rights: New Human Rights for the Age of Neuro-technology», *Horizons*, n.º 18, 2021, pp. 154-164.

ZAIDI A.; BEADLE, S.; HANNAH, A., *Review of the online learning and artificial intelligence education market. A report for the Department of Education*, Government Social Research, Londres, Reino Unido, 2018.

ZUBOFF, S. (2 de mayo de 2022), «The EU has fired the start-ing gun in the fightback against Big Tech», *Financial Times*, extraído de ft.com/content/31f49915-0f85-48b0-bf81-131960318967, fecha última visita: abril 2024.

Cód. 08

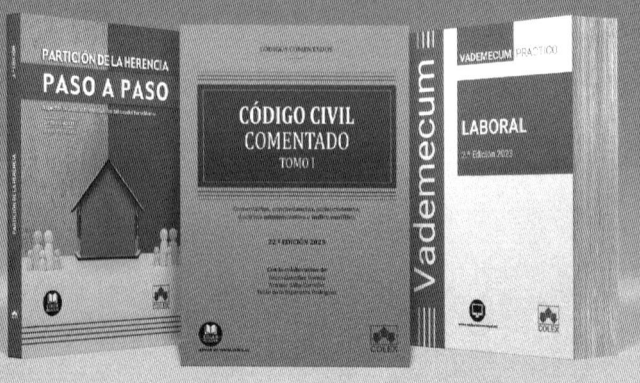